Marc Rufer war Assistenzarzt in der staatlichen Psychiatrischen Anstalt in Königsfelden; heute lebt er als Arzt und Psychotherapeut in Zürich. Er hat sich einen Namen als Kritiker pharmakologischer Behandlungskonzepte gemacht; Beiträge von ihm sind unter anderem in der *Neuen Zürcher Zeitung*, der *Weltwoche*, der *WochenZeitung*, im *Schweizerischen Beobachter*, in *Widerspruch* und *INTRA-Psychologie und Gesellschaft* erschienen. Autor mehrerer psychiatriekritischer Bücher.

Dieses Buch wurde auf chlor- und säurefreiem Papier gedruckt.

Originalausgabe September 1995
© 1995 Droemersche Verlagsanstalt Th. Knaur Nachf., München

Umschlaggestaltung: Agentur ZERO, München
Satz: Alinea GmbH, München
Druck und Bindung: Ebner Ulm
Printed in Germany
ISBN 3-426-77178-0

5 4 3 2

Marc Rufer

Glückspillen

Ecstasy, Prozac und das
Comeback der Psychopharmaka

Für Bea

Inhalt

Einleitung

Ich hab' Angst. Was denken die andern über mich? Mich mag niemand. Ich fühle mich so allein. Ich möchte Erfolg haben, bewundert werden – ich mag nicht mehr. Was will ich eigentlich? Schule, Beruf, Liebe – nein, ich mag das nicht. So anstrengend, das Leben. Lohnt es sich denn überhaupt zu arbeiten? Geld, ja Geld braucht es schon. Da kann ich mir was leisten.

Das Leben ist so schwierig. So öd. Ich bin so allein, so einsam. Ich möcht' so sein wie die andern. Die haben's gut. Ich hab' Angst. Was wollen sie von mir? Ich bring' es nicht. Mir gelingt nie etwas.

Dabei könnte ich es schon. Schließlich bin ich auch jemand: Die erbärmlichen Stümper um mich herum, was wollen die denn? Was meinen die denn? Die sollen mich doch in Ruhe lassen. Ich schaff's auch allein. Ich schaue fern, geh' ins Kino, ins Konzert, hör' Musik – zu Hause.

Immer soll ich was leisten. Immer ich. Niemand nimmt mich so, wie ich bin. Ich bin müde, so unsäglich müde. Ist das noch normal, so wie ich bin? Ich bin anders. Irgend etwas stimmt nicht. Was mach' ich falsch? Ich kann machen, was ich will, alles mißlingt. Immer will jemand etwas von mir. Immer von mir. Das ist so schwer, zu schwer. Ich habe Angst. Ich kann das doch nicht. Wenn's drauf ankommt, versage ich. Wenn ich mich zeige, wie ich bin, dann werd' ich verstoßen. Ich halt's nicht mehr aus. Ständig bin ich gereizt, mißmutig, mürrisch. Ich muß was tun, so geht es nicht mehr weiter. Versteht mich denn niemand? Ich brauch' etwas, ich brauch' Hilfe. Ich werde tun, was alle andern tun. Ich brauch' 'ne Pille. Was soll ich verzichten? Wenn's den andern guttut, wieso nicht auch mir? Ich will dabeisein, will's gut haben. Ich mag nicht mehr so allein sein. Ich muß was unternehmen, ich muß, ich will. Da sind viele Leute. Was Schönes erleben, ich brauch' das. Es braucht gute Momente, schlechte gibt es genug. Ein wenig Glück. Ich geh' mit. Ich versuch's. Was kann denn dabei Schlimmes geschehen? Und wenn auch. Ist doch alles egal.

Heute – in den neunziger Jahren – zu leben ist nicht einfach. Eine schnellebige Zeit, eine hektische Zeit. Wohin führt uns der Weg? Orientierungslosigkeit greift um sich. Nur noch der äußere Schein ist wichtig. So tun, als ob – als ob alles sehr gut wäre, als ob wir die Sache im Griff hätten – den Beruf, die Liebe, den Erfolg. Es kostet viel Kraft, die Verzweiflung, die Ängste, die irgendwo auch da sind, zu verbergen, zu überspielen. Wer's nicht schafft, gilt als Versager. Dabei gibt es heute wahrlich Gründe genug, verzweifelt zu sein. Doch kaum jemand wagt es noch hinzuschauen. Kollektive Verdrängung ist Trumpf.

Immer mehr Menschen nehmen psychoaktive Substanzen zu sich: Alkohol, Psychopharmaka, Drogen. Wirkstoffe, die unsere psychische Befindlichkeit, unser Erleben verändern. Der Mensch genügt sich offensichtlich nicht mehr, so wie er ist. Seine Seele wird manipuliert, zurechtgebogen.

Einem Leitbild wird nachgeeifert – erfolgreich, tüchtig, immerfort tätig sollten wir sein. Eine leistungsfähige Psyche in einem perfekten, straffen und gestählten Körper – das ist das Ziel. Kaum eine, kaum einer schafft das. Doch es gibt Möglichkeiten, der Natur nachzuhelfen. Chemisch. Es gibt Mittel, die die Psyche verändern, die uns dazu verhelfen, die Erwartungen zu erfüllen. Das ist ein offenes Geheimnis. Heute sind antreibende Substanzen im Trend. Ganz besonders aktuell sind das neue Antidepressivum Prozac (Fluctine) und verwandte Substanzen sowie die Partydroge Ecstasy.

Zum Aufbau des Buchs

Hauptthema des Buchs sind die beiden »Glückspillen«, das Antidepressivum Prozac und die Partydroge Ecstasy – ihre gesellschaftliche Bedeutung, ihre Wirkungen. Um die Ausführungen dieser Hauptabschnitte besser verständlich zu machen, werden weitere Themenkreise umrissen oder ausführlich besprochen. So werden in gesonderten Kapiteln unter anderem der äußerst wichtige Place-boeffekt, die Standardantidepressiva (die genauso wie Prozac zur »Behandlung« der Depression eingesetzt werden) sowie die Geschichte der Entdeckung und die Wirkungsweise weiterer Psychopharmaka und Drogen behandelt. Die leichtfertige Einstellung der Ärzteschaft bzw. der PsychiaterInnen psychoaktiven Substanzen gegenüber zeigt sich deutlich in den Abschnitten über die »Behandlung« hyperaktiver Kinder mit Psychostimulantien und den Umgang der MedizinerInnen mit Tranquilizern und Schlafmitteln. Nicht vergessen werden darf die enge Verbindung der universitären Forschung über die Wirkung der Psychopharmaka mit der pharmazeutischen Industrie wie auch die massive Beeinflussung der praktizierenden Ärzte und Psychiater durch die Pharmamultis.

1

Valium – die erste Psychopille, die zum Milliardengeschäft wurde

Valium war nicht das erste moderne Psychopharmakon. 1952 wurde das erste Neuroleptikum, Chlorpromazin (Markenname: Largactil [Schweiz], Megaphen [Deutschland]*), eingeführt. Die umstrittenen Neuroleptika werden seither zur »Behandlung« der »Schizophrenie«, der »Manie« wie auch jeder Form der Erregung eingesetzt. Seit 1956 ist Iproniazid, ein Monoaminoxidasehemmer, und seit 1958 Imipramin (Tofranil) im Handel. Beide dienen der »Behandlung« der Depression. Und bereits 1955 wurde der erste Tranquilizer (Beruhigungsmittel), Meprobamat (Miltaun), eingeführt und war sogleich auch ein riesengroßer finanzieller Erfolg.

Das erste Milliardengeschäft jedoch wurde der Tranquilizer Valium, die bekannteste Wirksubstanz aus der Gruppe der Benzodiazepine. Mit Valium war die pharmazeutische Industrie in ein neues Zeitalter eingetreten. Erstmals wurde eine psychoaktive Substanz dermaßen gezielt und professionell vermarktet. Valium ist ein Produkt der schweizerischen Firma Hoffmann-LaRoche, deren Hauptsitz sich in Basel befindet; aber entdeckt wurden die Benzodiazepine in den USA.

* Im Buch werden generell die Wirkstoffe genannt und die Präparatnamen in Klammern nachgestellt. Mitunter gibt es für dieselben Präparate in der Schweiz und in Deutschland unterschiedliche Handelsnamen; in diesen Fällen werden beide Markennamen genannt. Wo ein Wirkstoff nur in der Schweiz, nicht aber in Deutschland zugelassen ist, wird nur der Schweizer Präparatname genannt.

Eine zufällige Entdeckung

Mitte der fünfziger Jahre arbeitete Leo Sternbach bei Hoffmann-La-Roche in Nutley, das in der Nähe von New York liegt. Sternbach war polnischer Jude, ehemals Professor für Chemie an der Universität Krakau. Es war eine aufregende Zeit für die Pharmaindustrie. Die Ära der Wundermittel war mit dem Vormarsch des ersten Antibiotikums, Penizillin, angebrochen. Dieses Medikament war bereits während des Krieges in Produktion gegangen und hatte in kurzer Zeit die Einstellung der Menschen den Krankheiten gegenüber verändert. Die Polioimpfung und die Ovulationshemmer (Anti-Baby-Pille) wurden in den fünfziger Jahren erstmals eingesetzt. 1955 wurde der erste Tranquilizer, Meprobamat (Miltaun), von den Wallace Laboratories auf den Markt gebracht. Meprobamat wurde rasch zu einem Riesenerfolg. (Heute wird Meprobamat kaum mehr verwendet. Es wird als zu toxisch [giftig] bezeichnet, ferner ist das Abhängigkeitsrisiko zu groß.) Nur allzu gerne hätte die Firma Hoffmann-LaRoche auch einen Tranquilizer vertrieben, denn das große Geld lockte. Mit der Aufgabe, ein Konkurrenzprodukt zu Meprobamat zu entwickeln, wurde Leo Sternbach betraut. Doch mit was für einer Substanzgruppe sollte er arbeiten? Logisch wäre es gewesen, von einer der damals bekannten Substanzen Chlorpromazin, Meprobamat oder Reserpin (ein Neuroleptikum, das auch als Mittel gegen hohen Blutdruck eingesetzt wird) auszugehen; doch da waren ihm hochkarätige Forschergruppen in anderen Pharmafirmen bereits zuvorgekommen. Da niemand wußte, wieso Meprobamat beruhigend wirkte, verfolgte man bei Roche die Strategie, fast planlos chemische Verbindungen zu testen.[1] Sternbach hielt sich an das, was er kannte. In Krakau hatte er mit Farbstoffen gearbeitet. Auf der Basis der damals durchgeführten chemischen Untersuchungen entwickelte er nun bei Roche eine Gruppe von Substanzen, die er Chinazoline nannte. Daß sich Sternbach für diesen Weg entschied, war reiner Zufall. Die neu synthetisierten Stoffe besaßen keinerlei chemische Verwandtschaft mit irgendeinem der bereits bekannten dämpfenden Psychopharmaka – Meprobamat, den Barbituraten (Schlafmittel), den Neuroleptika Chlorpromazin und Reserpin –, und die meisten waren im Tierversuch auch weitgehend wirkungslos. Ende 1955 war Sternbach nach fast zwei Jahren genausoweit wie zu Beginn seiner Suche. Völlig resigniert verzichtete er darauf, die zuletzt entstandene Verbindung der Chinazolinserie im Tierversuch zu testen. Zu deprimiert, um sein Labor aufzuräumen, ließ er das »nutzlose« Zeug herumstehen. Im Mai 1957, eineinhalb Jahre später, bedrängte ihn sein Laborkollege, Earl Reeder, endlich Ordnung zu machen. Sternbach entschloß sich nun, die zuletzt synthetisierte Substanz Lowell Randall, dem Leiter der pharmakologischen Abteilung bei Roche, zu geben. Bald erhielt Sternbach den Bescheid, daß sein Produkt meprobamatähnliche Wirkung hatte. Mäuse wurden beruhigt, Katzen gezähmt, zudem war eine muskelentspannende Wirkung festgestellt worden. Die Substanz wurde Librium genannt. Es stellte sich heraus, daß Librium gar kein Chinazolin war, die letzten Syntheseschritte hatten es in eine völlig andere chemische Verbindung umgewandelt. Eine neue Stoffklasse, die Benzodiazepine, war entstanden. Hätte Sternbach diese »Fehlproduktion« gleich zu Beginn erkannt, hätte er sie höchstwahrscheinlich verworfen.

Librium zähmt sogar Tiger

So beschreibt Sternbach selbst die Erfahrungen mit Chlordiazepoxid (Librium), der ersten Substanz dieser Gruppe: »LIBRIUM zeigte bei den üblichen Laboratoriumstieren hervorragende zähmende Eigenschaften. Da unser ›Medical Director‹ gute Verbindungen zum Zoo in San Diego in Kalifornien hatte, wurde die Droge auch dort an wilden Tieren geprüft. Dabei erwies sich ebenfalls die außerordentliche Aktivität der Substanz: Ein sonst sehr aggressiver bengalischer Tiger, der erst kurze Zeit im Zoo war, wurde so gezähmt, daß er ganz unbehelligt berührt werden konnte. Dabei wurde ihm auch eine Blume ins Maul gesteckt, und das wurde fotografiert.«[2] Besonders hervorgehoben wurde, daß Librium zähmend auf Affen wirkte. Roche bemühte sich, Librium möglichst rasch auf den Markt zu bringen. Das Interesse der PsychiaterInnen wurde geweckt; sie waren bereit, in kurzer Zeit 16 000 »PatientInnen« mit der neuen Substanz zu »behandeln«.

Es gelang, in Rekordzeit die Bewilligung der amerikanischen Zulassungsbehörde zu erhalten. Anfang 1960 war Librium im Handel. Doch es wurde hektisch weitergeforscht. 1963 kam Diazepam (Valium) auf den Markt. Die beiden Benzodiazepine wurden die bekanntesten und meistverkauften »Medikamente« überhaupt.

Die Werbestrategen der Firma Roche vermochten sehr rasch, die Ärzteschaft vom »Nutzen« ihrer neuen Produkte zu überzeugen: Benzodiazepine wirken beruhigend, und sie sind ungefährlich. Es zeigte sich hier ein Phänomen, das sehr typisch ist und sich stets wiederholt. ÄrztInnen neigen dazu, neue Medikamente, insbesondere Psychopharmaka, zu überschätzen.

Auf Grund der Entwicklung der Benzodiazepine wurde Sternbach weltbekannt und mit Ehrungen überhäuft. Die Benzodiazepin-Tranquilizer und die etwas später entwickelten Benzodiazepin-Schlafmittel haben der Menschheit jedoch – vor allem wegen ihres enorm großen Suchtpotentials – viel Elend und sehr wenig Nutzen gebracht. Sinnvoll ist einzig die Anwendung von Flunitrazepam (Rohypnol) zur Narkoseeinleitung.

Überdosen sind nur selten tödlich

Wie die Opiate (Heroin, Methadon, Morphin) sind auch die Benzodiazepine körperlich gut verträglich. Zynisch schreibt der bekannte Psychiater Salomon Snyder: »Der bedeutendste Vorteil der Benzodiazepine besteht in der Tatsache, daß Überdosen nur in seltenen Fällen tödlich sind.«[3] Mit dieser Feststellung warb Roche sogar in wissenschaftlichen Zeitschriften. Ein sonderbarer Vorteil. Richtig ist, daß Lithium (ein Psychopharmakon, das zur »Behandlung« der »Manie« und zur »vorbeugenden Behandlung« der »manisch-depressiven Krankheit« eingesetzt wird), Antidepressiva, Neuroleptika oder Barbiturate (stark wirkende Schlafmittel) in Überdosierung viel gefährlicher sind als Benzodiazepine. Doch auch dieser Vorteil ist nicht als absolut zu nehmen. Benzodiazepine wirken atemdepressiv: Vor allem kombiniert mit weiteren sedierenden (dämpfenden) Substanzen, insbesondere Alkohol, können sie zum Tod infolge Atemstillstand führen.

Die Marketingkampagne

Roche führte mit Librium und Valium die erste moderne Marketingkampagne der Pharmaindustrie durch. Zwei Zielgruppen wurden wirkungsvoll angegangen: die Ärzteschaft und die breite Öffentlichkeit. Symposien und Kongresse wurden organisiert. Die Pharmaindustrie startete damals die unheilvolle Unterwanderung der MedizinerInnen. Mit viel Druck, finanziellen Verlockungen und weiteren Vorteilen werden die MedizinerInnen soweit gebracht, das Spiel der Industrie zu spielen. Die Vertreter der Firma führten den ÄrztInnen in ihrer Praxen Filme vor, die die Wirkung der Benzodiazepine auf Leoparden, Löwen und Tiger zeigten – eindrucksvolle Bilder. Pressekonferenzen wurden veranstaltet, und in den bekanntesten Zeitschriften erschienen Reportagen über die neuen Tranquilizer.

Valium wurde für alles und jedes eingesetzt. Es wurde zum Sinnbild einer Lebenshaltung, die störende Gefühle mit aller Kraft aus der Welt schafft. Die ÄrztInnen hatten es oft mit müden, erschöpften und frustrierten Hausfrauen zu tun. Ihnen zu helfen ist nicht einfach, denn Ursache der Unzufriedenheit dieser Frauen ist eine Mischung von gesellschaftlichen und individuell-psychischen Faktoren. Eine typische Anzeige für Valium in Fachzeitschriften zeigte beispielsweise ein grobgerastertes Schwarzweißfoto einer Hausfrau, die zurückgelehnt auf einem Stuhl sitzt und in einer Tasse Kaffee rührt. Auf dem Tisch im Vordergrund des Bildes sind ein voller Aschenbecher und ein Glas zu sehen, das wahrscheinlich ein alkoholisches Getränk enthält. Ihr Kopf ist geneigt, und ihr Gesicht wirkt niedergeschlagen und unzufrieden. Darunter ist zu lesen: »Wenn psychische Anspannung die Ursache für chronische Müdigkeit ist, kann Valium helfen. Denn Valium, richtig dosiert, beruhigt die angespannte, müde Patientin und macht dennoch in nur seltenen Fällen benommen oder führt zu körperlicher Beeinträchtigung. So wird ihr Wohlbefinden gesteigert.«[4] Eine Frau, die in dieser Situation Valium einzunehmen beginnt, wird mit Sicherheit davon abhängig. Sie wird damit zum Fall, wie er häufig in der psychiatrischen Anstalt landet, wo dann beim Absetzen der Droge schwere Entzugserscheinungen auftreten. Bis es soweit ist, hat diese Frau Jahre ihres Lebens verloren und noch immer keines ihrer anstehenden Probleme gelöst. Was eine Frau wie sie statt dessen braucht, ist eine neue Sicht auf ihr eigenes Leben oder, mit anderen Worten: Erkenntnis. Sie erträgt die Enge der Kleinfamilie nicht mehr. In einer guten Psychotherapie könnte sie versuchen, ihre Situation zu verstehen und abzuwägen, welche Änderungsmöglichkeiten für sie in Frage kommen.

Mit Valium hatte die Ärzteschaft ein »Medikament« zur Verfügung, sich diese unangenehmen »PatientInnen« vom Leibe zu halten und sie zu »beruhigen«. Damit werden die gesellschaftlichen und die individuell-psychischen Ursachen des Unbehagens dieser Frauen beiseite geschoben. Valium ist somit – wie andere Psychopharmaka auch – ein Mittel, das dazu beiträgt, den gesellschaftlichen Status quo zu erhalten, und der Pharmaindustrie das große Geld bringt. Schon im Jahr 1964 erklärte die US-amerikanische Wochenzeitung

Newsweek die sechziger Jahre zum »Tranquilizer-Jahrzehnt«. Die Kampagne machte Hoffmann-LaRoche zum erfolgreichsten Pharmakonzern der Welt. In den USA war Librium 1965 das meistverkaufte »Medikament«. Bis 1970 wurde Valium, dessen Umsatz den von Librium noch überflügelte, zum meistverkauften Arzneimittel aller Zeiten. 1975 wurden in den USA 100 Millionen Rezepte für Benzodiazepine ausgestellt, 15 Prozent der US-Amerikaner nahmen Benzodiazepine zu sich.[5] Mit dieser Kampagne hatte Roche die Pharmaindustrie geprägt und verändert.

Das Geheimnis des Erfolges

Valium gilt eigentlich als Tranquilizer und als »angstlösendes« Pharmakon. Doch Roche konnte erreichen, daß das Benzodiazepin mit der Zeit für alles und jedes eingesetzt wurde – gegen jede Art von Unzufriedenheit und Unwohlsein. Alle Formen psychischen Unbehagens wurden mit Valium bekämpft; jeden Konflikt, jedes Problem sollte es lösen.

Damit war das Rezept gefunden, um zum großen Geld zu kommen: Es muß ein Wirkstoff gefunden werden, von dem behauptet werden kann, daß er sich bei einer möglichst breiten Palette von unspezifischen »Störungen« einsetzen läßt. Das »Medikament« muß bekannt werden, in aller Munde sein. Gleichzeitig müssen die ÄrztInnen soweit indoktriniert werden, daß sie bereit sind, die »Glückspille« jedem, der das will, und auch denjenigen, die sie nicht wollen, zu verschreiben.

Mit dem Benzodiazepin Valium ist diese Strategie von der Pharmafirma Hoffmann-LaRoche in den Sechzigern entdeckt und erstmals erfolgreich angewendet worden. Mit Fluoxetin (US-Markenname Prozac, in Deutschland und in der Schweiz Fluctin bzw. Fluctine), einem Antidepressivum aus der Gruppe der selektiven Serotoninwiederaufnahmehemmer (SSRI), ist die Pharmafirma Eli Lilly heute, in den neunziger Jahren, im Begriff, mit demselben Rezept den Erfolg von Valium zu wiederholen und wohl bald zu übertreffen.

Kein Lernprozeß hat stattgefunden

Was stimmt für die Pharmafirmen bei diesem Vorgehen, ist ihr finanzieller Gewinn, sonst stimmt überhaupt nichts. Nach Angaben von Ralph Naders Gruppe zur Erforschung der öffentlichen Gesundheit (einer amerikanischen Verbraucherschutzgruppe) waren Mitte der siebziger Jahre bereits 1,5 Millionen Amerikaner benzodiazepinsüchtig. Die *New York Times* prägte das Schlagwort »Valiummanie«.

Ende der siebziger Jahre geriet Hoffmann-LaRoche unter Beschuß. Die Nachteile der Benzodiazepine waren zu offensichtlich geworden. Senator Edward Kennedy leitete einen Senatsausschuß für Gesundheit und Forschung, der dem Mißbrauch dieser Psychopharmaka auf den Grund gehen sollte. In der Folge nahm der Verkauf der Benzodiazepine etwas ab; sie gehören jedoch nach wie vor zu den meistverkauften »Medikamenten« überhaupt. Der Markt wird nicht mehr ausschließlich von Valium beherrscht. Nachfolgepräparate, die grundsätzlich nicht anders wirken als Valium, und viele Benzodiazepin-Schlafmittel erzielen heute ebenfalls riesige Umsätze. Roche hat einen weiteren erfolgreichen Benzodiazepin-Tranquilizer auf den Markt gebracht – Bromazepam (Lexotanil). Auch Oxazepam (Seresta) von der Firma Wyeth verkauft sich äußerst gut (in Deutschland von der Fa. Thomae als Adumbran vertrieben). Flunitrazepam (Rohypnol), Flurazepam (Dalmadorm), Midazolam (Dormicum) und Nitrazepam (Mogadan, Mogadon) sind erfolgreiche Benzodiazepin-Schlafmittel der Firma Roche. Doch zum erfolgreichsten Schlafmittel ist Triazolam (Halcion) von der Firma Upjohn geworden. Die begründete Kritik hat den unmäßigen Konsum der Benzodiazepine nur leicht bremsen können. Die Firmen, die Benzodiazepine herstellen, leben nach wie vor äußerst gut. Erstaunlich nur, daß offensichtlich kein Lernprozeß stattgefunden hat. Der Riesenerfolg des neuen Antidepressivums Prozac (Fluctin) zeigt, daß genau dieselbe Strategie, die in den sechziger Jahren die »Valiummanie« ermöglicht hatte, die USA heute, 1995, zur *Prozac-Nation*[6] machen konnte.

2

Ecstasy und Prozac – psychoaktive Substanzen und ihre Propheten

Seit 1994 werden bei uns in Europa zwei psychoaktive Substanzen regelmäßig in den Massenmedien erwähnt: Prozac und Ecstasy, das neue Antidepressivum und die illegale Partydroge. Beide werden als »Glückspillen« bezeichnet. Beide haben einen »Propheten« gefunden, der dafür sorgt, daß sie in aller Munde sind.

Schon früher hatte eine berühmte Persönlichkeit Wesentliches zur Verbreitung einer Droge beigetragen – Timothy Leary. Leary, einst Harvard-Professor für Psychologie, wurde berühmt und bekannt als visionärer Guru, »Prophet der Befreiung«, »Alchemist des Geistes«, »Drogenapostel« und »LSD-Papst«. Er spielte bei der Verbreitung und Popularisierung von LSD in den sechziger Jahren eine wichtige Rolle. Heute haben die Substanzen Ecstasy und Prozac auch je ihren »Papst« gefunden. Und diese »Päpste« tragen enorm viel zur Popularisierung der betreffenden Substanzen bei.

Der US-amerikanische Psychiater Peter D. Kramer wurde zum Prozac-»Papst«. Mit seinem Buch *Listening to Prozac* (deutsch: *Glück auf Rezept. Der unheimliche Erfolg der Glückspille Fluctin*), das rasch zum Bestseller wurde, leistete er einen riesigen Beitrag zum Erfolg von Prozac. Und auch die Droge Ecstasy hat ihren »Papst« gefunden: Nicholas Saunders, der in London lebt, hat den Bestseller *E for Ecstasy* (deutsch: *Ecstasy*) geschrieben. Saunders ist ein Suchender, der sich mit östlicher Mystik und Psychotherapie beschäftigte und 1964 seine ersten Erfahrungen mit LSD machte. Seit einigen Jahren ist die Droge Ecstasy zu seinem wichtigsten Lebensinhalt geworden. Im Umkreis der Droge Ecstasy gibt es noch weitere »Propheten«. Einer davon ist der Biochemiker Alexander Shulgin, der Mann, der Ecstasy (MDMA), das bereits seit 1912 bekannt war, neu entdeckte. Er synthetisierte die Substanz, machte Selbstversuche damit und gab sie dann einem Psychotherapeuten, der mit MDMA weiter experimentierte. Als Ecstasy-»Prophet« kann schließlich auch der Psychologe Bruce Eisner, der das bekannte Buch *Ecstasy: The MDMA Story* schrieb, bezeichnet werden.

Sowohl Kramer wie auch Saunders geben sich einerseits leicht kritisch, animieren aber zugleich mit ihrer dennoch unverhohlen gezeigten Begeisterung die Menschen dazu, die betreffenden Substanzen zu sich zu nehmen. Die angepriesenen Auswirkungen erscheinen so verlockend, daß viele sie selbst erleben möchten.

3

Standardantidepressiva

Lange vor dem Serotoninwiederaufnahmehemmer Prozac waren bereits andere Antidepressiva auf dem Markt. 1957 wurde Iproniazid, ein Hemmstoff des Enzyms Monoaminoxidase (MAO), eingeführt, eine Substanz, die zuvor zur Behandlung der Tuberkulose eingesetzt wurde (vgl. S. 165). Doch Iproniazid wurde wegen seiner gefährlichen Nebenwirkungen rasch von den sogenannten Standardantidepressiva abgelöst.

Im Gegensatz zu den Neuroleptika, die seit einigen Jahren in den Medien immer wieder kritisiert werden, waren die Antidepressiva kaum je ein öffentliches Thema. Daß Neuroleptika gefährlich sind, daß sie oft den »PatientInnen« mit Gewalt verabreicht und daß sie als Disziplinierungsmittel eingesetzt werden, ist über die Anstaltsmauern hinaus bekannt geworden. Bekannt ist auch, daß sie oft kritiklos und mißbräuchlich in Alters- und Pflegeheimen sowie zur »Beruhigung« von »geistig Behinderten« eingesetzt werden.

Die PsychiaterInnen lernten, mit dieser Kritik zu leben. Mehr oder weniger zerknirscht machen sie das Eingeständnis, daß Neuroleptika wirklich problematische »Medikamente« seien, aber leider könne nicht auf sie verzichtet werden. Nach wie vor werden Neuroleptika in großer Menge den Psychiatrie-»PatientInnen« verabreicht. Wer erregt ist, wer als »schizophren« oder »manisch« gilt, der erhält mit absoluter Sicherheit Neuroleptika. Bezeichnend ist die Aussage von Psychiatrieprofessor Asmus Finzen aus Basel: »Neuroleptika gehören zu den häufigsten mißbräuchlich eingesetzten Substanzen.«[1]

Antidepressiva dagegen gelten als harmlos. Was soll denn schon problematisch sein an Psychopharmaka, die den »Depressiven« helfen, ihnen wieder Lebensmut schenken? Zum Medienthema ist in den letzten Jahren ausschließlich das Antidepressivum Prozac geworden. Die sogenannten Standardantidepressiva wurden und werden nicht beachtet. Vergessen wird dabei, daß sie seit mehr als dreißig Jahren in größtem Ausmaß verschrieben werden. Namhafte Psychiater, so die bekannten Professoren Kielholz und Pöldinger aus Basel, vertreten die Ansicht, daß alle »Depressionen« mit Antidepressiva »behandelt« werden sollen – also nicht nur die »endogenen Depressionen«, die als besonders schwere »Krankheiten« gelten.

Die Antidepressiva sind nahe Verwandte der berüchtigten Neuroleptika

Daß die Standardantidepressiva keineswegs harmlos sind, zeigt die Geschichte der »Entdeckung« der ersten Substanz dieser Wirkstoffgruppe deutlich. 1952 wurde Chlorpromazin (Largactil, Megaphen), das erste Neuroleptikum, eingeführt. Dieses Datum wird bis heute als Wende gefeiert, als Beginn eines neuen Zeitalters. Von da an konnten auch die PsychiaterInnen »Krankheiten« mit »Medikamenten« »behandeln«. Die Psychiatrie wirkte medizinischer und damit seriöser, wissenschaftlicher. Chlorpromazin ist ein Produkt der französischen Pharmafirma Rhône-Poulenc. Nur allzugern hätte auch die Basler Firma Geigy ein den großen Gewinn versprechendes Neuroleptikum in ihrer Verkaufspalette gehabt. So wurden verschiedene Derivate (chemische Abkömmlinge) des Chlorpromazins auf ihre Wirkung getestet. Eines davon war Imipramin (Tofranil), mit dem der Schweizer Psychiater Roland Kuhn ab 1956 seine »PatientInnen« »behandelte«. Er schrieb der neuen Substanz jedoch keine neuroleptischen Eigenschaften zu, sondern befand, daß Imipramin als Antidepressivum verwendet werden könne. Die Wirkungsunterschiede zu den Neuroleptika sind jedoch gering: Die Unruhe, die als Antriebssteigerung bezeichnet wird, macht Imipramin zum Antidepressivum, seine dämpfende Wirkung ist geringer als diejenige des Chlorpromazins. Wie Chlorpromazin besteht auch Imipramin chemisch betrachtet aus einem Dreier-Ring-System (deshalb werden sie trizyklisch oder Trizyklika genannt) mit einer Seitenkette. 1958 war Tofranil als erstes trizyklisches Antidepressivum im Handel. Die Unterschiede in der chemischen Struktur zwischen verschiedenen Neuroleptika sind größer als diejenigen zwischen Imipramin und Chlorpromazin.[2] Die trizyklischen Antidepressiva sind also chemisch verwandt mit den trizyklischen Neuroleptika. Der weitaus größte Teil der sogenannten Standardantidepressiva ist trizyklisch, dazu gehören auch noch die beiden tetrazyklischen (ihr chemisches Grundgerüst besteht aus vier Ringen) Substanzen Maprotilin und Mianserin, die ähnliche Wirkungen haben.

»Nebenwirkungen«

Neben ihren Hauptwirkungen – innere Unruhe und Dämpfung – haben die Antidepressiva viele weitere Effekte. Sie sind außerordentlich giftige Substanzen, deren Konsum mit großen Gefahren verbunden ist. Besonders gefährlich sind die Agranulozytosen – eine drastische Verminderung der Zahl der weißen Blutkörperchen, mit weitgehendem oder völligem Fehlen der Granulozyten. Agranulozytosen führen in 30 bis 40 Prozent der Fälle zu tödlichen Infektionen und können sich so plötzlich einstellen, daß auch regelmäßige Blutbildkontrollen keine Gewähr bieten, das tödliche Geschehen zu vermeiden.[3] Weitere Wirkungen sind: Zittern, Muskelversteifung, Blutdruckabfall, Ohnmacht und Schwindel bei schnellem Aufstehen, Schwindel, Herzjagen, Kopfschmerzen, trockener Mund, verminderte Tränensekretion, Schwitzen, unscharfes Sehen (Schwierigkeiten beim Lesen), Thrombosegefahr (d. h. Gefahr der Bildung von Blutgerinnseln), Schwierigkeiten beim Wasserlassen, Verstopfung, gelegentlich erhebliche Gewichtszunahme, Übelkeit, Erbrechen. Außerdem können allergische

Hautausschläge, Hautausschläge bei Sonneneinwirkung (Sonnen-
baden ist verboten) und Krampfanfälle auftreten. Die Antidepressiva sind kardiotoxisch, das heißt, es kommt zu Reizleitungsstörun-
gen im Herzen, was zu unangenehmen und gefährlichen Unregel-
mäßigkeiten der Herzaktion führen kann. Auch eine verminderte
Urinproduktion kommt vor.
Häufig sind sexuelle Störungen: Schwierigkeiten, den Orgasmus zu
erreichen, schmerzhafter Orgasmus, schmerzhafte Erektion usw.
werden angegeben. Die Betroffenen geben nur zögernd Auskunft
über sexuelle Störungen. Und da sie ja schließlich als psychisch
»krank« gelten, werden diese Störungen von den »PatientInnen«
selbst und vom Personal oft als Symptom der »Krankheit« betrachtet. So ist es nicht erstaunlich, daß die Angaben in der Fachliteratur,
wie häufig solche Störungen auftreten, stark voneinander abwei-
chen. In einer Studie wurden sexuelle Störungen in 92 Prozent der
Fälle festgestellt.[4]
Antidepressiva können delirante Syndrome provozieren, das heißt,
sie können zu »psychose«artigen Zustandsbildern mit Halluzinationen führen. Solche pharmakogene oder toxische Delire treten auch
bei »Behandlungen« mit Neuroleptika auf; doch hier vorwiegend
bei Hoch- und Überdosierungen. Antidepressiva dagegen lösen
diese Delire regelmäßig bei »therapeutischen Dosierungen« aus, also
bei Mengen, wie sie zur »Behandlung« der »Depression« normalerweise eingesetzt werden.[5]
Es wird auch immer wieder berichtet, daß Antidepressiva das »Um-
kippen« von »Depressionen« in »Manien« provozieren. Die PsychiaterInnen nehmen an, daß diese Mittel eine biologisch bedingte
»Manie« auslösen können. Diese Hypothese ist unnötig. Vielmehr
erzeugen die Antidepressiva eine innere Unruhe und Erregung,
verbunden mit Halluzinationen und Verwirrung, die von den PsychiaterInnen als »Manie« bezeichnet werden.
Antidepressiva können auch die vor allem als schwerwiegende Komplikation einer »Behandlung« mit Neuroleptika bekannten Spät-

dyskinesien bewirken (vgl. S. 68). Es handelt sich dabei um eine äußerst unangenehme und unkontrollierbare Bewegungsstörung, die auch nach Absetzen der »Behandlung« weiterbestehen kann. Auf Grund der Ähnlichkeit der chemischen Struktur vieler Wirkstoffe dieser beiden Substanzgruppen bedeutet das Auftreten dieser Langzeitschädigung bei »PatientInnen«, die trizyklische Antidepressiva zu sich genommen haben, leider keine Überraschung.[6]

Alles in allem kann gesagt werden, daß die Standardantidepressiva in ihrer Gefährlichkeit vergleichbar sind mit den Neuroleptika. Ein Großteil der Wirkungen haben die beiden Substanzgruppen gemein, wobei zu beachten ist, daß die Antidepressiva toxischer (giftiger) sind. Der relativ ungefährliche Dosierungsbereich ist kleiner – das heißt, Antidepressiva haben eine geringere therapeutische Breite. Vergiftungen mit Antidepressiva sind sehr gefährlich. Das ist besonders deshalb problematisch, weil PsychiaterInnen mit diesen Wirkstoffen Menschen »behandeln«, die sie oft als selbstmordgefährdet einschätzen. Antidepressiva gehören im Fall einer (gewollten oder nicht gewollten) Überdosierung zu den gefährlichsten Substanzen überhaupt. Neben Heroin sind die Standardantidepressiva häufigste Ursache für notfallmäßige Spitaleinweisungen wegen Überdosierung.[7]

Liste der Standardantidepressiva

Prinzipiell alle Antidepressiva dieser Gruppe sind dämpfend und bewirken eine starke innere Unruhe, die als »Antriebssteigerung« bezeichnet wird. In der folgenden Zusammenstellung wird das Überwiegen des einen oder des anderen bzw. das Vorhandensein beider Effekte angegeben.

Trizyklische Antidepressiva

Amitriptylin	(Laroxyl, Saroten, Tryptizol)	vorwiegend dämpfend
Clomipramin	(Anafranil)	vorwiegend antriebssteigernd
Desipramin	(Pertofran)	vorwiegend antriebssteigernd
Dibenzepin	(Noveril)	beide Wirkungen sind deutlich vorhanden
Doxepin	(Sinquan, Aponal)	vorwiegend dämpfend
Imipramin	(Tofranil)	beide Wirkungen sind deutlich vorhanden
Lofepramin	(Gamonil)	beide Wirkungen sind deutlich vorhanden
Melitracen	(Dixeran, Trausabun)	beide Wirkungen sind deutlich vorhanden
Nortriptylin	(Notrilen, Acetexa)	vorwiegend antriebssteigernd
Noxiptilin	(Agedal)	beide Wirkungen sind deutlich vorhanden
Portiptylin	(Maximed, Concordin)	vorwiegend antriebssteigernd
Trimipramin	(Surmontil, Stangyl)	vorwiegend dämpfend

Tetrazyklische Antidepressiva (Es wurden später Substanzen entwickelt, deren chemisches Grundgerüst aus vier Ringen besteht. Ihre Wirkung ist ähnlich wie diejenige der trizyklischen Antidepressiva.)

Maprotilin	(Ludiomil)	beide Wirkungen sind deutlich vorhanden
Mianserin	(Tolvin)	beide Wirkungen sind deutlich vorhanden

Die Wirkungsweise

»Es besteht Einigkeit darüber, daß eine Antriebssteigerung leichter und rascher zu erreichen ist als eine Stimmungsaufhellung«.[8] So beschreibt Professor Finzen die Wirkung der Antidepressiva. Und er fährt fort: »Antriebssteigerung beim Depressiven äußert sich häufig lediglich in innerer Unruhe.« Und dies könne die Verzweiflung des »Patienten« steigern.

Innere Unruhe ist auch eine der auffallenden Wirkungen der Neuroleptika, jener »Medikamente«, die zur »Behandlung« der »Schizophrenie« wie auch zur Dämpfung jeder Form von Erregung in der Psychiatrie eingesetzt werden. Viele Neuroleptika-KonsumentInnen leiden an dieser inneren Unruhe, die mit der Unfähigkeit, ruhig sitzen oder stehen zu können, verbunden ist. Besucher von psychiatrischen Anstalten kennen dieses Bild – Betroffene, die ständig umherrutschen, von einem Bein aufs andere treten oder wie gehetzt von einem Zimmer ins andere gehen. Dieser Zustand wird Akathisie genannt. Er ist dermaßen unerträglich, daß nicht wenige sich deshalb das Leben nehmen wollen.

Die Akathisie ist neben der »pharmakogenen Depression« ein wichtiger Grund für die im Laufe von Neuroleptika-»Behandlungen« auftretende Selbstmordneigung. Im Zusammenhang mit der Wirkung der Antidepressiva wurde bis jetzt kaum von Akathisie gesprochen. Doch die Unruhe, in der sich Antidepressiva-KonsumentInnen befinden, entspricht genau der durch Neuroleptika bedingten Akathisie.[9] Da die trizyklischen Antidepressiva chemisch sehr eng verwandt sind mit den trizyklischen Neuroleptika, ist diese Parallelität nicht erstaunlich. Diese Unruhe wird in der Therapie oft als Antriebssteigerung und damit als günstige Wirkung der Antidepressiva bezeichnet. Wenn ein Mensch, der zuvor resigniert und apathisch in einer Ecke saß, nun plötzlich hektisch hin und her hastet, kann dies – oberflächlich betrachtet – als »Besserung« bezeichnet werden. In Tat und Wahrheit handelt es sich jedoch um einen höchst unerträglichen Zustand, der den Betroffenen in den Tod treiben kann.

Nun gibt es jedoch nicht nur resigniert-apathische »Depressive«, es gibt auch die sogenannten »ängstlich-agitierten Depressionen«. Auch für diese »PatientInnen« sind Antidepressiva im Handel, die eine Pseudobesserung bewirken können. Grundsätzlich wirken Antidepressiva »antriebssteigernd« und/oder dämpfend. Es gibt Antidepressiva, bei denen die »Antriebssteigerung« im Vordergrund steht – typisches Beispiel ist das Clomipramin (Anafranil) – ,andere, bei denen beide Effekte vorhanden sind – typisches Beispiel ist das Imipramin (Tofranil) –, und solche, die vorwiegend dämpfend wirken – typisches Beispiel ist hier das Amitriptylin (Saroten, Tryptizol). Die Wirkung der dämpfenden Antidepressiva unterscheidet sich kaum von derjenigen der Neuroleptika.

Bei »ängstlich-agitierten Depressiven«, Menschen also, die verzweifelt und unruhig zugleich sind, kann die »medikamentöse« Dämpfung als »Besserung« verkannt werden. Doch auch hier darf keineswegs von einer Heilung gesprochen werden. Die Betroffenen sind jetzt müde und erschöpft, sie fühlen sich jedoch überhaupt nicht besser als zuvor. Und auch ihre ängstliche Unruhe ist nicht behoben. »Stimmungsaufhellung« meint Wegfallen der »Depression«. Niemals jedoch kommt es auf Grund der Wirkung von Antidepressiva zu einer Stimmungsaufhellung. Dämpfung oder innere Unruhe – das ist es, was eine »Behandlung« mit Antidepressiva bewirken kann, von »Heilung« einer »Depression« keine Spur.

4

Der Placeboeffekt

Je länger ich mich mit legalen und illegalen psychoaktiven Substanzen abgebe, desto deutlicher wird mir eine Wirkung, die in diesem Zusammenhang viel zuwenig Beachtung findet. Es handelt sich um den Placeboeffekt.

Als Placebos werden biologisch unwirksame Scheinmedikamente bezeichnet. Wer vom Arzt oder von der Ärztin ein Heilmittel verschrieben erhält, der glaubt vorerst einmal daran, daß die Behandlung den gewünschten Effekt haben wird. Wenn nun die Beschwerden des »Patienten« verschwinden, dann *kann* das – aber muß keineswegs – Folge der biologischen Wirkung des Medikaments sein. Wenn sich also beispielsweise die Symptome einer Lungenentzündung zurückbilden, dann kann das bedeuten, daß das eingenommene Antibiotikum die krankmachenden Bakterien abgetötet hat. Aber dieser Zusammenhang ist nicht zwingend. Vielleicht wäre es auch ohne jede Behandlung zu einer Besserung gekommen; in diesem Fall hätte die Besserung dem spontanen Verlauf der Erkrankung entsprochen. Es könnte auch sein, daß die beteiligten Bakterien gegenüber diesem Antibiotikum resistent sind. Dennoch kann die Behandlung hilfreich sein. Der Patient hat das Antibiotikum von seinem Arzt, dem er vertraut, erhalten. Er fühlt sich erleichtert, ist fest davon überzeugt, daß er nun bald gesund wird. In dieser Situation ist es sehr wohl möglich, daß die körpereigenen Abwehrkräfte eine Infektion, der sie ohne die – biologisch unwirksame – Behandlung nicht gewachsen gewesen wären, erfolgreich zu bekämpfen vermögen. Denselben heilenden Effekt hätte hier – unter der Voraussetzung, daß der Kranke der Meinung gewesen wäre, ein Antibiotikum zu erhalten – auch ein biologisch unwirksames Scheinmedikament, ein Placebo, gehabt. Wenn eine Heilung auf diese Weise zustande kommt, wird von Placebowirkung gesprochen.

Obwohl der Placeboeffekt im medizinischen Alltag viel zuwenig Beachtung findet, ist er unter Fachleuten unbestritten. So schreibt der Psychopharmakologe Gerd Laux: »Es ist heute unbestritten, daß der Glaube an die Heilkraft eines Mittels oder Verfahrens ungeachtet der tatsächlichen Wirksamkeit zum Therapieerfolg führen kann (›powerful placebo‹).«[1]

Das Auftreten des Placeboeffektes hängt stark mit der Arzt-Patient-Beziehung zusammen. Ist diese Beziehung gut, dann sind vermehrt positive Placebowirkungen zu erwarten. Es gibt jedoch nicht nur günstige Placeboeffekte, ein Placebo kann sehr wohl auch Beschwerden auslösen.

Wer zum Arzt oder zur Ärztin geht, der erwartet Hilfe, er vertraut auf ihr Wissen. Dasselbe Medikament, verabreicht von einem Laien, vielleicht einem Nachbarn, wird kaum dieselbe günstige Wirkung haben. Irgendwann hat jeder Mediziner vom Placeboeffekt gehört; doch wenn es um die Beurteilung des Erfolgs einer medikamentösen Behandlung geht, wird dieses Wissen kaum je berücksichtigt. So werden denn Heilungen und Besserungen von Beschwerden meist voreilig der biologischen Wirkung der Medikamente zugeschrieben.

Placebowirkung bei Psychopharmaka

Bei jeder medikamentösen Behandlung ist mit dem Placeboeffekt zu rechnen. Selbstverständlich tritt er nicht nur bei der Therapie von körperlichen Beschwerden auf. Äußerst wichtig, und leider viel zu wenig beachtet, ist er bei »Behandlungen« mit Psychopharmaka. Hier ist es jedoch besonders schwierig, den Placeboeffekt von der biologisch ausgelösten Substanzwirkung zu unterscheiden. Der

Placeboeffekt ist ein psychisch bedingter Effekt – kaum erstaunlich, daß er bei der Einnahme von Substanzen, die die psychische Befindlichkeit verändern sollen, eine besonders große Rolle spielt. Allein der Vergleich mit einem unwirksamen Scheinmedikament kann aufzeigen, ob beispielsweise die Besserung einer Depression oder die Verminderung von Ängsten eine biologische Folge der Einnahme der Psychopharmaka ist oder als reine Placebowirkung betrachtet werden muß. Auch hier hat es viel mit der Arzt-Patient-Beziehung zu tun, ob sich ein positiver Placeboeffekt einstellt. Letztlich kann gesagt werden, daß die Erwartungshaltung des Betroffenen, sein »Glaube«, das Ergebnis der Therapie weitgehend bestimmt. Der psychische Faktor ist bei jeder »Behandlung« mit Psychopharmaka unerhört wichtig. Dies zeigt sich unter anderem auch darin, daß in einigen Studien bei annähernd neunzig Prozent von depressiven Versuchspersonen, die ein Placebo erhielten, eine Besserung festgestellt wurde.[2]

Placeboeffekt bei illegalen Drogen

Noch viel weniger als bei Psychopharmaka wird vom Placeboeffekt im Zusammenhang mit dem Konsum von illegalen Drogen gesprochen. Grundsätzlich besteht kein Unterschied zwischen Psychopharmaka und illegalen Drogen. Der Entscheid, ob eine Wirksubstanz ein legales Psychopharmakon oder eine illegale Droge ist, ist völlig willkürlich. Er hat wenig mit der Wirkung der Substanz an sich, viel jedoch mit der Einstellung der Entscheidungsträger, das heißt derjenigen, die im Besitz der gesellschaftlichen Macht sind, und damit mit der politischen Situation im jeweiligen geschichtlichen Zeitpunkt zu tun. Traditionen, seit langem praktizierte Gebräuche, stillschweigende und unreflektierte gesellschaftliche Übereinkünfte und Wertvorstellungen spielen dabei eine wichtige Rolle. Mit Sicherheit hat die Einordnung einer Substanz als legal oder illegal wenig mit ihrem effektiven Nutzen bzw. mit ihrer Schädlichkeit zu tun. Wieso dürfen Morphin und Methadon legal verabreicht werden, während Heroin die verketzerte unheilvolle Droge bleibt? Wieso gilt Haschisch als Droge, Alkohol dagegen nicht? Sowohl Psychopharmaka als auch Drogen wie der Alkohol sind psychoaktive Substanzen. Sie werden konsumiert, weil sie den psychischen Zustand verändern. Sie werden eingenommen, weil eine ganz bestimmte Wirkung erwartet wird.

Auch bei illegalen Drogen ist der Placeboeffekt von großer Bedeutung. Bei Psychopharmaka hängt er wesentlich ab vom Arzt-Patient-Verhältnis, bei den illegalen Drogen wird er bestimmt vom gesellschaftlichen Umfeld, in dem die psychoaktive Substanz konsumiert wird. Es kommt kaum je vor, daß jemand eine Droge zu sich nimmt, ohne im voraus eine ziemlich klare Vorstellung über ihre zu erwartende Wirkung zu haben. Über die Wirkung von Heroin, Kokain, Ecstasy usw. wird in den Medien regelmäßig berichtet, im privaten Bereich wird darüber gesprochen. Verschiedene gesellschaftliche Gruppierungen sprechen ganz unterschiedlich auf all diese Berichte an. Wer eine Droge zu sich nimmt, macht dies als Teil einer größeren oder kleineren Gruppe, die einen bestimmten Lebensstil, eine bestimmte Lebensphilosophie und eben auch bestimmte Erwartungen bezüglich der Drogenwirkung hat.

Biertrinker, Heroinfixer, Ecstasy-KonsumentInnen usw. stehen völlig unterschiedlich in der Welt. Positive Wirkungen dieser Substanzen stellen sich deshalb vor allem bei denjenigen ein, die sie mit der entsprechenden Erwartungshaltung zu sich nehmen.

Im Gegensatz zu den Psychopharmaka gibt es im Bereich der illegalen Drogen kaum Untersuchungen, bei denen die Wirksubstanzen mit Placebos verglichen werden. Mit Sicherheit kommt zur biologisch bedingten Drogenwirkung immer auch der Placeboeffekt hinzu. Wie groß dieser Anteil ist, ist nicht bekannt. Im Laufe dieses Buches werden gelegentlich die anerkannten Drogenwirkungen erwähnt und aufgezählt; doch soll hier vorausgeschickt werden, daß es sich dabei – auch wenn ich dies nicht immer ausdrücklich erwähne – genauso um regelmäßig auftretende Placeboeffekte wie um echte, biologisch ausgelöste Wirkungen der Droge handeln kann.

»Rituale«

Es nimmt niemand eine psychoaktive Substanz wie ein Stück Zucker oder Brot zu sich. Der Akt, die Pille oder das Pulver zu schlucken, zu rauchen, zu sniffen, zu spicken, sich zu spritzen usw., ist weitaus bedeutungsvoller. Dies gilt für Psychopharmaka ebenso wie für Drogen oder Alkohol. Der Konsument ist über die erwünschte Wirkung des Psychopharmakons informiert, sein Arzt hat ihm gesagt, daß sie für sein Wohlergehen unbedingt nötig sei. Und auch der Drogenkonsument weiß sehr genau, was er erleben will. Er hat sich seine Droge ausgesucht, weil das, was er über sie gehört hat, ihm zusagt. Oft tragen die Begleitumstände des Drogenkonsums dazu bei, den erhofften Effekt auszulösen. Dazu gehört, Teil einer Gruppe zu sein, die die erwartete Wirkung gemeinsam erleben will. Bedeutungsvoll sind auch die Beleuchtung, die Musik und die Stellung (zusammen sitzen, liegen, tanzen usw.). Wenn LSD oder Ecstasy (MDMA) im Rahmen von Psychotherapien eingenommen wird, sorgt der Leiter, der nüchtern bleibt, für die erwünschte Stimmung. Diese Psychotherapeuten sprechen ausdrücklich davon, daß sie »Rituale« durchführen, um ihre KlientInnen auf das kommende Geschehen einzustimmen. Das Wort »Ritual« beschreibt sehr gut, was sich beim Konsum von psychoaktiven Substanzen abspielt. Es handelt sich dabei um ein Geschehen, das als religiös bezeichnet werden kann. Der Arzt oder der Therapeut, der die Substanz verabreicht, hat deutlich die Funktion eines Priesters. Aber auch für denjenigen, der im Freundeskreis oder allein eine Droge zu sich nimmt, hat sein Konsum eine Bedeutung, die viel mit Religion zu tun hat. Sogar für den Junkie, der sich am Straßenrand oder in einer öffentlichen Toilette seinen Schuß setzt, gilt diese Aussage. Sein Konsum findet am verachteten Rand der Gesellschaft statt, das ist die Welt seiner »Rituale«.

»Rituale« begünstigen das Auftreten des Placeboeffekts

Psychoaktive Substanzen zu sich zu nehmen hat für die Konsumentinnen also rituelle, ja religiöse Bedeutung. Dies sind Voraussetzungen, die das Auftreten des Placeboeffekts wesentlich begünstigen. Anders gesagt, ein großer Teil der Effekte all dieser legalen und illegalen Wirkstoffe würde mit Sicherheit auch dann auftreten, wenn die Betroffenen in derselben Stimmung – ohne es zu wissen – eine biologisch unwirksame Substanz, ein Placebo, zu sich nehmen würden.

Der Gebrauch einer bestimmten psychoaktiven Substanz sagt enorm viel aus über die Konsumentinnen. Es sind Menschen, die regelmäßig dasselbe »Ritual« begehen. Damit kann gesagt werden, daß sie derselben »Religion« anhängen. Ob Prozac oder Heroin, ob Alkohol oder Benzodiazepin, ob Kokain oder Ecstasy – die Menschen, die diese Substanzen zu sich nehmen, haben vieles gemeinsam. Sie gehören zur selben gesellschaftlichen Schicht, doch nicht nur das: Sie bilden je eine »Religionsgemeinschaft«, sie beten denselben »Gott« an. Klar wird das auch dadurch, wie die Gesellschaft mit den Angehörigen dieser verschiedenen »Religionsgemeinschaften« umgeht. Wer der »richtigen Religion« angehört, dem geht es gut. In der Geschichte der Menschheit sind jedoch auch immer wieder die Anhänger bestimmter Religionen verfolgt und bekämpft worden, nicht selten wurden und werden ungezählte Menschen wegen ihrer Religion umgebracht. Ähnlich verhält es sich mit den Konsumentinnen der verschiedenen psychoaktiven Substanzen.

Wer Psychopharmaka zu sich nimmt, der hat keine Probleme – hierbei handelt es sich offensichtlich um Menschen, die einer allgemein anerkannten »Religion« anhängen. Im Gegensatz dazu gelten HeroinfixerInnen als das Böse schlechthin. Sie werden verfolgt und bestraft; unser Umgang mit ihnen beweist, daß uns ihr Überleben nicht besonders am Herzen liegt. Dies belegt beispielsweise die Tatsache, daß einfache Maßnahmen zur Aids-Vorbeugung wie die Spritzenabgabe von den maßgebenden Stellen lange ganz bewußt verunmöglicht wurden.

Heroin zu fixen stigmatisiert den Betroffenen. Er kann deshalb verfolgt, bestraft, erniedrigt, ins Gefängnis oder in die psychiatrische Anstalt eingesperrt werden. Ganz offensichtlich hängt er der falschen »Religion« an, betet er den falschen »Gott« an.

Ganz anders unsere Haltung dem Alkohol gegenüber. Das »Ritual« des Alkoholkonsums kann ungestraft in aller Öffentlichkeit stattfinden. Politiker und andere angesehene und prominente Persönlichkeiten können sich in aller Öffentlichkeit mit einem Glas Bier oder Wein in der Hand zeigen. Es schadet ihrer Karriere in keiner Weise, wenn diese Bilder im Fernsehen oder in der Zeitung zu sehen sind. Dabei ist der Alkohol nach wie vor bei weitem die psychoaktive Substanz, die in unserer Gesellschaft den größten Schaden anrichtet, am meisten Menschenleben zerstört und infolge ihrer verheerenden Wirkungen die höchsten Kosten verursacht.

Blindversuche und Doppelblindstudien

Bei psychoaktiven Substanzen setzt sich der zu beobachtende Effekt aus der effektiven Substanzwirkung und der Placebowirkung zusammen. Mit dem Placeboeffekt ist *immer* zu rechnen, von einer biologisch ausgelösten Wirkung darf nur gesprochen werden, wenn sie eindeutig nachgewiesen ist. Es ist auch möglich, daß der Placeboeffekt eine durchaus vorhandene biologische Wirkung verstärkt.

Die Unterscheidung dieser beiden Teileffekte ist äußerst schwierig.

Um die Wirkung eines Psychopharmakons oder einer Droge objektiv zu beurteilen, ist es unumgänglich, daß ein Teil der Versuchspersonen in einer Studie den Wirkstoff, ein anderer ein Placebo erhält. Doch das genügt noch lange nicht. Wenn die Betroffenen wissen, daß sie kein Placebo, sondern den Wirkstoff erhalten haben, beeinflußt dies deutlich ihre psychische Befindlichkeit – sie geben dann häufiger an, daß sich durch die »Behandlung« ihr Zustand gebessert habe. Derartige Studien sind also völlig unzuverlässig. Deshalb dürfen die Versuchspersonen nicht wissen, was sie erhalten. Bei diesem Vorgehen wird von Blindversuchen gesprochen.

Doch auch Blindversuche sind in keiner Weise zuverlässig. Es genügt nicht, daß die Versuchspersonen nicht wissen, was sie erhalten. Auch die Tatsache, daß die ÄrztInnen oder Schwestern und Pfleger wissen, welche PatientInnen ein Placebo und welche beispielsweise das Antidepressivum erhalten, beeinflußt das Ergebnis der Untersuchung. Die Personen, die die Tabletten verabreichen, machen das in einer anderen Haltung, mit einer völlig anderen Ausstrahlung, wenn sie wissen, daß sie die zu beurteilende Wirksubstanz (das sogenannte Verum) und nicht ein unwirksames Placebo in der Hand haben. Diese andere Haltung des Personals beeinflußt – meist positiv – das Befinden der Versuchspersonen. Zwei Gründe gibt es für dieses Phänomen: Es kann sein, daß die Betroffenen dadurch herausfinden, ob sie das Verum oder ein Placebo erhalten. Doch es kann auch sein, daß diejenigen, die die Wirksubstanz erhalten, sich schlicht deshalb besser fühlen, weil das Personal liebevoller mit ihnen umgeht, ihnen mehr Aufmerksamkeit und Zuwendung schenkt. In diesem Fall wäre die verbesserte Beziehung letztlich der Grund für die günstige Wirkung.

Und noch ein wichtiger Punkt kommt hinzu: PsychiaterInnen, die derartige Studien durchführen, sind nicht einfach neutral. Praktisch immer sind sie an einem guten Abschneiden der Wirksubstanz interessiert. Der Umgang mit Psychopharmaka ist zu einem Teil ihrer Identität geworden. Positive Resultate sind günstig für den Karriereverlauf der beteiligten PsychiaterInnen, können in renommierten Fachzeitschriften publiziert werden usw. Ihr Ziel ist es sicher auch, die Erwartungen der Herstellerfirma, die den Versuch finanziert, nicht zu enttäuschen. Die Experten, die den Zustand der Versuchspersonen beurteilen, sind folglich nicht neutral, sie sind voreingenommen. Wenn sie wissen, wer Verum und wer Placebo erhalten hat, schneidet das Verum deshalb immer tendenziell zu gut ab.

Im Bereich der Drogen ist dies nicht viel anders. Die Wahrscheinlichkeit ist groß, daß diejenigen Fachleute, die die Wirkung einer Droge untersuchen, dieser Substanz gegenüber positiv, wohlwollend eingestellt sind. Es wird sich beispielsweise kaum jemand die Mühe machen, die Wirkung von Ecstasy zu untersuchen, der diese Substanz rigoros ablehnt. Genauso wie bei den Psychopharmaka ist auch bei Untersuchungen über die Wirkung von Ecstasy grundsätzlich die Chance größer, daß die Droge günstig abschneidet.

Fachleute sind also nicht neutral, nicht objektiv, ihre Beobachtungen sind immer subjektiv, immer beeinflußt von ihrem Vorurteil. Ihre Interessenlage beeinflußt deutlich ihre Wahrnehmung.

Um all diese Störungsmöglichkeiten aus dem Weg zu schaffen, werden Doppelblindstudien gemacht. Bei Doppelblindstudien wissen weder die Personen, die die Tabletten verabreichen, noch die Versuchspersonen, ob es sich um Verum oder Placebo handelt.

Daß Doppelblindstudien so viel aussagekräftiger sind als gewöhnliche Vergleiche zwischen Verum und Placebo, ist ein wichtiger Hinweis auf die enorme Wichtigkeit des psychischen Faktors für die Wirkung von psychoaktiven Substanzen. Die Art und Weise, wie jemand seinen »Stoff« erhält, bestimmt weitgehend dessen Wirkung. Ob der Arzt oder die Ärztin, die das Medikament abgeben, ob der Kollege oder der Freund, die dem Konsumenten erstmals die illegale Droge verschaffen, daran glauben, daß der gewünschte Effekt auch eintritt, bestimmt wesentlich das psychische Befinden des Betroffenen. Genauso wichtig ist die Beziehung zwischen den beteiligten Personen. Wenn ich eine psychoaktive Substanz von einem Menschen erhalte, der mir wohlgesinnt ist und dem ich vertraue, ist die Wirkung mit Sicherheit völlig anders, als wenn ich ihn fürchte und ihm mißtraue. Die Stimmung und die Beziehungen der beteiligten Menschen sind daher von enormer Bedeutung.

Auch Doppelblindstudien sind nicht wirklich blind

Doppelblindstudien sind also ein Versuch, zu verhindern, daß psychische Faktoren Untersuchungsresultate verfälschen. Doch auch Doppelblindstudien sind nicht wirklich blind. Daß dem so ist, hängt mit Sicherheit mit den »Nebenwirkungen« der untersuchten Wirkstoffe zusammen. Als Beispiel soll hier die Beurteilung von Antidepressiva untersucht werden, von »Medikamenten« also, die zur »Behandlung« von »Depressionen« dienen. Antidepressiva haben viele unangenehme »Nebenwirkungen«: Neben dem erhofften antidepressiven Effekt, der sogenannten Stimmungsaufhellung, bewirken sie einen trockenen Mund, Zittern, verschwommenes Sehen, niedrigen Blutdruck, was oft zu Schwindel – vor allem beim Aufstehen – führt, ferner Herzjagen, Akathisie (Bewegungsunruhe, verbunden mit innerer Unruhe) usw. Es ist also sowohl für den Betroffenen selbst wie auch für seine Beobachter ein Leichtes, herauszufinden, wer das Placebo erhalten hat und wer das Verum: Der Versuch ist nicht mehr blind. Damit haben wir genau die Situation, wie sie oben beschrieben wurde. Die Versuchspersonen, die den Wirkstoff erhalten haben, »verspüren« vermehrt die erwartete und erhoffte Wirkung, und die ExpertInnen neigen aus den bereits erwähnten Gründen dazu, das Befinden dieser Betroffenen als zu positiv einzuschätzen.

Wie wichtig die »Nebenwirkungen« für das Resultat der »Behandlung« sein können, zeigt das folgende Beispiel: Bei einer Studie mit Lithium (Lithium wird zur »Rückfallprophylaxe« bei Menschen, die als »manisch-depressiv« diagnostiziert wurden, und auch zur »Behandlung« der »Manie« eingesetzt) zeigte es sich, daß das durch das Psychopharmakon vermittelte Wohlbefinden keineswegs von der Lithium-Konzentration im Blut abhing, sondern von der Übelkeit, die die gesunden Versuchspersonen empfanden.[3]

Diejenigen also, denen es übel wurde, waren auch diejenigen, die vermehrt behaupteten, daß ihnen die »Behandlung« guttue.

Aktive Placebos

Die kaum je angezweifelten Doppelblindstudien sind also keineswegs verläßlich. Seymour Fisher und Roger Greenberg von der State University New York haben sich darüber Gedanken gemacht, wie dieses schwerwiegende Problem gelöst werden könnte.[4] Eine Möglichkeit ist es, die Wirksubstanz mit aktiven Placebos zu vergleichen, das heißt mit Substanzen, die eine biologisch bedingte Eigenwirkung haben.[5] Ein aktives Placebo ist also eine Substanz, die eine eindeutig festzustellende, biologische bedingte körperliche Eigenwirkung hat. Selbstverständlich darf es chemisch nicht die geringste Verwandtschaft mit der zu untersuchenden Wirksubstanz haben. Wenn aktive Placebos als Vergleichssubstanzen eingesetzt werden, stellen also sowohl die Versuchspersonen, die das Placebo, wie auch diejenigen, die das Verum erhalten haben, einen deutlichen körperlichen Effekt fest. Dies führt dazu, daß sowohl die »PatientInnen« wie auch die PsychiaterInnen dem Placebo vermehrt eine positive Wirkung zuschreiben. Es kann damit kaum mehr dazu kommen, daß die untersuchte Wirksubstanz fälschlicherweise zu gut abschneidet. Wenn aktive Placebos als Vergleichssubstanzen eingesetzt werden, wird deshalb die Beurteilung des psychischen Effekts von Psychopharmaka zuverlässiger.

Ein Beispiel: Bei Untersuchungen über die Wirksamkeit der trizyklischen Antidepressiva wurde Atropin als aktives Placebo eingesetzt. Atropin hat, wie die Standardantidepressiva, anticholinerge Wirkung, das heißt, es verhindert als Hemmstoff die Wirkung des Neurotransmitters Acetylcholin. Damit entspricht die Wirkung von Atropin einem Teil der »Nebenwirkungen« der Antidepressiva – trockener Mund, verschwommenes Sehen, verminderter Tränenfluß, Schwierigkeiten beim Wasserlassen, Verstopfung usw. Es ist deshalb nicht mehr so einfach festzustellen, wer den zu untersuchenden Wirkstoff eingenommen hat. Das Ergebnis dieser Untersuchungen entsprach genau den Erwartungen: Die Verwendung des aktiven Placebos eliminierte jeden therapeutischen Vorteil der trizyklischen Antidepressiva.[6]

Aktive Placebos unterscheiden sich also in ihrer psychischen Wirkung deutlich von passiven oder inerten Placebos, das heißt von Placebos, die keine biologisch bedingte körperliche Eigenwirkung haben. Die körperlichen Wirkungen sind es demnach, die weitgehend die psychischen Effekte eines Placebos bestimmen. Da Psychopharmaka, insbesondere Antidepressiva, deutliche körperliche »Nebenwirkungen« haben, wirken auch sie als aktive Placebos. Mit Sicherheit geht ein Teil ihrer Wirkung auf den Placeboeffekt zurück. Von einer psychischen Wirksamkeit von Psychopharmaka darf deshalb nur gesprochen werden, wenn sie diejenige von aktiven Placebos übertrifft. Daraus läßt sich ableiten, daß es auch die körperlichen »Nebenwirkungen« der Psychopharmaka, insbesondere der Antidepressiva, sind, die ihre psychische Wirksamkeit bestimmen. Diese Annahme wurde in verschiedenen Untersuchungen bestätigt (vgl. auch S. 117). Mit ihren sehr deutlich wahrzunehmenden »Nebenwirkungen« können Antidepressiva (mit eingeschlossen die Serotoninwiederaufnahmehemmer) und Neuroleptika als »dramatische Placebos« bezeichnet werden.

Es gibt kaum Untersuchungen, bei denen aktive Placebos als Vergleichssubstanzen eingesetzt wurden. Neben den deutlichen Vorteilen stellt sich bei der Verwendung von aktiven Placebos ein ethisches Problem. Schließlich dürfen die Versuchspersonen nicht wissen, was sie erhalten. Sie sind daher gar nicht in der Lage, ihre Einwilligung zu geben. Als biologisch wirksame Substanzen sind auch aktive Placebos nicht ungefährlich.

Weitere Versuchsbedingungen, die verläßlichere Resultate ergeben können

Weitere Möglichkeiten, die verhindern sollen, daß das Vorurteil bzw. die Interessenlage der Untersucher die Resultate verfälschen können, wurden diskutiert. Sie sind leider alle sehr aufwendig. Dennoch würde es sich unbedingt lohnen, sie anzuwenden. Im Tripelblindversuch dürfen sämtliche untersuchenden und beurteilenden PsychiaterInnen nichts von der Versuchsanordnung wissen. Ja, sie dürften nicht einmal wissen, was für eine Substanz geprüft wird, ob es sich um ein Antidepressivum, ein Neuroleptikum, einen Tranquilizer oder was auch immer handelt. Sie hätten einfach den psychischen Zustand gewisser Personen zu beurteilen. Noch besser wäre es, wenn die Untersucher nicht einmal wüßten, daß überhaupt eine Studie stattfindet. Sie wüßten dann nicht einmal, ob jemand ein Pharmakon zu sich genommen hat, ob Wirksubstanzen oder aktive Placebos usw. verabreicht wurden. Auf diese Weise könnte ihre Voreingenommenheit gewissen Pharmaka gegenüber nicht mehr durchschlagen.

Es hat sich auch gezeigt, daß Studien, bei denen mehr als ein Psychopharmakon geprüft und mit Placebos verglichen wird, sicherer sind. Beispielsweise hatte Imipramin (Tofranil) eine scheinbar geringere Wirksamkeit, wenn es gemeinsam mit einem anderen Antidepressivum geprüft wurde.[7] Wenn ein zweites Antidepressivum dabei ist, ist es offensichtlich schwerer herauszufinden, wer was erhalten hat. Das positive Vorurteil der beteiligten PsychiaterInnen bezüglich einer der Testsubstanzen kann sich auf diese Weise nicht mehr so deutlich auswirken.

Ein weiterer Vorschlag geht dahin, daß ein unabhängiges Team, das in keiner Weise am Resultat der Untersuchung interessiert ist, den Zustand der Versuchspersonen beurteilen sollte.

Eine andere interessante Idee sieht vor, daß die Versuchspersonen wechselnd verschiedene Pillen erhalten – unterschiedliche Wirksubstanzen und auch Placebos. Die zeitlichen Abstände für diese Wechsel sind ungleich lang und für die beurteilenden ExpertInnen nicht auszumachen.

Wie brisant das Problem der Voreingenommenheit der PsychiaterInnen und der Beeinflußbarkeit der Versuchspersonen ist, zeigt sich darin, wie ausgeklügelt die Vorschläge sind, die diese Fehlerquellen beheben sollen. So wird die Meinung vertreten, wirklich blind sei die Anordnung nur unter den folgenden Bedingungen: Neben der Gruppe, die den Wirkstoff, und derjenigen, die ein Placebo erhält, muß eine dabei sein, die überhaupt nichts erhält. Eine letzte Gruppe erhält den Wirkstoff, wobei er den »PatientInnen« gegenüber jedoch als unwirksam ausgegeben wird. Der Vergleich der pychischen Befindlichkeit der Placebo-Gruppe mit derjenigen, die nichts erhält, ist ein Maß für den Placeboeffekt. Der Vergleich der beiden Gruppen, die den Wirkstoff erhalten, gibt klare Hinweise für die Beeinflußbarkeit und die Erwartungshaltung der Versuchspersonen.[8]

Nach einer anderen Idee soll die Voreingenommenheit bzw. das Vorurteil der beteiligten PsychiaterInnen gemessen werden – beispielsweise durch Selbstbeurteilung oder Beurteilung durch Beobachter. Das so erhaltene Maß der Voreingenommenheit dient nun dazu, die Resultate der Untersuchung systematisch zu korrigieren.

Und noch ein Vorschlag: Die Testsubstanz soll unter völlig gegensätzlichen Bedingungen untersucht werden: einerseits in einem

Umfeld, wo die PsychiaterInnen und die Versuchspersonen äußerst positiv eingestellt sind und die allerbesten Erwartungen bezüglich der Wirkung des Psychopharmakons haben, andererseits in einem Umfeld, wo alle Beteiligten überzeugt sind, daß der Wirkstoff keine günstige Wirkung haben kann.

Fisher und Greenberg sind davon überzeugt, daß verbesserte Versuchsbedingungen wohl machbar sind, die Möglichkeit, daß Voreingenommenheit die Resultate verfälscht, aber dennoch nicht auszuschließen ist.[9] Sie schlagen deshalb vor, daß bei zukünftigen Studien immer ein Versuch unternommen werden muß, zu bestimmen, in welchem Ausmaß die Doppelblindanordnung durchbrochen worden ist, denn es ist diese Durchbrechung der Doppelblindanordnung, die die Resultate der Studien verfälscht. Dies geschieht folgendermaßen: Die Versuchspersonen und auch die beteiligten PsychiaterInnen müssen angeben, wer ihrer Meinung nach den Wirkstoff und wer das Placebo erhalten hat. Je zutreffender diese Schätzungen sind, desto unzuverlässiger sind die Resultate der betreffenden Studie. Dann muß berechnet werden, in welchem Ausmaß diese Befunde das Resultat der Studie beeinflußt haben.

Es gibt bis heute keine wissenschaftlich verläßliche Beurteilung der Psychopharmaka-Wirkungen

Es wurden also viele raffinierte Ideen entwickelt, wirklich »blinde« und damit objektive Versuchsbedingungen zu gewährleisten. Sie sind jedoch so aufwendig, daß sie kaum je zur Anwendung kommen. Dazu kommt, daß sich die wenigsten forschenden PsychiaterInnen dieser Problematik stellen. Es bleibt deshalb festzuhalten, daß es bis heute keine wissenschaftlich verläßliche Beurteilung der Psychopharmaka-Wirkungen gibt. Das gilt selbstverständlich nicht nur für Antidepressiva, sondern für sämtliche Psychopharmaka – das heißt auch für Neuroleptika, Tranquilizer, Lithium usw. Daß dieses wichtige Problem von der psychiatrischen Forschung bis jetzt übersehen wurde, bezeichnen Seymour Fisher und Roger P. Greenberg von der State University New York als erstaunlich.[10]

Voreingenommenheit und Vorurteile bestimmen die Resultate von Untersuchungen über die Wirkungen von psychoaktiven Substanzen. Diese Aussage wird so lange gültig bleiben, bis eine angemessene Zahl von Studien existiert, wo mit einer der oben beschriebenen Methoden dafür gesorgt wird, daß die Versuchsanordnung wirklich blind ist.

Klar belegte schädliche und gefährliche Wirkungen

Wenn PsychiaterInnen von psychischen Wirkungen der Psychopharmaka, insbesondere der Antidepressiva, sprechen, dann ist es demnach unklar, ob es sich um Phantasie oder um Wirklichkeit handelt. Damit können Behauptungen, ein Antidepressivum wirke gegen Depression besser als ein Placebo, niemals als gesichert gelten. Dabei ist es höchst erstaunlich, wie schwer es den interessierten Herstellerfirmen und PsychiaterInnen fällt, positive Wirkungen nachzuweisen, obwohl doch die geprüften Psychopharmaka in Untersuchungen immer tendenziell zu gut abschneiden (vgl. S. 43).

Ganz anders sieht es im Bereich der körperlichen Auswirkungen der Psychopharmaka aus. Daß Standardantidepressiva beispielsweise Agranulozytosen (drastische Verminderung der Zahl der weißen Blutkörperchen mit weitgehendem oder völligem Fehlen der Granulozyten) auslösen können, ist klar belegt. Die Zahl der Blutkörperchen ist meßbar, der Eintritt des Todes ist eindeutig festzustellen. Da kann die subjektive Einschätzung, die Voreingenommenheit der PsychiaterInnen und der »PatientInnen«, das betrübliche Resultat nicht verfälschen.

Die Psychiatrie ist keine exakte Wissenschaft

Die Psychiatrie kann nicht als exakte Wissenschaft bezeichnet werden. [11]Psychiater auf der ganzen Welt verschreiben täglich Psychopharmaka, deren Nutzen – das geht aus den obenstehenden Überlegungen klar hervor – in keiner Weise erwiesen ist. Sobald es um die Beurteilung des psychischen Zustandes geht, sind objektive Befunde nicht erhebbar. Dies zeigt sich auch im Bereich der psychiatrischen Diagnostik. Psychiatrische Diagnosen sind unzuverlässig, nicht wiederholbar und geprägt von der subjektiven Befindlichkeit des Psychiaters. Deutlich zeigte dies unter anderem das Experiment des Psychologieprofessors David Rosenhan: Psychisch gesunde Versuchspersonen meldeten sich in psychiatrischen Anstalten und gaben an, Stimmen zu hören. Nach der Aufnahme verhielten sich diese Scheinpatienten so normal und unauffällig wie möglich. Dennoch wurde kein einziger entlarvt. Bei allen lautete die Entlassungsdiagnose »Schizophrenie«.[12] Wenn es um die Beurteilung des psychischen Zustandes von Menschen geht, ist der Einfluß des subjektiven Faktors nicht zu eliminieren. Und an genau diesem Punkt, an der Beurteilung des psychischen Zustandes, scheitern auch sämtliche Untersuchungen über die Wirksamkeit psychoaktiver Substanzen.

Auch Drogen wirken als aktive Placebos

Doch nicht nur unser Wissen über die Wirksamkeit von Psychopharmaka ist in keiner Weise gesichert, noch dürftiger sind die Kenntnisse über die Effekte von Drogen. Mit ihren Doppelblindstudien machen die PsychiaterInnen Versuche, die Wirksamkeit ihrer Psychopharmaka objektiv zu bestimmen. Wie gezeigt wurde, handelt es sich um untaugliche Versuche. Im Bereich der Drogen, insbesondere Ecstasy, werden nicht einmal derartige Versuche – so mangelhaft diese auch sein mögen – gemacht.

Die Erkenntnis der Wichtigkeit körperlicher Begleiterscheinungen für die psychische Wirksamkeit einer psychoaktiven Substanz beschränkt sich selbstverständlich keineswegs auf die legalen Psychopharmaka, sie hat im Bereich der illegalen Drogen genau dieselbe Bedeutung. So bewirkt Ecstasy Appetitverlust, trockenen Mund, Herzjagen, eine Verkrampfung der Kiefermuskulatur, Zähnemahlen, Schlaflosigkeit, Schwitzen, Zittern, Übelkeit. Es ist für die KonsumentInnen also ein leichtes festzustellen, daß sie eine wirksame Substanz zu sich genommen haben. Die Pille wirkt, sie haben nicht für teures Geld etwas Unwirksames erstanden. Selbstverständlich vergrößert dies wesentlich die Wahrscheinlichkeit, daß positive oder negative psychische Effekte auftreten. Wer eine Droge konsumiert, der hat – auch schon beim ersten Mal – Erwartungen darüber, wie sie wirken soll: Er hat Wünsche und Hoffnungen; wahrscheinlich hat er insgeheim auch etwas Angst, daß sich unangenehme Effekte einstellen. Die beschriebenen körperlichen Begleiterscheinungen führen dazu, daß beides – erwünschte und gefürchtete psychische Auswirkungen – vermehrt und stärker auftritt.

Wann sind die KonsumentInnen zufrieden?

Eine Reihe von Gründen tragen dazu bei, daß die KonsumentInnen mit den Wirkungen einer psychoaktiven Substanz zufrieden sind: Ihre Erwartungshaltung muß positiv sein. Dies kann dadurch bewirkt werden, daß sie dem verschreibenden Arzt vertrauen, oder auch dadurch, daß sie von Freunden oder in den Medien viel Gutes darüber gehört oder gelesen haben. Wenn sie die Substanz einnehmen, muß irgend etwas geschehen. Bei Substanzen wie Heroin oder den Benzodiazepinen, die rasch zu Sucht führen, fühlt der Konsument oder die Konsumentin eine deutliche Erleichterung; all das, was ihn beschäftigte, was ihn bedrückte, was ihm Sorgen bereitete, stört ihn nicht mehr. In seiner wohligen Müdigkeit fühlt er sich problemlos glücklich. Das ist eine klare und direkte Folge des Konsums. Anders bei Substanzen wie den Standardantidepressiva, den SSRI (selektive Serotoninwiederaufnahmehemmer wie Prozac) oder auch Ecstasy. Da gibt es keinen vergleichbaren Effekt, der Konsum bewirkt keine sofortige Erleichterung. Die deutlich fühlbaren Wirkungen werden hier als »Nebenwirkungen« bezeichnet, sie sind unangenehm. Und dennoch sind sie wichtig; sie bestätigen dem Konsumenten, daß er etwas Wirksames zu sich genommen hat, etwas ist eingefahren, in seinem Innern hat die Droge etwas bewirkt. Da er auf positive Effekte gleichsam programmiert war, sie bereits im voraus kannte und erwartete, können die eindeutig festzustellenden »Nebenwirkungen« dazu führen, daß sich diese positiven Erwartungen erfüllen, das heißt, daß sich ein positiver Placeboeffekt einstellen kann. Wenn die KonsumentInnen also zufrieden sind mit ihrer Droge, kann dies auf zwei verschiedene Arten zustande gekommen sein. Entweder hat die Substanz selbst direkt eine Wirkung, die vom Betroffenen als schön und gut erlebt wird, oder die »Nebenwirkungen« der Substanz bestätigen ihm, daß er etwas Wirksames zu sich genommen hat, was das Auftreten eines positiven Placeboeffekts begünstigt.

Die Werbung und die Wirkung von psychoaktiven Substanzen

Wer psychoaktive Substanzen verkaufen will, muß für sie werben. Und diese Werbung bestimmt einerseits die Einnahmen der Produzenten, Zwischenhändler und Verkäufer, andererseits ganz wesentlich auch die Wirkung bzw. den Placeboeffekt des Stoffs.

Psychopharmaka werden von ÄrztInnen verschrieben. Deshalb konzentrieren die Pharmafirmen einen großen Teil ihres Werbeaufwands auf die Mediziner. Die ÄrztInnen wiederum leiten die Werbung weiter an die Betroffenen. Sie übernehmen die Argumente der Hersteller und versuchen, den »Patienten« davon zu überzeugen, daß das »Medikament« den angestrebten Effekt auch erbringe. Deshalb ist die Erwartungshaltung eines »Patienten«, der vom Arzt Psychopharmaka erhält, einfach zu durchschauen. Beide haben grundsätzlich dasselbe Ziel: die Besserung der Beschwerden, die Aufhellung von Depressionen, das Verschwinden von Angst oder Selbstmordgedanken. Schon allein der Arztbesuch kann eine Besserung bewirken. Sehr zu Recht hat der bekannte Psychoanalytiker Michael Balint den Begriff »Droge Arzt« geprägt. Der leidende Mensch, der zum Arzt geht, macht diesen Schritt, weil er davon überzeugt ist, daß der Doktor ihm helfen wird. Das Verschreiben des »Medikaments« kann als Ritual bezeichnet werden. Aus dieser Sicht betrachtet, wirkt der Arzt genauso wie der Medizinmann anderer Kulturen.

Bei Psychopharmaka kommt noch etwas Mund-zu-Mund-Propaganda hinzu. Was jemand aus seinem Bekanntenkreis über die Wirkung dieser »Medikamente« erfährt, bestimmt wiederum deren Effekte.

Gewisse Psychopharmaka und vor allem illegale Drogen sind als Thema ständig präsent. Alles, was über eine psychoaktive Substanz in der Öffentlichkeit verbreitet wird, trägt letztlich zu ihrer Wirkung bei. Neben den Massenmedien spielen dabei die Schule, die Familie, FreundInnen und Bekannte und insbesondere auch die vorherrschende Meinung der gesellschaftlichen Gruppierung, der man sich zugehörig fühlt, eine wesentliche Rolle. Dies alles kann letztlich als Werbung verstanden werden und trägt einen wesentlichen Teil zum Placeboeffekt der verschiedenen Wirkstoffe bei.

Medienpräsenz, sogar Negativwerbung, verstärkt die Attraktivität von psychoaktiven Substanzen

All die Warnungen, die Jugendliche über die mit dem Heroinkonsum verbundenen Gefahren hören, verhindern keineswegs, daß es immer neue ErstkonsumentInnen gibt. Ganz offensichtlich macht die immense Negativwerbung Heroin für gewisse Menschen attraktiv. FixerInnen sind keine Durchschnittsbürger. Sie werden beachtet und sind, so sonderbar das klingen mag, etwas Besonderes. Und die Wirkung von Heroin muß, so mag sich mancher sagen, unheimlich schön sein. Wieso würden sonst so viele den Stoff nehmen, von dem so viel Schlechtes erzählt wird?

Wenn also eine Substanz oft erwähnt wird – sogar wenn es abschreckend gemeint ist –, dann vergrößert dies ihre Attraktivität. So konnte gezeigt werden, daß die Zahl derer, die erstmals Heroin zu sich nahmen, sich proportional zu den Medienberichten über diese Droge verändert. Je mehr über Heroin geschrieben und berichtet wird, desto größer wird die Zahl der ErstkonsumentInnen. Wenn also seit einiger Zeit in den Massenmedien Prozac und Ecstasy viel und vorwiegend positiv erwähnt werden, so wird dadurch ein starker Anreiz vermittelt, diese »Glückspillen« auszuprobieren.

Wer psychoaktive Substanzen in großem Stil ohne Mithilfe der ÄrztInnen vermarkten will, der muß so werben, daß die KonsumentInnen direkt erreicht werden. Wenn die Wirkungen der betreffenden Substanz für die KonsumentInnen sehr angenehm sind, dann genügt ein geringerer Aufwand; wenn sie kaum angenehme Wirkungen hat, muß der Werbeaufwand riesig sein, um dem Hersteller das große Geld zu bringen.

5

Zur Geschichte der Entdeckung und des Aufkommens verschiedener psychoaktiver Substanzen

Opium

Opium ist ein Extrakt des Schlafmohns, der wegen seiner Wirkung auf die Psyche bereits seit Jahrtausenden konsumiert wird. Schon im Altertum wurde Opium zur Behandlung von Schmerzen, Durchfall, Asthma und Herzinsuffizienz eingesetzt. In China kam im 17. Jahrhundert das Opiumrauchen auf. Dort wurde auch erstmals das Suchtpotential des Opiums deutlich, während in Europa erst spät entdeckt wurde, daß Opium süchtig machen kann.

Zu Beginn des 19. Jahrhunderts wurde Morphin, ein Bestandteil des Opiums, isoliert. 1827 begann die US-amerikanische Firma E. Merck mit der industriellen Produktion von Morphin, das rasch zum wichtigsten Schmerzmittel der Medizin wurde, was es bis heute geblieben ist. Zu der raschen Verbreitung des Morphins als Schmerzmittel trug wesentlich bei, daß es ab Mitte des 19. Jahrhunderts injiziert werden konnte. Im amerikanischen Bürgerkrieg und im Deutsch-Französischen Krieg wurde Morphin erstmals in großem Maßstab eingesetzt. Es gab denn auch unter den ehemaligen Bürgerkriegskämpfern so viele Morphinisten, daß die Morphinabhängigkeit als »Soldatenkrankheit« bezeichnet wurde. Ende des 19. und in der ersten Hälfte des 20. Jahrhunderts wurde Morphin neben Kokain zur Modedroge in Künstlerkreisen. Bekannte Morphiumkonsumenten waren unter anderem Novalis, Charles Baudelaire, Hans Fallada, Walter Benjamin, Jean Cocteau und Klaus Mann. Fallada und Benjamin starben an Morphiumüberdosen. Auch viele Ärzte, die leichten Zugang zum Morphin hatten, waren süchtig.

Heroin

Heroin, Diazetylmorphin (ein einfaches Derivat des Morphins, dem zwei Azetylgruppen angefügt werden), wurde 1875 erstmals synthetisiert und 1898 von der deutschen Firma Bayer auf den Markt gebracht. Man bot es vorerst als Hustenmittel an, wobei vor allem damit geworben wurde, daß Heroin im Gegensatz zum Opiumalkaloid Codein, das damals wie heute zur Bekämpfung des Hustenreizes verwendet wird, nicht süchtig mache.[1] Zu Beginn des 20. Jahrhunderts wurde Heroin als mildes Schmerzmittel verwendet und an Morphinabhängige zur Behandlung ihrer Sucht abgegeben.[2] In einem wissenschaftlichen Artikel war 1900 zu lesen: »Inzwischen liegt die Einführung von Heroin genügend lange zurück, um seinen wahren Wert beurteilen zu können. (…) In einem geringen Prozentsatz von Fällen hat man eine Gewöhnung festgestellt. (…) Aber keiner der Patienten leidet in irgendeiner Weise unter dieser Gewöhnung, und niemals ist eines der Symptome, die für chronischen Morphinismus so charakteristisch sind, beobachtet worden.«[3] Wie positiv Heroin anfänglich beurteilt wurde, zeigt auch sein Name. Heroin geht auf das griechische Wort Heros, der Held, zurück und bedeutet heroisch, stark, kräftig. Also ein restlos positiv klingender Begriff, der darauf hinweisen sollte, wie heroisch Heroin im gewünschten Sinne wirken würde. Heute ist Heroin verketzert und gilt als äußerst gefährliche und schädliche Droge. Morphin dagegen, das sehr ähnliche Wirkungen hat, wird nach wie vor in der Medizin zur Schmerzbekämpfung eingesetzt. Genauso könnte auch Heroin zur Schmerzbekämpfung bei schweren Krankheiten verwendet werden. So hat kürzlich der Londoner Kardiologe Peter Slight betont, daß Heroin ein ausgezeichnetes Schmerzmittel sei, insbesondere für Herzinfarktpatienten. Die gefürchteten Nebenwirkungen des legal verwendeten Morphins, Übelkeit und Erbrechen, die bei Infarktpatienten besonders unerwünscht sind, treten nach intravenöser Heroininjektion nicht auf. Außerdem stellt sich die schmerzstillende

Wirkung des Heroins schneller ein.[4] Doch Heroin wird in unseren Spitälern nicht verwendet, ganz einfach deshalb, weil es die illegale, verketzerte Droge ist. Auch Morphin macht abhängig, auch Morphin ist ein Suchtmittel; doch Morphin darf von Gesetzes wegen angewendet werden. Dabei kommt es bei InfarktpatientInnen so oder so kaum je zur Entwicklung einer Abhängigkeit.

Methadon, ein weiteres synthetisches Opioid, gilt als Medikament. Es wird von ÄrztInnen an Heroinabhängige abgegeben. Das ist eine gute Sache; doch auch Methadon hat sehr ähnliche Wirkungen wie Heroin und Morphin, und Methadonabhängigkeit ist keineswegs harmloser als Heroinabhängigkeit. Es könnte also mit gutem Grund auch Heroin an Heroinabhängige abgegeben werden. Das war jedoch lange Zeit völlig undenkbar. Wer, wie ich, sich bereits 1988 für die Heroinabgabe an Heroinabhängige einsetzte,[5] wurde belächelt. Seit Ende 1994 sind nun endlich in der Schweiz Versuche erfolgreich angelaufen, Heroin an Süchtige abzugeben.

Daß Heroin lange Zeit als harmlos galt, zeigt, wie bedeutungsvoll die Rahmenbedingungen – die Werbung, wie ich es hier nannte – für die Wirkung einer psychoaktiven Substanz sind. Heute weiß jeder und jede, die Heroin erstmals konsumieren, sehr genau, was sie tun; sie wissen, daß sie sich gleichsam mit dem Teufel einlassen, sie wissen, daß sie eine der gefährlichsten Drogen, die es gibt, zu sich nehmen. Diese Botschaft wird fortwährend verbreitet, in den Massenmedien, in der Schule, im alltäglichen Gespräch der Menschen. Und entsprechend ist dann auch die Wirkung der teuflischen Substanz. Zu Beginn des 20. Jahrhunderts wußte niemand von der Gefährlichkeit des Heroins, die Erwartungshaltung der KonsumentInnen war eine andere, so war dann auch die Wirkung anders als heute. Hinzu kommt, daß die schnellere und intensivere Wirkung von intravenös gespritztem Heroin damals noch nicht bekannt war.

LSD (Lysergsäure-Diäthylamid)

Wenn Forscher über die Wirkungsmechanismen der psychoaktiven Substanzen (Psychopharmaka und Drogen) berichten, vermitteln sie den Eindruck, als verfügten sie über großes Wissen und würden gezielt vorgehen. Das ist jedoch nicht der Fall. So wurden sämtliche heute im Handel befindlichen Psychopharmakagruppen wie die Wirkung der synthetisch hergestellten Drogen durch Zufall entdeckt. Besonders deutlich wird dies am Beispiel von LSD.

Albert Hofmann war Chemiker bei der Pharmafirma Sandoz in Basel, die eine führende Rolle in der Forschung über die sogenannten Mutterkornalkaloide hatte. Mutterkornalkaloide entstehen in einem Pilz, der auf Roggen, aber auch auf anderen Getreidearten wuchert. Ergotamin, ein Mutterkornalkaloid, wird zur Behandlung der Migräne eingesetzt. Ein anderes Mutterkornalkaloid, das Kontraktionen der Gebärmutter auslöst, wird in der Geburtshilfe verwendet. Der Grundbaustein aller Mutterkornalkaloide ist Lysergsäure. Hofmann stellte Lysergsäureverbindungen her, die seiner Ansicht nach nicht speziell auf die Gebärmutter wirken sollten. Er hatte das Ziel, ein Kreislauf und Atmung anregendes Mittel zu synthetisieren. 1938 stellte er die 25. Substanz dieser Gruppe her – LSD.[6] Der neue Wirkstoff erweckte bei den Pharmakologen und Medizinern der Sandoz kein Interesse. 1943 wiederholte Hofmann die Synthese von LSD und entdeckte durch Zufall die halluzinogene oder psychedelische Wirkung dieser Substanz; offenbar hatte er, ohne es zu merken, eine geringe Menge davon auf irgendeine Weise zu sich genommen.

LSD führt zu Veränderungen der Wahrnehmung, zur Verkennung der Wirklichkeit und zu Veränderungen des Raum-Zeit-Erlebens. Farben werden intensiver wahrgenommen, Gegenstände scheinen ihre Form zu verändern. Die Wirkung kann zwischen einer und acht Stunden anhalten. Bad Trips oder Horrortrips können noch Wochen nach dem letzten Konsum erneut auftreten – diese Erscheinung wird Flashback genannt. Es kommt zu Toleranzbildung und zu psychischer Abhängigkeit. Schwere Entzugserscheinungen treten nicht auf, beim Absetzen kann es jedoch zu Unruhe und Angst kommen.

Kokain

Schon vor 5000 Jahren wurden die Blätter des Kokastrauches wegen ihrer psychisch aktivierenden Wirkung gekaut. Der Strauch stammt aus den peruanischen Anden und ist heute im Andenhochland Ekuadors, Perus und Boliviens verbreitet. Da die Blätter gekaut werden, gelangt das Kokain erst nach und nach vom Magen in den Blutstrom. Deshalb tritt die Wirkung langsamer auf und ist auch weniger stark, als wenn – wie heute – reines, kristallines Pulver in die Nasenlöcher gesogen oder injiziert wird. In der Kultur der peruanischen Inkas galten die Blätter als Geschenk des Sonnengottes an den ersten Herrscher der Inkas. Ursprünglich durften nur Angehörige der königlichen Familie und der Priesterschaft Koka zu sich nehmen. Mit der Zeit begannen breitere Volksschichten mit dem Konsum.

Die spanischen Eroberer waren von der Wirkung des Kokablattes auf die Eingeborenen beeindruckt und hielten die Arbeiter an, mehr davon zu kauen, um in den hochalpinen Goldminen ihre Leistungsfähigkeit zu verbessern. Angeregt durch Berichte von Südamerikareisenden, versuchten europäische Chemiker herauszufinden, was die Wirkung des Kokablattes ausmacht. 1860 gelang es dem deutschen Chemiker Albert Niemann, aus peruanischen Kokablättern reines Kokain zu isolieren, und 1862 fand ein anderer Chemiker, Wilhelm Lossen, die Strukturformel des Kokains heraus. Noch im selben Jahr, 1862, begann die US-amerikanische chemisch-pharmazeutische Firma Merck mit der Kokainproduktion.

Die Isolation des Kokains war die Voraussetzung dafür, daß das reine

Pulver zur Droge mit Milliardenumsätzen in der ganzen Welt, insbesondere in den USA, werden konnte. Auch hier sind also die Chemiker am Erfolg der Droge beteiligt. Kokain ist eine Substanz, die von Chemikern isoliert und von der pharmazeutischen Industrie produziert wurde, bis sie als illegal erklärt wurde.

Etwa seit 1985 wird Kokain vor allem in den USA auch in einer leicht veränderten Form gehandelt: Crack wird ohne großen Aufwand aus Kokain und Backpulver (Natriumhydrogencarbonat/Zitronensäure) hergestellt. Wer Crack zu sich nehmen will, muß die Droge erhitzen, wobei ein knisterndes Geräusch entsteht, das der Droge den Namen gegeben hat. Die Dämpfe werden eingeatmet. Es kommt sehr rasch zu einem etwa dreißigminütigen Rauschzustand. Die KonsumentInnen sind zuerst euphorisch, dann ruhelos, nicht selten aggressiv. Schwere Sucht entsteht sehr rasch.

Die Coca-Cola-Story

Eine andere Geschichte lief parallel dazu ab. 1863 ließ der korsische Chemiker Angelo Mariani seinen »vin Mariani« patentieren, einen Koka-Extrakt auf Weinbasis, der bald ein populärer Erfrischungs- und Stärkungstrunk wurde. Einerseits pries Mariani seinen Wein als köstliches Getränk, andererseits aber vor allem als medizinisches Tonikum an, das überarbeitete Männer, geschwächte Frauen und kränkliche Kinder munter machen würde: »Mariani-Wein, das berühmte Tonikum für Körper und Geist. Mariani-Wein stärkt das Gehirn und das Blut, gibt den Muskeln Kraft und Elastizität. Er bringt dem Konsumenten eine gute Gesundheit und ein langes Leben.« So pries Mariani sein Getränk an.

Mariani war ganz offensichtlich ein Pionier, er realisierte sehr deutlich, daß auch für psychoaktive Substanzen geworben werden muß. Es kommt dabei gar nicht darauf an, was behauptet wird. Hauptsache ist es, daß einem breiten Spektrum von möglichen KonsumentInnen Lust auf das angepriesene Produkt gemacht wird. ÄrztInnen empfahlen das Tonikum für alles und jedes – von Halsentzündungen bis zu Blähungen. Der weltweite Erfolg von Mariani-Wein gab den Anstoß, daß John Pemberton, ein Apotheker aus Georgia, 1886 erstmals Coca-Cola herstellte. Coca-Cola war damals eine Mischung aus Extrakten der afrikanischen Colanüsse, die koffeinreich sind, und dem Saft der Kokablätter. Vorerst enthielt sein Getränk noch Wein; doch etwas später wurde es zum »geistigen Erfrischungsgetränk ohne Alkohol«. Pemberton pries Coca-Cola als Stärkungsmittel für geschwächte Grippekranke und als Mittel gegen Kopfschmerzen und Ermüdung an. 1888 ersetzte er das gewöhnliche Wasser durch Sodawasser. 1892 kaufte Asa Candler Pemberton die Rechte für das Getränk ab und gründete die Coca-Cola-Company. Später wurde das Kokain des Original-Coca-Colas durch einen erhöhten Koffeinanteil ersetzt.

Amphetamine

Die Amphetamine entstanden zunächst in Labors der pharmazeutischen Industrie, in diesem Fall in denen der US-amerikanischen Firma Lilly. (Lilly ist auch die Firma, die den SSRI Prozac herstellt und vertreibt.) Adrenalin, das die Bronchien erweitert, wäre ein mögliches Mittel gegen Asthma, wenn es nicht in Magen und Darm zu schnell abgebaut und schlecht resorbiert würde. Auf der Suche nach einem besseren Asthmamittel synthetisierten Chemiker von Lilly Amphetamin. Unter dem Namen Benzedrin wurde Amphetamin in den späten dreißiger und frühen vierziger Jahren als Asthmamittel mitsamt den dazugehörigen Inhalationsgeräten vertrieben. Studenten nutzten diese Substanz schon damals dazu, um mit weniger Schlaf intensiver lernen zu können.
Die Ärzteschaft blieb auch bezüglich der Amphetamin-Problematik naiv. ÄrztInnen sind grundsätzlich dem Einsatz von Medikamenten

jeder Art gegenüber positiv eingestellt. Das zeigt sich immer wieder. Sie überschätzen demzufolge regelmäßig die Vorteile neueingeführter Substanzen. Nicht anders verhielt es sich bei der Einführung der Amphetamine. 1938 erschien in der renommierten wissenschaftlichen Zeitschrift *JAMA (Journal of the American Medical Association)* ein zusammenfassender Artikel: »In der gesamten medizinischen Literatur findet sich kein Beweis, daß es bei Stimulanzien zur Gewöhnung kommt.«[7]

So wurden denn bereits 1939 Amphetamine zur Therapie von Alkoholikern eingesetzt. Aber auch zur Behandlung von Barbituratabhängigkeit und Barbituratvergiftungen (Barbiturate sind stark wirkende Schlafmittel) wurden Amphetamine verwendet. So dauerte es nicht lange, bis eine kombinierte Sucht auf Barbiturate und Weckamine zu beobachten war.

Amphetamine wurden von den Streitkräften verschiedener Länder während des Zweiten Weltkriegs eingenommen. Methamphetamin (Pervitin) wurde bei der deutschen Luftwaffe und motorisierten Verbänden eingesetzt, um das menschliche Leistungsvermögen dem der Maschinen anzupassen. Pervitin wurde vor allem bekannt, weil die deutschen Piloten bei ihren nächtelangen Luftangriffen über England sich damit wachhalten konnten. Bereits während des Krieges wurde Amphetamin in Japan mit dem Ziel eingesetzt, die Produktivität der Kriegsindustrie zu steigern.[7] Nach Kriegsende wurden Weckamine in Japan von der Pharmaindustrie als Mittel »gegen Müdigkeit und zur Steigerung der geistigen Aktivität angepriesen«.

Die Amphetamine wurden zur psychoaktiven Substanz der Nachkriegsjahre. Bald wurden sie, vor allem in den USA, als Appetitzügler entdeckt und eingesetzt. Daß ÄrztInnen jahrzehntelang Amphetamine als Appetitzügler verschrieben, zeigt erneut, wie mechanistisch und oberflächlich sie den Menschen betrachten. Da steht ein Mann oder eine Frau, deren Gewicht zu hoch ist. Wenn sie es nicht aus eigener Kraft schaffen, weniger zu essen, gibt man ihnen eben ein »Medikament«, das das Hungergefühl unterdrückt. So einfach ist das. Darüber, ob es sinnvoll ist, zu diesem Zweck Amphetamine zu verwenden, und ob Gefahren mit dieser »Behandlung« verbunden sind, machte sich die Ärzteschaft erst viel später Gedanken.

Bald wurden Amphetamine auch intravenös gespritzt. Die Euphorie stellt sich dadurch schneller ein. Doch es entsteht Toleranz, so daß die Dosen, die nötig sind, um die auf die Euphorie folgende tiefe Depression zu vermeiden, ständig erhöht werden müssen.

Schließlich wurden Amphetamine auch dazu verwendet, die Intensität von LSD-Trips zu steigern.

Zur Wirkung der Psychostimulanzien

Die Psychostimulanzien Kokain und die Amphetamine werden wegen ihrer psychischen Wirkungen eingenommen. Gehobene Stimmung, gesteigerter Antrieb, verbesserte Kontaktfähigkeit, Zufriedenheit, Glücksgefühl, Euphorie, vermindertes Schlafbedürfnis, eine leicht gesteigerte körperliche Leistungsfähigkeit, beschleunigter Puls und Blutdruckanstieg stehen bei Kokain im Vordergrund. Nach einigen Stunden schlägt die Stimmung um – Niedergeschlagenheit, Erschöpfung. Verstimmung und Angst können auftreten. Es entsteht eine psychische Abhängigkeit. Beim Absetzen treten keine schweren Entzugserscheinungen auf, wie sie bei Alkohol, Opiaten, Benzodiazepinen und Barbituraten typisch sind. Problemlos ist der Entzug jedoch nicht. Es kommt zu Angst, Unruhe, Schlaflosigkeit, eventuell zu Erschöpfung und extremem Schlafbedürfnis.

Amphetamine bewirken Euphorie, Wachheit, gesteigerte körperliche und geistige Leistungsfähigkeit. Aus diesem Grund werden sie auch Weckamine oder »Speed« genannt. Die geistige Belastbarkeit nimmt zu, insbesondere gleichmäßige, sich wiederholende und wenig abwechslungsreiche Tätigkeiten können unter der Wirkung der Amphetamine länger durchgehalten werden. Amphetamine wurden und werden als Dopingmittel bei Ausdauersportarten eingesetzt. Der gesteigerten Leistungsfähigkeit folgten Müdigkeit und Unbehagen, was Anlaß sein kann, die Substanz erneut zu sich zu nehmen. Beim regelmäßigen Konsum kommt es zu psychischer Abhängigkeit und Toleranzbildung, das heißt, die für den gewünschten Effekt notwendige Dosierung muß gesteigert werden. Auch das Absetzen der Amphetamine führt zu keinen schweren Entzugserscheinungen. Es kommt jedoch zu Müdigkeit, Abgeschlagenheit, Mißstimmungen und Depressionen.

Neuroleptika

Henri Laborit, ein französischer Neurochirurg, war 1950 daran, einen Medikamentencocktail zusammenzustellen, den er seinen PatientInnen als Prämedikation vor schweren Operationen geben wollte. Bestandteil dieses Cocktails war vorerst das Antihistaminikum Promethazin. Antihistaminika – Medikamente, die zur Behandlung von Allergien und Juckreiz eingesetzt werden – haben eine wichtige Nebenwirkung: Sie wirken dämpfend, machen schläfrig. Etwas später ersetzte Laborit Promethazin durch Chlorpromazin, das bereits in den dreißiger Jahren als Antihistaminikum getestet, dann jedoch wegen seiner stark sedierenden (dämpfenden) Wirkung verworfen wurde.[8] Laborit war vom Effekt von Chlorpromazin begeistert. Er versuchte, PsychiaterInnen zu überreden, Chlorpromazin zur Beruhigung von erregten »PatientInnen« einzusetzen. Erste Versuche waren wenig erfolgversprechend. Da begannen Jean Delay und Pierre Deniker 1951 in Paris, Chlorpromazin in weitaus höheren Dosierungen anzuwenden. »Die hohen Dosen erbrachten deutliche Verbesserungen, und zwar überraschenderweise bei Patienten mit den verschiedensten psychischen Erkrankungen. Ängstlich erregte Patienten, hyperaktive Maniker und Schizophrene – sie alle wurden besser kontrollierbar.«[9] Bereits 1952 war Chlorpromazin (Largactil, Megaphen), das erste Neuroleptikum, im Handel.

Die Einführung von Chlorpromazin bedeutet für die moderne Psychiatrie eine Wende, den Beginn eines neuen Zeitalters. Zuvor standen zur Dämpfung von erregten »PatientInnen« nur Schlafmittel, insbesondere die stark wirkenden Barbiturate und Bromsalze zur Verfügung. Mit den Neuroleptika hatten die Psychiater, davon waren sie überzeugt, nun endlich »Medikamente« zur Verfügung, mit denen sie wie andere Ärzte auch »Krankheiten« »behandeln« konnten. Die Entdeckung und die Einführung der Neuroleptika hat das Fach Psychiatrie seither weitgehend bestimmt. Nicht nur die psychiatrischen »Behandlungen«, nein, auch das gesamte weitere Denken, insbesondere die Forschung, war seither von dieser Entdeckung geprägt.

Dabei war diese Euphorie in keiner Weise gerechtfertigt. Der bekannte Psychiater Solomon Snyder beschreibt die Wirkung des ersten Neuroleptikums sehr treffend: Chlorpromazin »ließ schwierige Patienten besser kontrollierbar werden, ohne sie bewußtlos zu machen«.[10] Chlorpromazin, wie alle weiteren Neuroleptika, vermag keine psychischen »Krankheiten« zu heilen, sondern läßt die »PatientInnen« nur besser kontrollierbar werden. Neuroleptika sind also völlig unspezifisch, sie wirken auf »Schizophrene« und »Maniker« genauso wie auf »normale Menschen«. Damit hätte sofort klar sein müssen, daß es völlig sinnlos und unergiebig sein würde, auf Grund des biochemischen Wirkungsmechanismus der Neuroleptika Hypothesen über die Ursache der »Schizophrenie« aufzustellen. Doch bis heute hält die biologische Psychiatrie an dieser Art Forschung fest, obschon die Ergebnisse mehr als dürftig sind.[11]

Neuroleptika werden zur »Behandlung« der »Schizophrenie«, der »Manie« wie auch jeder Form der Erregung eingesetzt. Als chemischer Knebel oder Keule bezeichnet, werden sie seit vielen Jahren vor allem von ehemaligen Psychiatrie-»PatientInnen« massiv kritisiert.[12] Neuroleptika bewirken unter anderem Müdigkeit, Antriebs- und Interesselosigkeit, Dämpfung der Gefühlswahrnehmung, deutliche Störung der Sexualität, Beeinträchtigung der Kreaktivität, des Gedächtnisses, der geistigen Leistungsfähigkeit, der Konzentrationsfähigkeit, Depression und Selbstmordneigung, Resignation und Apathie. Ferner lösen Neuroleptika verschiedenartige Bewegungsstörungen aus, die hier nur unvollständig beschrieben werden können. Sehr oft ist das Parkinsonoid zu beobachten: Bewegungsarmut, unbewegliche, starre, ausdruckslose Gesichtszüge (Maskengesicht), kleinschrittiger Gang, fehlende Mitbewegungen der Arme, monotone, verwaschene Sprache, feinschlägiges Zittern, erhöhte Spannung der gesamten Körpermuskulatur. Auffallend ist auch die Akathisie, die Bewegungsunruhe, verbunden mit einer unerträglichen inneren Unruhe. Die Betroffenen sind nicht in der Lage, sich ruhig zu halten. Eine schwerwiegende Störung ist die Spätdyskinesie, bei der es zu spontanen, nicht kontrollierbaren Bewegungen der Mund- und der Gesichtsmuskulatur (Schmatz- und Kaubewegungen), der Zunge, Schleuderbewegungen der Arme und Beine, langsamen, geschraubten Bewegungen der Finger und Hände, die bizarr wirken, usw. kommt. Die Erscheinungen der Spätdyskinesie bilden sich nach Absetzen der Neuroleptika oft nicht zurück, ja treten nicht selten erst nach Ende der »Behandlung« auf. Die einzige mögliche Erklärung für das Auftreten dieses bleibenden Spätschadens ist eine durch die Neuroleptika verursachte irreversible organische Schädigung des Gehirns. Diese Menschen haben auf Grund der »Behandlung« ihren eigenen Körper nicht mehr unter Kontrolle, was von vielen als äußerst beschämend erlebt wird. Auch die Akathisie (die Bewegungsunruhe) kann nach Absetzen der »Behandlung« bestehenbleiben. In Verbindung mit der Spätdyskinesie sind oft psychische Dauerschädigungen zu beobachten. Die Betroffenen sind resigniert und apathisch; aber auch ihre intellektuelle Leistungsfähigkeit ist beeinträchtigt. Wichtig ist die Feststellung, daß das Bild des heutigen Psychiatrie-»Patienten« oder »Geisteskranken« geprägt ist von all diesen Bewegungsstörungen. Die Betroffenen, die ihren Körper nicht mehr unter Kontrolle haben, wirken effektiv, als wären sie »irr«. Doch diese Erscheinungen sind in keiner Weise »Symptome« ihrer »Krankheit«, sondern sind einzig und allein auf die Auswirkungen der von ihnen eingenommenen Neuroleptika zurückzuführen. Es kommt auch zu vielfältigen unangenehmen und gefährlichen körperlichen Störungen. Erwähnt seien hier nur die nicht selten tödlich endende Agranulozytose, die hier bereits als Komplikation einer »Behandlung« mit den Standardantidepressiva beschrieben wurde (vgl. S. 30) und das maligne neuroleptische Syndrom (MNS).[13] Es kommt dabei zu einer massiven Erhöhung des Blutdrucks, hohem Fieber, Schwitzen, einer Verkrampfung der gesamten Körpermuskulatur und einem Anstieg der Zahl der weißen Blutkörperchen. Auch das MNS führt nicht selten zum Tode.

6

Grobe Eingriffe in ein feines System

Neurotransmitter

Neurotransmitter sind körpereigene Substanzen, die für die Erregungsübertragung in der Umschaltstelle zwischen zwei Nervenzellen, dem sogenannten synaptischen Spalt, verantwortlich sind. (Als Synapsen werden auch die Umschaltstellen zwischen der Nervenzelle und einem »Erfolgsorgan«, beispielsweise einer Muskelzelle, bezeichnet.) An den Nervenendigungen bewirkt das ankommende elektrische Aktionspotential die Freisetzung eines Transmitters, der den synaptischen Spalt überwindet; er setzt sich an der jenseitigen, postsynaptischen Membran auf eine Bindungstelle – den sogenannten Rezeptor –, was eine Änderung der Durchlässigkeit dieser Membran für Ionen bewirkt. Durch den veränderten Ionenstrom wird ein elektrisches Signal ausgelöst und im Nerv weitergeleitet.

Neurotransmitter können ihre Wirkung aber auch indirekt durch die Bildung eines »Second Messengers« in der postsynaptischen Zellmembran entfalten. Erst dieser zweite Botenstoff, beispielsweise CAMP (3', 5' -cyclo Adenosin-monophosphat), löst dann in der Nervenzelle bestimmte Reaktionen aus.

Psychoaktive Substanzen entfalten ihre Wirkung im Zentralnervensystem genau dort, wo der Wirksamkeitsbereich der Neurotransmitter liegt; das gilt sowohl für Psychopharmaka wie für illegale Drogen. Neurotransmitter sind unter anderem Azetylcholin, Adrenalin, Noradrenalin, Dopamin, Gamma-Aminobuttersäure (GABA) und Serotonin.

Amphetamine und Kokain

Noradrenalin ist neben Adrenalin der Neurotransmitter des sympathischen Nervensystems (oder kurz des Sympathikus). Bei einer Aktivierung des Sympathikus kommt zu einer gesteigerten Leistungsfähigkeit des ganzen Organismus. Der Blutdruck steigt, der Herzschlag beschleunigt sich, die Bronchien werden erweitert, was schnelleres und tieferes Atmen erlaubt, das Bewußtsein ist hellwach. Das Angebot von energiespendenden Substanzen (Glukose und Fettsäuren) steigt, im Augenblick unwichtige Funktionen wie die Darmtätigkeit werden gedrosselt.

Die sogenannten Weckamine Amphetamin und Methamphetamin setzen aus den Speichern adrenerger Nervenzellen Noradrenalin und Dopamin frei. Die Amphetaminmoleküle diffundieren in die Nervenendigungen, wo die Neurotransmitter in Vesikeln (Bläschen) gespeichert sind, und verdrängen dort aufgrund ihrer starken chemischen Ähnlichkeit mit Noradrenalin und Dopamin diese Transmitter. Sie werden aus der Nervenendigung hinaus in den synaptischen Spalt gedrängt.

Kokain blockiert die Pumpe, die die Wiederaufnahme des ausgeschütteten Noradrenalins und Dopamins in die Nervenendigung bewirkt. Die verhinderte Rückaufnahme führt zu einer erhöhten Konzentration dieser Transmitter vor den Rezeptoren und verstärkt demzufolge deren Wirkung. Auf unterschiedlichem Weg führen die Amphetamine und Kokain zu einer Erhöhung der Konzentration der Neurotransmitter Noradrenalin und Dopamin im synaptischen Spalt. Auch die Amphetamine hemmen die Wiederaufnahme von Noradrenalin und Dopamin in die Nervenendigung; doch der hervorragende und wirksame Effekt der Amphetamine bleibt die Freisetzung von Noradrenalin und Dopamin aus der präsynaptischen Nervenzelle.

Monoaminoxidasehemmer

Das Enzym Monoaminoxidase (MAO) spielt eine wichtige Rolle beim Abbau von Adrenalin, Noradrenalin, Serotonin und Dopamin. Monoaminoxidasehemmer bewirken also eine Konzentrationserhöhung dieser Transmitter im synaptischen Spalt. Monoaminoxidasehemmer werden als Antidepressiva eingesetzt.

Es zeigte sich, daß die Monoaminoxidase in zwei verschiedenen Subtypen – dem Typ A und dem Typ B – existiert. Die zunächst eingesetzten Monoaminoxidasehemmer – unter anderem Iproniazid, Phenelzin und Tranylcypromin – hemmen beide Subtypen irreversibel (bleibend). Wegen ihrer schädlichen Wirkung auf die Leber und vor allem der Gefahr der gelegentlich tödlich endenden Bluthochdruckkrise beim Genuß gewisser Nahrungsmittel (vgl. S. 166) verlor sich die anfängliche Begeisterung der PsychiaterInnen für diese Wirkstoffe rasch.

Dennoch, so wird jetzt behauptet, würde die neue Generation der MAO-Hemmer einen wesentlichen Fortschritt bedeuten. Diese Substanzen – im Handel ist bis jetzt einzig Moclobemid (Aurorix) – werden als selektive und reversible Hemmer der MAO-A bezeichnet. Die Wirksamkeit bleibe erhalten, die Gefährlichkeit sei jedoch stark herabgesetzt. (Über Moclobemid, das genauso problematisch ist wie alle anderen Antidepressiva, erfahren Sie mehr auf S. 165 ff.) Moclobemid gilt als selektiver und reversibler Hemmer der MAO-A. Und dennoch schreiben der Professor für klinische Neurochemie der Universität Würzburg, P. Riederer, und Mitautoren, daß Moclobemid nicht als reiner MAO-A-Hemmer angesehen werden kann.[1]

Standardantidepressiva

Noradrenalin und Serotonin werden üblicherweise durch Wiederaufnahme in die präsynaptische Nervenendigung inaktiviert. Durch die Standardantidepressiva wird dieser Vorgang gehemmt, was eine Erhöhung der Konzentration dieser Transmitter im synaptischen Spalt bewirkt. Eine langfristige »Behandlung« mit Antidepressiva führt dagegen zu einer Abnahme der Noradrenalin- und Serotoninrezeptoren an der postsynaptischen Nervenzelle.[2] Als Reaktion auf die erhöhte Konzentration dieser Transmitter reduziert der Organismus nämlich die Zahl der Rezeptoren. (Ganz ähnlich kommt es in der Folge einer »Behandlung« mit Neuroleptika, die die Wirkung des Transmitters Dopamin durch Blockierung von dessen Rezeptoren verhindert, zu einer Zunahme der Zahl der Dopaminrezeptoren, die irreversibel, das heißt bleibend sein kann.) Dies ist ein weit schwerwiegenderer Effekt als eine kurzfristig auftretende Beeinflussung der Transmitterkonzentrationen. Im übrigen haben die Standardantidepressiva vielfältige Effekte auf weitere Neurotransmittersysteme. So wirken sie blockierend auf Histamin-H1- und Azetylcholinrezeptoren und beeinflussen auch die Zahl der GABA-Rezeptoren.

Prozac und die selektiven Serotoninwiederaufnahmehemmer (SSRI)

Die selektiven Serotoninwiederaufnahmehemmer (u. a. Prozac) hemmen ausschließlich die Wiederaufnahme des Serotonins. So wenigstens wird es behauptet, und diese Eigenschaft bestimmte auch den Namen dieser Substanzen. Doch wurde gezeigt, daß die SSRI (selective serotonin reuptake inhibitor, so der englische Begriff) eine ganze Reihe von weiteren Wirkungen im Bereich der Synapse haben: Der SSRI Prozac hemmt wohl die Wiederaufnahme von Serotonin, aber auch – in etwas geringerem Grad – diejenige von Noradrenalin und Dopamin. Als Reaktion auf die erhöhte Serotoninkonzentration kommt es zu einer verminderten Ausschüttung von Serotonin[3] und zu einer Abnahme der Zahl der Serotoninrezeptoren an der postsynaptischen Zelle.[4] Bis heute ist nicht abgeklärt, ob diese Verminderung der Rezeptorenzahl irreversibel, also bleibend ist.[5] Und Prozac, ein SSRI, hat noch eine weitere Wirkung auf das adrenergische System – es führt zu einer Verminderung der adrenergischen Rezeptoren.[6] Somit tragen die selektiven Serotoninwiederaufnahmehemmer ihren Namen zu Unrecht.

Reserpin

Reserpin (das aus der südasiatischen Pflanze Rauwolfia serpentina gewonnen wird) vermindert die Speicherfähigkeit der synaptischen Vesikel an den Nervenendigungen für Adrenalin, Noradrenalin, Serotonin und Dopamin. Das müßte eigentlich zur Folge haben, daß die Konzentration dieser Transmitter im synaptischen Spalt erhöht wird. Doch bevor diese Transmitter in den synaptischen Spalt gelangen können, werden sie von der Monaminoxidase abgebaut. Reserpin führt deshalb zu einer Verminderung der Konzentration dieser Transmitter, insbesondere von Noradrenalin und Serotonin. Reserpin wird als Mittel gegen Bluthochdruck eingesetzt; es war auch als Neuroleptikum, das sich in seinem Wirkungsmechanismus von den übrigen Neuroleptika wesentlich unterscheidet, im Gebrauch. Reserpin löst regelmäßig Depressionen aus, wirkt sedierend, auch Angstträume und Verstimmungen treten auf.

Wegen seiner depressionsauslösenden Wirkung kam Reserpin zu seiner Rolle in der Psychopharmakaforschung. Da es unmöglich ist, bei Tieren »Depressionen« festzustellen, wird die »reserpinisierte Ratte« als Tiermodell für die »Depression« verwendet.

Neuroleptika

Die Neuroleptika blockieren einen Subtyp der Dopaminrezeptoren – die sogenannten D_2-Dopamin-Rezeptoren. Dopamin kann also nicht mehr wirken, eine Situation, die vergleichbar ist mit einem Dopaminmangel. Als Folge der Blockierung dieser Rezeptoren kommt es einerseits zu einer verminderten Ausschüttung von Dopamin, andererseits zu einer teilweise bleibenden Vermehrung der Zahl der Dopaminrezeptoren. Wenn nun das Neuroleptikum weggelassen wird, sind die postsynaptischen Nervenzellen – auf Grund der Rezeptorneubildungen – empfindlicher für Dopamin als zuvor. Dies ist sehr wahrscheinlich der Grund dafür, daß nach Absetzen der Neuroleptika zum Teil bleibende neurologische und psychische Störungen zu beobachten sind: Spätdyskinesien (vgl. S. 68), Spätdepressionen, »psychotische Zustände« und Abnahme der intellektuellen Leistungsfähigkeit. Zusätzlich zur Blockierung der D_2-Dopaminrezeptoren, mit der ihre psychische Wirkung verbunden wird, haben Neuroleptika auch blockierende Effekte auf D_1-Dopamin-Histamin-, Azetylcholin-, Noradrenalin- und Serotoninrezeptoren.

Halluzinogene

Der biochemische Wirkungsmechanismus der bekannten Halluzinogene LSD, Psilocybin, Mescalin usw. ist noch weitgehend im dunkeln. Halluzinogene sind chemische Verwandte gewisser Transmitter wie Tryptamin, Serotonin, Noradrenalin und Dopamin. Mescalin hat Ähnlichkeiten mit Noradrenalin und seinem Vorläufer Dopamin. Psilocybin, ein weiteres Halluzinogen, ist dem Serotonin derart ähnlich, daß die Annahme naheliegend ist, seinen Wirkungsmechanismus mit diesem Transmitter in Verbindung zu bringen. Auch LSD weist in seiner chemischen Struktur Ähnlichkeiten mit

Serotonin auf: Zwei der vier Ringe des LSD-Moleküls sind mit dem Ringsystem von Serotonin identisch, und die Seitenkette an der Ringstruktur des Serotonins entspricht einem anderen Teil des LSD-Moleküls. Diese chemischen Ähnlichkeiten sind wahrscheinlich der Grund, weshalb Halluzinogene teilweise Transmittereigenschaften haben. Andererseits stören sie auf verschiedene Weise den Transmitterstoffwechsel.

Ecstasy

Ecstasy (3,4-Methylendioxymethamphetamin, MDMA) führt zu einer vermehrten Ausschüttung von Serotonin. MDMA drängt Serotonin in den synaptischen Spalt und bewirkt so – wie die SSRI, aber auf anderem Wege –, daß die Konzentration von Serotonin im synaptischen Spalt erhöht wird. Es ist demnach zu erwarten, daß MDMA und die SSRI ähnliche Wirkungen haben. Zwischen MDMA und den SSRI besteht eine vergleichbare Beziehung wie zwischen den Amphetaminen und Kokain – vermehrte Ausschüttung und verminderte Wiederaufnahme führen gleichermaßen zu einer erhöhten Transmitterkonzentration. MDMA bewirkt eine vermehrte Ausschüttung von Serotonin, während die SSRI die Wiederaufnahme dieses Transmitters hemmen. Die Amphetamine bewirken eine gesteigerte Ausschüttung von Nordrenalin und Dopamin, und Kokain hemmt die Wiederaufnahme dieser Transmitter. Doch die durch MDMA ausgelöste gesteigerte Ausschüttung von Serotonin ist gefolgt von einer Abnahme der Konzentration dieses Transmitters (vgl. S. 222 f.).

Kürzlich wurde festgestellt, daß auch MDMA, ähnlich wie die SSRI, die Serotoninwiederaufnahme hemmt.[7] MDMA führt auch zu einer Ausschüttung von Dopamin, doch ist sie geringer als diejenige von Serotonin.[8] Es wird auch angegeben, daß MDMA die Monoaminoxidase hemmt.[9]

Opiate

Obschon Opiate keine körpereigenen Substanzen sind, binden sie sich sehr deutlich an die Membranen von Hirn- und Rückenmarkszellen. Opiate haben also eine starke Affinität zu bestimmten Stellen auf diesen Membranen. Diese Stellen werden Opiatrezeptoren genannt. Normalerweise gibt es im menschlichen Körper kein Morphin. Wieso gibt es dann aber Opiatrezeptoren auf unseren Nervenzellen? Es zeigte sich, daß die Opiatrezeptoren natürliche Rezeptoren für körpereigene Neurotransmitter sind; sie werden Endorphine (Kurzform für »endogene morphinähnliche Substanzen«) oder Enkephaline genannt und haben große Bedeutung bei der Schmerzwahrnehmung. Wenn sich Morphin auf diese Rezeptoren setzt, führt das zu einer Erhöhung der Schmerzschwelle. Es braucht also einen größeren Schmerzreiz, damit eine Versuchsperson überhaupt Schmerz verspürt. Unter der Wirkung von Morphin kommt es auch zu einer Unterbewertung der Schmerzen, die noch empfunden werden.

Benzodiazepine

Auch die Wirkung der Benzodiazepine – heute die bei weitem meistverwendeten Schlaf- und Beruhigungsmittel – auf molekularer Ebene besteht darin, daß sie in ein Transmittersystem eingreifen. Zwischen Barbituraten, Benzodiazepinen, Meprobamat (dem ersten Tranquilizer) und Alkohol sind sowohl Kreuztoleranz als auch Kreuzabhängigkeit zu beobachten. Beim Konsum jeder einzelnen dieser vier Substanzen entsteht Toleranz, das heißt, die für die Erzielung desselben Effekts benötigte Dosierung muß laufend gesteigert werden. Wer an einen dieser Wirkstoffe gewöhnt ist, braucht höhere Dosierungen der anderen, als üblicherweise nötig ist, um den gewünschten Effekt zu erzielen, das heißt, es hat sich Kreuztoleranz entwickelt. Kreuzabhängigkeit bedeutet, daß Entzugserscheinungen, die beim Absetzen einer dieser Substanzen aufgetreten sind, durch einen der anderen Wirkstoffe zu beheben sind. Die Barbiturate, Alkohol, Meprobamat und die Benzodiazepine verstärken die Wirkung des Neurotransmitters Gamma-Aminobuttersäure (GABA) an der postsynaptischen Membran.

Es konnte gezeigt werden, daß sich an der postsynaptischen Membran, ja sogar auf demselben Proteinmolekül drei Bindungsstellen (Rezeptoren) befinden, die sich wechselseitig beeinflussen: der GABA-Rezeptor, der Benzodiazepinrezeptor und ein Rezeptor, an den sich Alkohol, Meprobamat und die Barbiturate binden. Ähnlich wie die Opiatrezeptoren sind die Benzodiazepinrezeptoren sehr empfindlich, das heißt, Benzodiazepine weisen eine sehr hohe Affinität zur Membran auf. Die übrigen drei Substanzgruppen dagegen müssen in viel höherer Konzentration dosiert werden, bis die Bindung nachgewiesen werden kann.

Es stellt sich hier dieselbe Frage wie beim Morphin: Benzodiazepine sind keine körpereigenen Substanzen. Wieso gibt es dann Rezeptoren auf unseren Nervenzellen, die die Benzodiazepine spezifisch binden? Diese erstaunliche Tatsache konnte bis jetzt nicht geklärt werden. Es konnten keine körpereigenen Substanzen gefunden werden, die sich bevorzugt auf die Benzodiazepinrezeptoren setzen.

Alkohol

Akohol, oder chemisch Ethanol, ist die weltweit am meisten konsumierte psychoaktive Substanz. Im Zentralnervensystem (ZNS) wirkt Alkohol grundsätzlich wie ein Narkosemittel (wie z.B. Äther). Es hat sich gezeigt, daß auch Alkohol ein Neurotransmittersystem beeinflußt. Alkohol verstärkt – wie Meprobamat, die Barbiturate und die Benzodiazepine – die Wirkung des Neurotransmitters Gamma-Aminobuttersäure.

In kleiner Dosierung wirkt Alkohol entspannend, stimmungshebend und kontaktfördernd, was als angenehm erlebt wird; psychisch wie auch motorisch findet eine Belebung statt. Die motorischen Leistungen (Koordination, Gleichgewicht), die Konzentrationsfähigkeit und die Selbstkritik sind vermindert, das Selbstbewußtsein aber erhöht. Die Reaktionszeit ist verlangsamt. Bei regelmäßigem Konsum von Alkohol entsteht Toleranz, das heißt, gleiche Dosierung führt jetzt zu verminderter Wirkung. Es kommt zur Abhängigkeit, eine Unterbrechung der Alkoholzufuhr löst nun psychische und körperliche Entzugssymptome aus – das Delirium tremens kann lebensbedrohlich sein. Chronischer Alkoholismus kann zu verschiedenartigen schweren körperlichen Schädigungen führen, die ebenfalls tödlich enden können: Leberzirrhose, Gastritis (Entzündung der Magenschleimhaut), Pankreatitis (Entzündung der Bauchspeicheldrüse), Polyneuropathie (intensive Schmerzen, vorwiegend an den Beinen, Sensibilitätsstörungen) usw.

Chronischer Alkoholismus führt auch zu einem Abbau der Gehirnleistungen, es läßt sich effektiv ein Verlust von Hirnsubstanz nachweisen. Es kommt zu einer alkoholischen Demenz – mit Gedächtnisstörungen, Kritiklosigkeit, Reizbarkeit oder Apathie.

Nach wie vor ist in unserer Gesellschaft der Alkohol das weitaus größere Problem als sämtliche Drogen. Das wird regelmäßig vergessen, wenn über die schädlichen Wirkungen der Drogen diskutiert wird. Typisch für die Wirkungen des Alkohols sind, neben den psychischen Folgen, auch schwere körperliche Störungen und eine Dauerschädigung des Gehirns. Beim Alkohol ist dies alles besonders ausgeprägt; aber auch die Neuroleptika und die Standardantidepressiva können schwerste körperliche Störungen und eine Dauerschädigung des Gehirns bewirken (vgl. S. 32 f. und 68).

Nerven- und Kampfgase

Auch die sogenannten Nerven- und Kampfgase Soman, Sarin und Tabun entfalten ihre tödliche Wirkung auf Grund ihrer Beeinflussung eines Transmittersystems. Diese Substanzen sind Phosphorsäureesterverbindungen.

Phosphorsäureester werden auch als Insektizide verwendet. Vergiftungen mit diesen Insektiziden haben ähnliche Folgen wie diejenigen mit den genannten Kampfgasen. All diese Substanzen sind Cholinesterasehemmer, sie verhindern also den Abbau des Neurotransmitters Azetylcholin. Die Symptome dieser Vergiftungen sind auf die Überschwemmung des Organismus mit körpereigenem Azetylcholin zurückzuführen. Dazu gehören: Verkrampfung der Bronchialmuskulatur, Durchfall, Harnabgang, Verlangsamung der Herzfrequenz, Blutdruckabfall und Pupillenverengung; es besteht die Gefahr der Atemlähmung. Zur Erinnerung: In der U-Bahn von Tokio ist am 20. März 1995 ein Giftgasanschlag mit Sarin durchgeführt worden.

Auch Psychopharmaka und illegale Drogen entfalten ihre Wirkungen, wie hier gezeigt wurde, im Bereich der Neurotransmittersysteme. Wie der Zusammenhang zwischen den verschiedenen Transmittersystemen und der psychischen Befindlichkeit des Menschen genau aussieht, ist nach wie vor unbekannt. Je mehr man darüber weiß, desto unklarer wird die Sache. Klar ist jedoch, daß jeder Eingriff in ein Transmittersystem eine Vergiftung bedeutet – ob das Gift legal oder illegal ist, spielt dabei überhaupt keine Rolle. Und die Schädigungen der Funktion des Zentralnervensystems (des Gehirns) durch all diese Gifte können bleibend (irreversibel) sein. Wichtig ist hier vor allem die Feststellung, daß es keine grundsätzliche Unterscheidungsmöglichkeit gibt. Es gibt nicht auf der einen Seite sinnvolle, nützliche psychoaktive Substanzen – die Psychopharmaka – und auf der anderen Seite gefährliche und unsinnige psychoaktive Substanzen – die Drogen. Die Einteilung dieser Substanzen in medizinisch nützliche und gefährliche oder verwerfliche, ist willkürlich und zufällig.

Vom Tierhirn wird auf den Menschen geschlossen

Viel war auf den letzten Seiten von Neurotransmitterkonzentrationen, von Serotoninwiederaufnahme und -ausschüttung usw. die Rede. Es ist nun überfällig, zu beschreiben, wie die genannten Informationen gefunden werden bzw. wie verläßlich sie überhaupt sind. In keiner Weise weiß man darüber Bescheid, was genau mit den Transmittern im menschlichen Gehirn geschieht, wenn sich beispielsweise ein Mensch freut oder wenn er traurig ist. Um herauszufinden, was sich in den Synapsen abspielt, müßten Messungen im Gehirngewebe des lebenden Menschen durchgeführt werden. Das ist aus verständlichen Gründen nicht möglich.

Zwei Möglichkeiten gibt es, um beim Tier Veränderungen des Transmitterstoffwechsels zu messen: Einerseits werden psychoaktive Substanzen dem lebenden Tier verabreicht, das nach einer bestimmten Zeitdauer – Stunden bis Tage – getötet wird, worauf die Transmitterkonzentrationen in verschiedenen Hirngebieten bestimmt werden. Obschon diese Untersuchungen »In-vivo-Studien« (Studien am lebenden Organismus) genannt werden, muß am Schluß das Tier getötet werden.

Typischerweise wird eine solche Untersuchung folgendermaßen durchgeführt: Ratten werden enthauptet, der Kopf wird auf Eis gelegt, wo die Hirnabschnitte, die untersucht werden sollen, herausgeschnitten werden. Nun müssen sie sofort tiefgefroren und dann bei minus 70 Grad aufbewahrt werden. In diesen Gewebestückchen werden dann die Konzentrationen von Serotonin, Noradrenalin, Dopamin usw. chromatographisch bestimmt. Wieviel das, was hier gemessen wird, mit der Situation im lebenden Gehirn zu tun hat, ist eine offene Frage.

Andererseits werden auch sogenannte »In-vitro-Studien« gemacht, Studien also außerhalb des lebenden Organismus. Dabei werden Schnitte von bestimmten Hirnregionen oder auch sogenannte Synaptosome der Wirkung einer psychoaktiven Substanz ausgesetzt. Um Synaptosome herzustellen, wird das Gehirn von Ratten homogenisiert. Eine Schicht des Gewebes – die Nervenendigungen – wird, unter anderem durch Zentrifugieren, vom Rest geschieden. Diese Nervenendigungen reagieren noch immer auf die Zusetzung von psychoaktiven Substanzen. Danach werden nun auch in diesen Schnitten und Synaptosomen die entsprechenden Untersuchungen durchgeführt.

Gemessen wird also ausschließlich die Wirkung von Psychopharmaka oder Drogen auf herausgeschnittenes tierisches Hirngewebe. Entweder wird das Tier bereits vor oder erst nach der Zusetzung der Wirkstoffe getötet. Hinzu kommt noch, daß die Konzentration der Neurotransmitter in einer Hirnregion wenig aussagt über den fortlaufenden zeitlichen Ablauf des Geschehens an den einzelnen Synapsen. Freude und Leid, Aggression, Haß und Verzweiflung sind Gefühle, die sich kurzfristig – innerhalb von Minuten, ja Sekunden – einstellen und verändern können. Darüber ergeben sich auf Grund dieser Untersuchungen überhaupt keine Aussagen.

Freude und Leid wie auch psychische »Krankheiten« (»Manie«, »Depression«, »Schizophrenie« usw.) können beim Tier – meist handelt es sich um Ratten – nicht festgestellt und diagnostiziert werden. Deshalb muß zweigleisig geforscht werden. Einerseits werden die psychoaktiven Wirkungen bei menschlichen Versuchspersonen beobachtet. Wenn die KonsumentInnen zufrieden, euphorisch, beruhigt usw. sind, dann wird angenommen, daß die beim Tierhirn gemessenen biochemischen Veränderungen etwas mit menschlicher Zufriedenheit, Euphorie usw. zu tun haben. Von den biochemischen Auswirkungen psychoaktiver Substanzen auf das Hirngewebe von Ratten wird also auf die Entstehung von Emotionen beim Menschen geschlossen – wohlverstanden beim

Menschen, der keine psychoaktiven Substanzen zu sich genommen hat.

Beim Menschen kann allenfalls dann das Gehirn von KonsumentInnen psychoaktiver Stoffe untersucht werden, wenn sie aus irgendeinem Grund gestorben sind. Doch da beim Menschen aus naheliegenden Gründen nicht bereits Sekunden nach dem Tod das Hirngewebe herausgeschnitten und tiefgefroren werden kann, sind hier Neurotransmitterbestimmungen sinnlos. Allenfalls können Veränderungen mikroskopisch festgestellt werden, grobe Veränderungen wie das Absterben von Nerven auf Grund der langfristigen Einnahme von psychoaktiven Substanzen. Gröbere Veränderungen wie Erweiterungen der Hirnkammern auf Grund von Substanzverlust können auch im Computertomogramm und mit Kernspintomographie festgestellt werden. Doch auch schwerwiegende, bleibende Veränderungen brauchen keineswegs derart auffällige Befunde zu verursachen.[10]

Über den Zusammenhang zwischen Gehirn und Psyche ist wenig bekannt. Obschon im voraus hätte klar sein müssen, daß dabei nur fragwürdige Befunde erhoben werden können, versprachen sich die Forscher sehr viel von Untersuchungen über die Wirkung von psychoaktiven Substanzen. Sie erhofften sich davon wichtige Informationen über die Funktion des menschlichen Gehirns. Von der Biochemie der menschlichen Gefühle sind sie jedoch noch meilenweit entfernt. Solomon Snyder, Pionier dieser Forschungsrichtung, sieht die Probleme zwar; dennoch verspricht er sich viel von derartigen Studien: »Trotzdem kann man einem Versuchstier wie beispielsweise der Ratte ein Pharmakon verabreichen, von dem man weiß, daß es beim Menschen ein Gefühl der Freude hervorruft, und die Art der spezifischen biochemischen Veränderung feststellen, die es verursacht. Aus den biochemischen Veränderungen im Gehirn der Ratte lassen sich genügend Informationen ableiten, was sich im menschlichen Gehirn abspielt, damit ein Gefühl der Freude geweckt ist.«[11]

Der selektive Serotoninwiederaufnahmehemmer Prozac führt – wie aus Studien am Tierhirn hervorgeht – zu einer Erhöhung der Serotoninkonzentration im synaptischen Spalt. Wenn also Prozac, wie behauptet wird, glückliche Gefühle bewirkt, dann muß – so wird geschlossen – Serotonin etwas mit der Empfindung von Glück zu tun haben.

Es wird also angenommen, daß die biochemischen Veränderungen, die eine psychoaktive Substanz am Tierhirn bewirkt, Ursache der beim Menschen ausgelösten psychischen Veränderung sind. Tierversuche sind grundsätzlich wenig aussagekräftig. Die Annahme, daß die Abläufe bei Nagetieren denjenigen beim Menschen entsprechen, erweist sich sogar in der körperlichen Medizin oft als falsch. Im psychischen Bereich ist sie noch weitaus fragwürdiger. Antidepressiva werden zur »Behandlung« von »Depressionen«, Neuroleptika bei »Schizophrenien« und »Manien« eingesetzt. Um möglichst korrekte Resultate zu erzielen, müßte mit »schizophrenen«, »manischen« oder »depressiven« Tieren gearbeitet werden. Doch selbstverständlich ist psychiatrische Diagnostik beim Tier ein Ding der Unmöglichkeit. Hinter all diese Resultate ist ein großes Fragezeichen zu setzen.

Auf Grund der biochemischen Wirkung der Psychopharmaka – insbesondere der Neuroleptika und Antidepressiva – entstanden Hypothesen, die zu erklären versuchten, wie es zu den psychischen Zustandsbildern kommt, die als »depressiv« oder »schizophren« bezeichnet werden. Es handelt sich dabei um Spekulationen, die laufend ergänzt und verändert werden mußten und schließlich nicht mehr haltbar waren.

Zur Biologie der Psyche – viel Lärm um nichts

Zunächst sah alles ganz klar aus. Die Forscher meinten, sie hätten durch die Aufklärung der Wirkung von psychoaktiven Substanzen auf die verschiedenen Transmittersysteme wichtige Informationen sowohl über die Funktion des Gehirns wie über die der Psyche gewonnen. Weil die Standardantidepressiva durch Hemmung der Wiederaufnahme zu einer erhöhten Konzentration von Noradrenalin und Serotonin führen, wurde die Hypothese aufgestellt, daß ein Mangel dieser Transmitter Ursache der Depression sei. Doch je länger geforscht wird, desto unklarer wird die Sache. Heute müssen die Forscher eingestehen, daß sie im Grunde gar nichts mehr verstehen. So beispielsweise der Psychiatrieprofessor Pierre Pichot aus Paris an der Podiumsdiskussion anläßlich eines Symposiums über den selektiven Serotoninwiederaufnahmehemmer Fluvoxamin (Fevarin, Floxyfral): »Im Falle der Depression beweist die Tatsache, daß selektiv auf Serotonin wirkende Pharmaka dieselbe klinische Aktivität – und trotz aller anderen Behauptungen auch bei denselben Patienten – haben wie die auf Noradrenalin oder auf beide Neurotransmitter wirkenden, daß die heutigen Hypothesen zur Beziehung zwischen Depression und Neurotransmission teilweise dem Reich der Phantasie angehören. (…) Also: eine überzeugende Theorie, die alle heute bekannten Fakten umfassen würde, fehlt.«[12]

Auch der Pharmakologe U.E. Honegger von der Universität Bern bringt das Unwissen bezüglich der biochemischen Wirkung der Antidepressiva in seinem Artikel »Die Suche nach dem Licht im Dunkeln« klar und deutlich auf den Punkt: »Die Forschungsergebnisse brachten zwar sehr viel mehr Informationen über die durch Antidepressiva ausgelösten biochemischen Veränderungen im Zentralnervensystem. Das entstandene Bild entsprach hingegen mehr und mehr einer *Konfusion höherer Ordnung.*«[13]

Dazu paßt die folgende Feststellung: Die Standardantidepressiva verhindern die Wiederaufnahme von Noradrenalin und Serotonin. Die verschiedenen Substanzen dieser Gruppe unterscheiden sich darin, daß sie verschieden stark dämpfend wirken. Besonders intensiv dämpfen diejenigen, bei denen wie bei Amitriptylin (Saroten,

Tryptizol) die Hemmung der Serotoninwiederaufnahme im Vordergrund steht.[14] Sonderbarerweise sind ausgerechnet die selektiven Serotoninwiederaufnahmehemmer, die SSRI, Antidepressiva, die kaum dämpfend wirken. Ein Widerspruch, der nicht zu erklären ist. Oder vielleicht doch. Einerseits sind, wie gesagt, die SSRI gar nicht so selektiv, wie behauptet wird, sondern sie beeinflussen auch direkt den Stoffwechsel der Transmitter Noradrenalin und Dopamin, andererseits findet eine ständige intensive Wechselwirkung zwischen den einzelnen Transmittersystemen statt.[15]

Es zeigt sich hier erneut, was von allgemeiner Gültigkeit ist: Zuerst finden die ForscherInnen im Zusammenhang mit der Wirkung einer psychoaktiven Substanz wenige neue Fakten heraus. Dann konstruieren sie Hypothesen über den Zusammenhang zwischen der psychischen Befindlichkeit des Menschen und der Biochemie seines Gehirns. Anfangs klingen diese Hypothesen recht vernünftig. Die Forschung sieht sich bereits vor einem großen Durchbruch. Es wird intensiv weitergeforscht, die Resultate werden immer widersprüchlicher, die ursprünglichen Hypothesen müssen ergänzt oder gar verworfen werden. Und schließlich, nachdem viele weitere Forschungsergebnisse vorliegen, wird klar, daß überhaupt nichts mehr klar ist, das heißt, daß man von dem erhofften Verständnis des Zusammenhangs zwischen Biochemie und Psyche weiter denn je entfernt ist.

Ist der biologische Vorgang nicht sekundär?

Bei all diesen Studien wird nach der Beeinflussung der Psyche durch biologische Vorgänge gesucht. Obschon sich kaum brauchbare Resultate ergeben, fragt sich niemand, ob die eingeschlagene Forschungsrichtung überhaupt sinnvoll ist.

Ich möchte dazu die folgende Frage aufwerfen: Wie steht es mit dem zeitlichen Ablauf des Geschehens? Was geht voraus? Ist es die

Veränderung der Aktivität eines Transmittersystems bzw. der Konzentration eines bestimmten Transmitters, die einen Stimmungsumschwung einleitet, oder spielt sich die Sache in umgekehrter Reihenfolge ab? Es handelt sich hier um die äußerst wichtige Frage, ob die Psyche, die Seele des Menschen, gleichsam als Anhängsel der Biologie oder Biochemie angesehen werden muß. Sind wir Menschen der Biochemie unserer Gehirnzellen ausgeliefert? Kann mit psychoaktiven Stoffen, die diese Biochemie beeinflussen und verändern, die psychische Befindlichkeit des Menschen nach Belieben gesteuert werden? Oder ist genau das eine völlig verkehrte Sicht der Dinge?

Mir persönlich erscheint die andere mögliche Erklärung viel sinnvoller. Die meßbaren biochemischen Veränderungen sind eine Folge der psychischen Abläufe: Ich sehe etwas, erlebe etwas, das mich freut, ärgert, traurig macht, ich bin wütend, fürchte mich, bin verzweifelt usw., und als Folge dieser Gefühlsreaktion reagieren meine Transmittersysteme.

Der im vierten Kapitel ausführlich beschriebene Placeboeffekt weist auch in diese Richtung. Placebos wirken gegen Depressionen mindestens so gut wie Antidepressiva (vgl. S. 119 f.), die in den Stoffwechsel wichtiger Transmittersysteme eingreifen. Der Placeboeffekt ist ein rein psychischer Effekt, da ein Placebo definitionsgemäß im untersuchten Bereich biologisch bzw. biochemisch inaktiv sein muß.

Kein Wunder, daß diejenigen, die sich das Verständnis der Seele ausschließlich von der biologisch-naturwissenschaftlichen Forschung erhoffen und damit den Menschen im Grunde als Maschine sehen, die Bedeutung des Placeboeffekts unterschätzen.

Alle psychoaktiven Substanzen stören, zum Teil bleibend, auf grobe Weise feinste biochemische Regulationsmechanismen im menschlichen Gehirn. Das ist die einzige klare Aussage, die zur Wirkungsweise der Drogen und der Psychopharmaka gemacht werden kann.

Daraus läßt sich ableiten, daß psychoaktive Substanzen wirken, weil sie schädigen.

Das Verständnis über die Zusammenhänge zwischen den biochemischen Vorgängen im Gehirn und der psychischen Befindlichkeit des Menschen dagegen ist äußerst dürftig. Und dennoch wird weiter »behandelt«, weiter konsumiert und weiter geforscht. An der Grundannahme, daß mit biologischen Eingriffen in die Funktion des Gehirns etwas Sinnvolles erreicht werden kann, wird niemals gerüttelt.

7
Prozac

Wunder der Werbung

Prozac (Fluoxetin), im deutschsprachigen Raum unter dem Namen Fluctin oder Fluctine im Handel, ist ein selektiver Serotoninwiederaufnahmehemmer (SSRI), der in den USA in kurzer Zeit zum Milliardengeschäft wurde.

Peter D. Kramer, der bereits erwähnte Autor des Bestsellers *Listening to Prozac,* wird von *Psychologie heute* der»Hohepriester des Prozac« genannt.[1] Er schreibt: »Als im März 1990 mein zweites Essay über Prozac erschien, begann dieses Medikament der Star der nationalen Medien [gemeint sind die US-amerikanischen Medien, mr] zu werden.«[2] Kramer sprang auf den Zug, der ihm und Prozac Weltbedeutung verlieh. Kein Zufall, daß Prozac der Firma Eli Lilly bereits 1991 annähernd eine Milliarde Dollar einbrachte.[3] Das Geheimnis des Erfolgs von Prozac ist ein Geheimnis der Werbung. Das Kunststück bestand darin, daß die Manager von Eli Lilly es schafften, mit ihrem Produkt so prominent in die Medien zu gelangen – vorerst ausschließlich positiv. Am 26. März 1990 war eine riesige Prozac-Kapsel auf dem Umschlag der vielgelesenen Wochenzeitschrift *Newsweek* zu sehen. Darüber stand geschrieben: »Der Durchbruch in der medikamentösen Therapie der Depression«. Im Innern der Zeitschrift fand sich ein Foto einer lächelnden Frau mit dem folgenden Begleittext: »Ich bin in keiner Hinsicht perfekt, aber es geht mir viel, viel besser.« Eine andere Frau wird zitiert, die sich Miss Prozac nannte. *Newsweek* sagte voraus, daß dieses Medikament das Leben von Millionen verändern würde. Wahrlich eine sich selbst erfüllende Prophezeiung.

Wieso ist in den Medien nur die Rede von Prozac? Wieso geht es

»Hohepriester« Kramer ausschließlich um diese eine Substanz? Schließlich gibt es noch einige weitere SSRI: Citalopram (Markenname: Seropram), Fluvoxamin (Fevarin, Floxyfral), Paroxetin (Deroxat, Seroxat), Sertralin (Gladem, Zoloft). Auch die Firmen, die diese Pharmaka herstellen – Lundbeck, Solvay-Duphar, Smith-Kline Beecham, Boehringer Ingelheim und Pfizer –, unternehmen riesige Werbeanstrengungen; doch ein Medienereignis wurde bis heute ausschließlich Prozac. Ja, meist wird nicht einmal erwähnt, daß sehr ähnlich wirkende Konkurrenzprodukte im Handel sind.

Das ist um so erstaunlicher, als es einen triftigen Grund gibt, der gegen Prozac spricht. Die Eliminationshalbwertszeit von Prozac unter Berücksichtigung seiner aktiven Metaboliten (seiner aktiven Stoffwechselprodukte) wird im Fachbuch mit über 300 Stunden angegeben. Das heißt, nach über 300 Stunden – also nach mehr als zwölf Tagen – sind die KonsumentInnen noch der Hälfte der maximalen Prozac-Wirkung ausgesetzt.[4] Der Hersteller selbst gibt die Halbwertszeit mit sieben bis neun Tagen an;[5] auch dies ist enorm lang. Fluvoxamin dagegen hat eine Halbwertszeit von 15 Stunden[6] (der Hersteller gibt für wiederholte Einnahme 17 bis 22 Stunden an[7]), also nicht einmal einen ganzen Tag. Und auch die übrigen SSRI haben wesentlich kürzere Halbwertszeiten als Prozac: Citalopram 19 bis 45 Stunden, Paroxetin sechs bis 71 Stunden, Sertralin 62 bis 104 Stunden. Die lange Halbwertszeit macht Prozac zu einer außerordentlich problematischen Substanz. Prozac kumuliert schnell, und Überdosierungen sind kurzfristig nicht zu korrigieren. Wer unter den Wirkungen dieses SSRI leidet, der muß lange warten, bis er sich wieder fühlen kann wie zuvor. Wenn schon unbedingt ein SSRI angewendet werden soll, dürfte es deshalb nicht Prozac sein. Wegen seiner langen Halbwertszeit ist es ein Gebot der Vorsicht, einen der anderen Serotoninwiederaufnahmehemmer zu verschreiben.

Später gestartet, dennoch Sieger

1974 erschien aus der Feder von David Wong und Bryan Molloy, Mitarbeiter der Forschungsabteilung von Eli Lilly, der erste wissenschaftliche Artikel über die neue Substanz Fluoxetin (Prozac). Dennoch kam Prozac in den USA erst im Januar 1988 auf den Markt. Zum Milliardengeschäft wurde Prozac zu Beginn der neunziger Jahre.

Bei anderen Psychopharmaka war die Zeitspanne zwischen der Entdeckung ihrer Wirkung und ihrer Einführung wesentlich kürzer: Die sogenannte antipsychotische Wirkung des ersten Neuroleptikums Chlorpromazin (Largactil, Megaphen) wurde 1951 entdeckt, und bereits 1952 war diese Substanz im Handel. 1956 begann der Schweizer Psychiater Roland Kuhn mit der Prüfung einer neuen Substanz, Imipramin, einem nahen Verwandten von Chlorpromazin, dem ersten Neuroleptikum. Bereits 1958 war Imipramin unter dem Markennamen Tofranil als erstes trizyklische Antidepressivum auf dem Markt. Im Mai 1957 wurde in den Labors der Firma Hoffmann-LaRoche die »beruhigende« Wirkung von Chlordiazepoxid (Librium) erstmals festgestellt, und Anfang 1960 war diese Substanz im Handel. Wenn Prozac, die »Glückspille«, wirklich so wunderbar wirken würde, hätte demnach ihr Erfolg viel früher beginnen müssen.

Auch die Markteinführung von Fluvoxamin (Fevarin, Floxyfral), einem anderen SSRI, verlief sehr ähnlich. Die Standardantidepressiva (am bekanntesten sind die trizyklischen Substanzen Imipramin und Amitriptylin) hemmen die Wiederaufnahme von Serotonin und Noradrenalin in die Nervenendigung. Auf Grund dieser Wirkung wurde die Hypothese aufgestellt, daß ein Serotonin- und Noradrenalinmangel die Ursache der Depression sei. Die Firma Duphar war daran interessiert, eine Substanz herzustellen, die möglichst nur die Serotoninaufnahme blockieren würde. Henk Kling gelang dies im Juni 1971 mit der Synthese von Fluvoxamin. Erst zwölf Jahre nach der Synthese von Fluvoxamin, 1983, kam diese Substanz unter dem Namen Floxyfral – vorerst in der Schweiz – in den Handel.[8] Zwölf Jahre sind eine lange Zeit; doch bei Prozac hat es bis zur Einführung, wie oben gezeigt, noch länger gedauert. Was war geschehen, wieso verstrich so viel Zeit, bis diese beiden SSRI Fuß fassen konnten? Wenn die beiden Herstellerfirmen das mögliche Milliardengeschäft im voraus geahnt hätten, hätten sie kaum so lange zugewartet. Das heißt also, daß sie von den Wirkungen ihrer Serotoninwiederaufnahmehemmer anfangs gar nicht so begeistert waren. Wie sollten sie auch? Die Hauptwirkung dieser Psychopharmaka, die innere Unruhe, erschien in den siebziger Jahren noch nicht als etwas Erstrebenswertes, vielmehr als unerträglich und quälend. Daß dieser unangenehme Effekt schon bald erwünscht sein könnte, war damals noch nicht vorauszusehen.

Und es war für Eli Lilly gar nicht einfach, von der zuständigen Behörde, der Food and Drug Administration (FDA), die Bewilligung für die Einführung von Prozac zu erhalten. Obwohl die Firma keinen Aufwand scheute, war es für sie äußerst schwierig, die nötige Anzahl von Untersuchungen vorzuweisen, in denen sich eine antidepressive Wirksamkeit von Prozac ergab. Der gewissenhafte Psychiater Peter Breggin kommt – in Kenntnis von allen Untersuchungsprotokollen – zum Schluß, daß die FDA Prozac nicht hätte zulassen dürfen.[9]

Und wieso wurde Prozac zum Riesengeschäft, während Fluvoxamin weitaus weniger beachtet wird, obwohl es bereits fünf Jahre vor Prozac im Handel war? Auch Duphar machte enorme Anstrengungen, sein Produkt ins Gespräch zu bringen. So erhielt ich beispielsweise als Arzt gratis ein Buch mit dem Titel *Phantasie und Wirklichkeit – Fluvoxamin*. Das Buch erschien im renommierten Springer-Verlag in der Reihe »duphar med communication«, die von Wolfgang Wagner und Ulrike Evers herausgegeben wird. Wolfgang Wagner ist »Medical Director, Fluvoxamin Special Project Team«. Herausgeber des Fluvoxamin-Buches jedoch sind die beiden bekannten Psychiatrieprofessoren Hanns Hippius aus München und Walter Pöldinger aus Basel. Im Buch wird über ein wissenschaftliches Symposium referiert, an dem weitere renommierte Psychiatrieprofessoren teilgenommen hatten. Diese enge Zusammenarbeit zwischen der Pharmaindustrie, einem bekannten wissenschaftlichen Verlag und der Creme der europäischen Psychiatrie ist aufschlußreich. Die Industrie bezahlt und erhofft sich Werbung für ihr Produkt, die Professoren kassieren und stellen mit dem Verlag zusammen ihren Namen zur Verfügung. Obwohl das alles gut eingefädelt war und trotz des zeitlichen Vorsprungs von Duphar hat Eli Lilly ganz offensichtlich das Rennen gemacht.

»Besser als gut« – ein verheißungsvolles Versprechen

Der Riesenerfolg von Prozac ist ausnahmsweise nicht die direkte Folge eines großen Einsatzes der Ärzteschaft für das neue Produkt. Die Manager von Lilly haben aus dem Erfolg von Valium gelernt. Je breiter die Indikation, das heißt, je weiter die Anwendungsmöglichkeiten eines Psychopharmakons gefächert sind, desto höher steigen auch die Verkaufszahlen – jedenfalls dann, wenn diese Botschaft mit Leidenschaft und Nachdruck einem großen Publikum nahegebracht werden kann. Auch die Strategen der Firma Duphar versuchen ihrem Antidepressivum andere Anwendungsbereiche als ausschließlich die Depression zu erobern – dazu gehören Zwangsstörungen, Panikstörungen, Bulimia nervosa (Eß-Brechsucht), Alkoholabhängigkeit und chronischer Schmerz. Doch offensichtlich brachte der Weg, den ÄrztInnen neue Indikationen für das Antidepressivum aufzuzeigen, nicht den großen Durchbruch. Prozac jedoch wird nicht einfach für bestimmte psychische »Störungen« angepriesen. Prozac kann – so scheint es – im Grunde *jedem* Menschen helfen. Ob es um Unwohlsein, Unwilligkeit, Ängstlichkeit, fehlenden Mut, Verzweiflung, Unsicherheit oder Zurückgezogenheit geht, Prozac, die »Glückspille«, ist das Mittel der Wahl. Mit Prozac fühlt man sich nicht einfach besser, sondern, wie es Kramer formuliert, »besser als gut«. Kramer prägte den Begriff der »kosmetischen Psychopharmakologie«. Menschen, die sich kosmetisch behandeln lassen, sind nicht krank, sie wollen einfach schöner aussehen. Diejenigen, die Prozac nehmen, fühlen sich oft auch nicht »krank«, sie wollen einfach ihre Psyche »verschönern«, sie wollen, daß sie sich »besser als gut« fühlen. Für diese Botschaft sind selbstverständlich viele Menschen offen. Wer will sich denn nicht »besser als gut« fühlen? Eine äußerst raffinierte Verheißung.

Prozac-KonsumentInnen sind keine Außenseiter

Wer ein Psychopharmakon vom Arzt oder von der Ärztin verschrieben erhält, gilt üblicherweise als psychisch »krank«. Ob es sich um Neuroleptika, Antidepressiva oder Lithium handelt – wer diese Psychopharmaka zu sich nimmt, ist mit einem Stigma behaftet. Mit dem Konsum dieser Substanzen brüstet sich niemand, das wird, wenn immer möglich, verschwiegen. Und auch den Konsum von Benzodiazepinen gesteht niemand gerne öffentlich ein. Heute haben diese Tranquilizer und Schlafmittel ein negatives Image. Es war nicht mehr zu verheimlichen, daß es zu schwerer Abhängigkeit kommen kann. Auch wird Benzodiazepin-Konsum sehr schnell mit Leiden verbunden: Frustrierte Hausfrauen, unzufrieden mit ihrem unerfüllten Leben, dämpfen ihre schlechten Gefühle mit Valium oder Seresta (Adumbran); aktiver werden sie dadurch nicht, nur nehmen sie ihre ungemütliche Situation weniger wahr. Nicht anders ist es mit den illegalen Drogen. Auch damit brüstet sich kaum jemand, kaum jemand bekennt offen und freudig, daß er Heroin oder Kokain usw. zu sich nimmt. Die vielen, von denen man kaum spricht, die ihre Droge unauffällig zu Hause konsumieren, sind froh, wenn niemand davon weiß.

Da ist den Werbestrategen von Lilly zusammen mit Kramer ein Meisterstück gelungen: Prozac, ein »Medikament« für alle, dessen sich keiner schämen muß. In den USA bekennen an jeder Party viele, daß sie auf Prozac sind. Es ist schließlich keine Schande, daß man sich »besser als gut« fühlen will. Prozac-KonsumentInnen sind nicht stigmatisiert. Sie sind keine Außenseiter, sie sind vielmehr schlicht und einfach typische Amerikaner. So ist allgemein bekannt, daß auch der frühere Präsident George Bush Prozac nimmt.

Und noch etwas mußte geschehen, damit der Erfolg von Prozac möglich wurde. In den siebziger Jahren war Valium der »Medien-Star« – eine Wortschöpfung von Kramer –, da hatte kein weiteres Psychopharmakon eine Chance, dem Vorreiter Konkurrenz zu machen. Obschon Valium und die übrigen Benzodiazepine noch immer viel zu häufig verschrieben und konsumiert werden, haben sie mittlerweile doch viel von ihrem Renommee verloren, sie werden zunehmend kritisiert. In den Medien werden sie seit langem, wenn überhaupt, nur noch negativ erwähnt. Die Bahn war frei für einen neuen Star – Lilly hatte die Lage erkannt. Der König war geschwächt, ein Nachfolger hat sich an dessen Stelle gesetzt.

Der Patient geht zum Arzt und verlangt Prozac

Bei Prozac verläuft ein Arztbesuch anders als gewohnt. Da klagt nicht ein »Patient« über sein Leiden und erhält, nachdem die Diagnose gestellt ist, ein Psychopharmakon verschrieben. Die Prozac-KonsumentInnen sind aktive Leute, sie gehen zum Arzt und erklären ihm klipp und klar, was sie von ihm erwarten: Prozac. Und ganz offensichtlich macht die Ärzteschaft – in den USA und zunehmend auch in Europa – bei diesem vertauschten Rollenverhalten mit. Die »PatientInnen« sind informiert. Sie haben *Newsweek* gelesen, sie sind durch positiv gefärbte Sendungen im Radio, im Fernsehen aufgeklärt. Viele nehmen gleich Kramers Buch mit in die

Arztpraxis. Sie wissen genau, was sie brauchen, sie wissen genau, was sie wollen – Prozac. Was hier abläuft, hat viel mit dem Erstkonsum einer Droge zu tun. Informiert durch Mitteilungen von Freunden, durch Berichte in den Medien, entschließt man sich dazu, es auch einmal zu versuchen. Der einzige, aber wesentliche Unterschied besteht darin, daß die Droge Prozac legal erhältlich ist. Der Gewinn fließt ausnahmsweise auf direktem Weg den Aktionären einer Pharmafirma zu, nicht nur indirekt wie bei den synthetischen Drogen.

Wer Prozac nimmt, dem muß es einfach gutgehen

In der Radiosendung *Input* des schweizerischen Senders DRS III vom 4. September 1994 wurden verschiedene Prozac-KonsumentInnen interviewt. Alle hatten von Prozac gelesen, alle gingen mit der festen Absicht zum Arzt, sich die Wunderpille verschreiben zu lassen. Auch in der Schweiz, wie in ganz Europa, hat Prozac die Medien erobert. Diese »PatientInnen« berichteten davon, wie Prozac dazu geführt habe, daß sie in sich hineinhören, in sich hineinschauen konnten. Sie haben damit genau die Formulierung von Kramer übernommen: »*Listening to Prozac*«, damit meint er genau das, nämlich daß unter der Wirkung der Pille die KonsumentInnen in sich hineinzuhorchen lernen. Treffend formulierte es ein Konsument: »Ich habe über Prozac gelesen, dadurch war ich vorprogrammiert.« Ja, viele, die Prozac wollen und erhalten, sind vorprogrammiert. Das sind günstige Umstände für das Auftreten eines positiven Placeboeffekts. Dies erklärt, wieso Prozac überhaupt im gewünschten Sinne wirken kann. Abgesehen davon hat Prozac ausschließlich Nachteile, auf die ich noch ausführlich eingehen werde.
Kramer zufolge sagen viele »PatientInnen«, daß sie mit Prozac ihr »wahres Selbst« gefunden hätten. Eine unerhörte Aussage. Da lebt ein Mensch viele Jahre seines Lebens und soll nicht er selbst

sein. Erst durch die vom SSRI bewirkten biochemischen Veränderungen in seinem Gehirn soll er nun plötzlich zu sich gefunden haben!

Ich erlebe jeweils etwas völlig anderes, wenn ich Menschen gegenübersitze, die unter der Wirkung einer psychoaktiven Substanz stehen – ob das nun Alkohol, eine illegale Droge oder ein legal erhältliches Psychopharmakon ist. Ich sehe einen Menschen und weiß nie genau, ob ich den Effekt der Wirksubstanz oder die Eigenheiten meines Gegenübers wahrnehme. Hier hat keineswegs jemand sein »wahres Selbst« gefunden, er ist vielmehr verändert, beeinträchtigt. Sein Wesen ist zugedeckt. Es schmerzt mich immer wieder, so etwas zu erleben. Der Betroffene ist in einer höchst ungemütlichen Situation. Er hat sich aus eigenem Entschluß oder auf die Empfehlung seines Arztes hin der Wirkung einer psychoaktiven Substanz ausgesetzt. Er will sich durch die Pille psychisch verändern lassen. Das, was den Mensch zum Menschen macht, ist seine Psyche. Sie genügt ihm offensichtlich nicht mehr, deshalb soll sie verändert werden. Die Wahrscheinlichkeit ist groß, daß der Betroffene in dieser Situation das, was er wahrnimmt, als »Besserung« ausgibt.

Prozac-KonsumentInnen werden sich in den allermeisten Fällen sagen: Wenn Millionen von Menschen mit Prozac zufrieden sind, wenn Hohepriester Kramer so viel Positives verheißt, dann muß es doch auch mir guttun. Sie verspüren eine Änderung – Unruhe, Hektik, Rastlosigkeit, Schlaflosigkeit. Es braucht Mut zu sagen, daß das nicht das erhoffte Glück ist. Einfacher ist es zu behaupten, nun sei alles besser, jetzt zeige sich ein »neues«, ihr »wahres Selbst«. Denn sonst würden sie ja nicht richtig funktionieren, nicht adäquat auf die »Behandlung« ansprechen. Sie stehen unter Erfolgsdruck – sich selbst und dem Arzt gegenüber.

Dies ist ein typischer Vorgang, typisch für den Konsum von Psychopharmaka und weiteren psychoaktiven Substanzen. Wer unter der Wirkung von Prozac steht, hat sich nicht mehr im Griff. Es geschieht etwas, das ihn verunsichert, er muß etwas über sich ergehen lassen, ohne bewußt eingreifen zu können. Es stehen ihm nicht all seine psychischen Kräfte zur Verfügung. Es tut weh mitanzuschauen, wie ein Mensch sich krampfhaft bemüht, zufrieden zu wirken, wie er seiner Umgebung und sich selbst einzureden versucht, daß nun alles viel »besser« sei, obschon sehr leicht zu erkennen ist, wie ängstlich und verwirrt er im Grunde ist.

Europa hinkt hinterher

Wie üblich dauerte es einige Zeit – ziemlich genau vier Jahre –, bis die Prozac-Welle von den USA nach Europa gelangt ist. Im Frühjahr 1994 begannen sich die Medien bei uns um Prozac zu kümmern. In der Schweiz machte der vielgelesene Zürcher *Tages-Anzeiger* mit einem ganzseitigen Bericht auf der »Hintergrundseite« am 23. Februar 1994 den Anfang. Es folgte *Die Weltwoche* mit einer Reportage am 17. März 1994; am 6. Juli 1994 erschien sogar eine lange Reportage in der altehrwürdigen *Neuen Zürcher Zeitung*, am 14. Dezember 1994 ein ausführlicher Artikel im *Brückenbauer*. Aufschlußreich sind die Titel dieser Artikel: »Mit dem Wundermittel Prozac ganz nach oben?«, »Mit der ›happy pill‹ in eine ›Brave New World‹?«, »Erfolgreiche Manager dank Antidepressiva?«, »Heiterkeit auf Rezept«. Am 15. April 1994 berichtete das Schweizer Fernsehen, am 29. April 1994 das zweite österreichische Fernsehen über Prozac, am 4. September 1994 eine mehrstündige Sendung im Schweizer Radio DRS III. Das zweite österreichische Fernsehen doppelte am 22. März 1995 nach.

Die Manager von Eli Lilly können sich freuen. Einen Fehler haben sie trotzdem gemacht, wenn sie ihn nun auch auszubügeln versuchen. Sie haben ihre »Glückspille« umgetauft. In den deutschsprachigen Ländern heißt sie nicht Prozac, sondern Fluctine bzw. Fluctin. Das war ein großer Fehler. In all den Medienberichten ging es immer um Prozac, irgendwo am Rande wurde dann jeweils erwähnt, daß das »Medikament« bei uns unter dem Namen Fluctine im Handel sei. Doch nun soll sich die deutschsprachige Öffentlichkeit offensichtlich den Namen Fluctin einprägen. Die deutsche Übersetzung von Kramers Buch erschien im April 1995 mit abgeändertem Titel: *Glück auf Rezept. Der unheimliche Erfolg der Glückspille Fluctin.* Bereits 1994 erschien die französische Übersetzung: *Prozac: le bonheur sur ordonnance?* Das Fragezeichen des französischen Titels ist auf dem Umschlag der deutschen Übersetzung verschwunden. Glück auf Rezept scheint in der Zwischenzeit von einer fraglichen zu einer gesicherten Sache geworden zu sein.

Groß angekündigt wurde die deutsche Ausgabe in der Märznummer der vielbeachteten populärwissenschaftlichen Zeitschrift *Psychologie heute.* Auf einem ganzseitigen Bild ist das strahlende Gesicht einer Frau zu sehen, die aus einem Berg von Tausenden von Pillen herausschaut.

Prozac bietet, wonach die Gesellschaft verlangt

Kramer gibt einen klaren Hinweis, wie Prozac, falls überhaupt, wirkt. In einem Interview spricht er von einer »sozial bedingten Nachfrage«.[10] Es ist den Managern von Lilly zusammen mit Kramer gelungen, einen »Mythos« um ihre »Glückspille« zu konstruieren, der genau den Wünschen des typischen Amerikaners entspricht. Dieser »Mythos« und nicht irgendein biochemischer Wirkungsmechanismus ist das Geheimnis von Prozac. Dadurch, daß dieser Mythos in den Massenmedien unkritisch wiedergegeben wird, wird er von vielen geglaubt. Das bedingt die Nachfrage und führt dazu, daß sich ein positiver Placeboeffekt einstellen kann. Nicht umsonst wird Kramer in *Psychologie heute* »Hoherpriester des Prozac« genannt. Zufrieden mit Prozac kann nur sein, wer die Worte des Priesters glaubt. Wenn es sich wenigstens um ein unschädliches

Placebo handeln würde. Doch Prozac ist keine harmlose Substanz, mit ihrem Konsum sind Gefahren verbunden.

Prozac, eine Anpasserdroge

Prozac ist eine Anpasserdroge. Der Harvard-Soziologe David Riesman sieht in Prozac das ideale Mittel, um so zu werden, wie die amerikanische Gesellschaft der neunziger Jahre es verlangt: »busy, stressed and happy«.[11] Damit tut Prozac genau das, was seit je die Auswirkung aller psychiatrischen Eingriffe war.

Die Psychiatrie erhält den Status quo in der Gesellschaft. Die Psychiatrie verhindert durch ihre Diagnosen und ihre »Behandlungen«, daß hinter die Symptome geschaut wird. Durch ihre biologischen »Behandlungs«-Methoden, Psychopharmaka, Elektroschocks usw. wird das, was »stört«, bestenfalls unsichtbar. Die gesellschaftlichen und individuell psychischen Ursachen der »Störung« werden dadurch jedoch verdeckt. Solange sie nicht aufgedeckt und verändert werden, bleibt alles beim alten. Die Psychiatrie ist ein konservatives Element in unserer Gesellschaft.

Auch Prozac konserviert, es paßt die Menschen an die gestörte Gesellschaft an und verhindert dadurch, daß auch nur darüber nachgedacht wird, was denn nicht stimmt. Prozac bedeutet demnach keine Revolution, wie uns Kramer weismachen will. Wenn Millionen von Menschen ein »Medikament« brauchen, um so zu leben, wie das ihrer Meinung nach notwendig ist, kann etwas grundlegend nicht stimmen.

Fragwürdige Behauptungen

Mit Prozac fühlen sich die Menschen »besser als gut«, sie entdecken ihr wahres Selbst. Dies sind Aussagen von Kramer. Erinnern wir uns, daß die antidepressive oder »stimmungsaufhellende« Wirkung der Antidepressiva sehr schlecht belegt ist (vgl. S. 33 f.). Es ist in keiner Weise erwiesen, daß ihr antidepressiver Effekt besser ist als derjenige von Placebos (vgl. S.122 ff.). Dies, obschon im Bereich der antidepressiven oder »stimmungsaufhellenden« Wirkung dieser Psychopharmaka Untersuchungen, die zumindest ernsthaft gedacht oder konzipiert waren, durchgeführt worden sind. Viele placebokontrollierte Doppelblindstudien wurden mit den Standardantidepressiva gemacht, sie wurden auch durchgeführt mit Prozac und den übrigen SSRI. Ein Versuch wurde also immerhin gemacht, wenn auch ein Versuch, bei dem übersehen wurde, wie groß die Chance ist, daß falsche Resultate gefunden werden.

Bei der Wirkung von Prozac nun, die Kramer ins Zentrum stellt, sieht die Sache völlig anders aus. Prozac wird da an Menschen verschrieben, die nicht schwer leiden, an Menschen, die keine psychiatrischen Diagnosen haben, an Menschen wie du und ich. Wer sich gut fühlt ohne Prozac, fühle sich mit Prozac »besser als gut«, gewisse »PatientInnen« würden ihr »wahres Selbst« finden. Das sind rein subjektive Aussagen, sie sind noch viel fragwürdiger als all die unbewiesenen Behauptungen über die antidepressive Wirkung der Standardantidepressiva und der SSRI bei schwer depressiven Zuständen. Kramer hat keine placebokontrollierten Doppelblindversuche gemacht. Er spricht ausschließlich von »PatientInnen« aus seiner eigenen Praxis. Er verschrieb ihnen Prozac und beurteilte mit ihnen zusammen das Resultat der »Behandlung«. Nichts ist da blind. Dabei darf nicht vergessen werden, daß Prozac deutliche »Nebenwirkungen« hat, die »Glückspille« wirkt als aktives Placebo. Kramers »PatientInnen« konnten also klar und deutlich feststellen, daß die Pille wirkt, und es stellte sich die Wirkung ein, die beide Seiten erhofften. Schon diese kleine Überlegung zeigt, daß Kramers Aussagen in keiner Weise bewiesen sind, es handelt sich hier um bloße Behauptungen.

Psychiater, die die Wirkung von Psychopharmaka beurteilen, sind, wie hier bereits aufgezeigt wurde, erfahrungsgemäß immer tendenziell voreingenommen. Für Kramer, der sich mit seiner »Glückspille« weltweit einen Namen gemacht hat, gilt das noch viel mehr. Kramers Aussagen über die Wirkungen von Prozac dürfen in keiner Weise als gesichert gelten. Mit Wissenschaft haben sie nicht das geringste zu tun. Sie gehören vielmehr ins Reich der Phantasie.

Auch wenn weitere ÄrztInnen ähnliche Erfahrungen mit Prozac machen sollten wie Kramer, beweist dies keineswegs die Wirksamkeit der »Glückspille«. Kramers Aussagen sind in seinem Bestseller festgehalten, Millionen von Menschen wissen, was der »Hohepriester des Prozac« geschrieben hat. Sie und ihre ÄrztInnen erwarten ein entsprechendes Resultat. Die Bedingungen dafür, daß sich ein positiver Placeboeffekt einstellt, sind somit günstig. In gegenseitiger Verblendung und Voreingenommenheit können ÄrztInnen und »PatientInnen« zum Schluß kommen, daß der gewünschte Effekt eingetreten ist.

Prozac – Droge des äußeren Scheins

In einer Zeit zunehmender Sinnlosigkeit und zunehmender Angst versuchen die Menschen um jeden Preis so zu tun, als wäre alles nur halb so schlimm. Grund für Angst wäre wahrlich vorhanden. Wir wissen nicht, was mit unserer Welt geschehen wird. Vom baldigen Untergang wird schon lange geredet. Ernstzunehmende Stimmen sprechen davon, daß die ständig schlechter werdende Luft, die Erwärmung, Unwetterkatastrophen oder Erdbeben das Ende der Menschheit bewirken könnten. Seit dem schwerwiegenden Störfall in Tschernobyl können ähnliche oder noch schlimmere Vorkommnisse in Atomkraftwerken in keiner Weise ausgeschlossen werden. Trotz der Wende in den vormals kommunistischen Ländern ist die Gefahr eines Atomkriegs noch immer nicht gebannt. Die Situation der Wirtschaft in der westlichen Welt ist keineswegs stabil. Arbeitslosigkeit ist ein Thema, das nie an Brisanz verliert.

Vor diesem Hintergrund ist alles und jedes recht, das uns der unerfreulichen Wirklichkeit entfliehen läßt. Wer es sich leisten kann, konsumiert. Konsum wird mit Freude oder gar Glück verwechselt. Man konsumiert und versucht der Welt andauernd zu beweisen, wie gut es einem geht. Es geht immer mehr nur noch um den äußeren Schein. Es braucht viel Kraft, um all die schlechten Gefühle zu verdrängen. Die verbleibende geringe Energie reicht nicht für mehr als für die zunehmende Oberflächlichkeit vieler heutiger Menschen.

Der äußere, oberflächliche Schein, der gewahrt werden muß, läßt sich schwer mit ernsthaften Beziehungen vereinbaren. Der andere Mensch wird immer mehr zur Bedrohung, zur Gefahr. Ein zwischenmenschlicher Kontakt könnte schließlich aufwühlen, die Fassade des äußeren Scheins erschüttern. Dennoch würden wir gern von andern bewundert. Doch in unserer Unsicherheit sind wir mißtrauisch, unfähig, irgend etwas Gutes anzunehmen. Die Angst vor Nähe, die Angst vor Auseinandersetzungen, die Angst vor tiefergehenden Beziehungen nimmt zu. Immer mehr Menschen scheuen die Herausforderung, die eine feste Zweierbeziehung bedeutet. Doch auch der schnelle, ungebundene sexuelle Kontakt hat mit dem Aufkommen von Aids vor ungefähr einem Jahrzehnt seinen Reiz verloren.

Immer weniger Menschen schaffen es, ihrer Umgebung die gewünschte und erhoffte makellose Oberfläche zu präsentieren. Der innere Halt fehlt. Womit denn soll man sich identifizieren? Wo sind die bleibenden Werte, die zu überzeugen vermögen? Da kommt die »Glückspille« Prozac gerade recht. Mit Glück hat ihre Wirkung nicht das geringste zu tun. Doch die innere Unruhe, in die Prozac die KonsumentInnen versetzt, kann ihnen das Leben erleichtern. Von außen gesehen scheint es so, als seien sie aktiv, als seien sie tätig, als stehe der erfolgreiche Durchbruch vor der Tür. Wer Prozac nimmt, kann sich schlecht konzentrieren. Aber in seiner Unrast wird er beispielsweise in Sitzungen viel reden. Das hat nichts mit einem verbesserten Selbstbewußtsein zu tun, viel jedoch mit der Unfähigkeit, stillsitzen zu können. In seiner Ungeduld ist es gut möglich, daß er andere überrennt und ihnen das Wort abschneidet. Ein schlechtes Zeichen für unsere Gesellschaft, daß dieses Verhalten offensichtlich ankommt. Wer etwas genauer hinhört, wer auch den Inhalt des Gesagten prüfen würde, der käme zu einem anderen Schluß. Der Prozac-Konsument ist nicht im Besitz all seiner geistigen Kräfte, er vermag sein geistiges Potential nicht auszuschöpfen. Doch heute sind vielerorts Inhalte gar nicht mehr gefragt. Wer in einer Sitzung in seinem Betrieb, wer in einer Fernsehdiskussion länger redet, der geht – gleichgültig, was immer er vorträgt – meist als Sieger vom Platz.

Maßgeschneiderte Menschen

Psychologie heute spricht im Zusammenhang mit Prozac von der Designer-Psyche – die maßgeschneiderte Psyche ist genau das, was Prozac bewirken soll, das ist der »Mythos« von Prozac. Dieser »Mythos« paßt zur heutigen Zeit. Vor nichts mehr haben wir Respekt. Der Mensch wird nicht mehr so genommen, wie er ist. Seine äußere Erscheinung ist wichtig, und daran wird rücksichtslos herumgebastelt. Am Gesicht, an der Nase, am Busen, am Gesäß, an den Fettpolstern wird herumgeschnitten – und nicht nur bei Frauen. Kosmetische Chirurgen werden zu Großverdienern. Der Körper als Spiegel der Seele, das war einmal. Die depressive Seele soll maskiert werden durch einen makellosen, straffen, jugendlichen und ansprechenden Körper. Doch nicht nur durch kosmetische Chirurgen lassen wir uns unsere Körper »veredeln«, eine weitere Unsitte dient einem sehr ähnlichen Zweck. Auch hier sind die USA Trendsetter. Es handelt sich um den weitverbreiteten Anabolika-

Konsum. Anabolika sind Derivate männlicher Geschlechtshormone. In vielen Sportarten sind sie momentan das bevorzugte Doping. Wer Anabolika schluckt, dem gelingt es in kürzerer Zeit und mit geringerem Aufwand, seine Muskelmasse und damit auch seine Körperkraft zu vergrößern. Anabolika, so wird behauptet, machen die Sportler auch aggressiver. Doch der ungebremste Anabolika-Konsum, der übrigens mit erheblichen Gefahren verbunden ist, beschränkt sich keineswegs auf den Spitzensport. Wer will sich nicht jung und erfolgreich fühlen, wer will nicht so muskulös wie die siegreichen Sportler sein? Viele Jugendliche und junge Erwachsene in den USA konsumieren Anabolika, um einen Körper zu haben wie die erfolgreichen und kräftigen Footballstars, und sind psychisch abhängig von diesen »Medikamenten«. Es hat auch bereits Todesfälle gegeben, junge Menschen mußten als Folge dieser unsinnigen Sucht ihr Leben lassen. Am größten ist die Gefahr einer Leberschädigung. Der weitverbreitete Anabolika-Konsum hat einiges mit dem Massenkonsum von Prozac gemein. Auch hier geht es um Erfolg und Durchsetzungsvermögen.

Daß da auch vor der Psyche nicht haltgemacht wird, ist klar. Zum ideal geformten Busen und Gesäß, zum straffen Gesicht, zum muskulösen Körper passen nicht Antriebslosigkeit und Verzweiflung. Auch das, was deutlich wird von der Psyche, muß makellos sein. Auf die äußerliche Wirkung der Person kommt es an, nicht auf das, was dahintersteckt. Was spielt es für eine Rolle, daß die Prozac-KonsumentInnen schlecht schlafen, von Alpträumen gepeinigt, von Angstgefühlen überwältigt werden. Das kümmert niemanden, sofern am nächsten Morgen die Show des äußeren Scheins fortgesetzt werden kann, solange diese »maßgeschneiderten« Menschen das Bild, das sie darstellen möchten, aufrechtzuerhalten vermögen.

Beziehungslos »glücklich«

Und das Beziehungsproblem ist durch Prozac – die Droge des äußeren Scheins – auch gleich gelöst. Prozac stört die Sexualität massiv. Impotenz, Erektionsstörungen beim Mann, Orgasmusunfähigkeit bei der Frau sind nur die äußerlich sichtbaren Folgen der Medikation. Wie soll ein Mensch, den innerliche Unrast quält, in der Lage sein, auf seine Partnerin oder seinen Partner liebevoll einzugehen? Schon das Problem, sich selbst auszuhalten, ist ja bereits unlösbar für sie. Beim sexuellen Kontakt braucht es mehr als Oberflächlichkeit, ein erfülltes Erleben ist nur denjenigen möglich, die in der Lage sind, auf ihr Gegenüber einzugehen. Unter Prozac machen die Seele und der Körper nicht mehr mit, wenn es darum geht, einem anderen Menschen echt und offen zu begegnen, die Bedürfnisse eines anderen wahrzunehmen und auf sie einzugehen, ohne die eigenen zu unterdrücken. Auch ohne Prozac sind viele Menschen heute dazu nicht mehr fähig. Mit Prozac ist die Sache klar, da weiß der Konsument oder die Konsumentin schnell, daß jeder Versuch, Sexualität zu erleben, scheitern wird. Erfolgreich, munter und beschäftigt wirken, das ist das Ziel derjenigen, die Prozac zu sich nehmen. Da ist es selbstverständlich klar, daß sie sich dem Risiko eines sexuellen Fiaskos gar nicht erst aussetzen werden. Damit ist das Aidsproblem für sie gleich mit aus der Welt geschafft. Sie können nun ihre Zeit damit verbringen, unruhig in der Welt herumzuirren.

Die Aussichten sind gut, daß viele oberflächliche Menschen um sie herum auf das traurige Theater hereinfallen und nicht merken, wie seicht und trübselig das Ganze ist. Viele werden auch übersehen, daß die betriebsam-geschäftige Oberfläche die darunterliegende Verzweiflung und die damit verbundenen Selbstmordideen kaum zu verdecken vermag. Am einfachsten ist es wohl, wenn sich zwei Menschen gegenüberstehen, die beide Prozac nehmen. Da ist mit Sicherheit jeder so mit sich selbst beschäftigt, daß er den anderen nur anflugsweise wahrnehmen kann. Hält man sich den Milliardenumsatz in den USA und die vielen KonsumentInnen vor Augen – 1994 nahmen bereits sechs Millionen US-Amerikaner und zehn Millionen Menschen weltweit Prozac regelmäßig zu sich, und der Umsatz betrug 1,3 Milliarden Dollar[12] –, kann es ja nicht anders sein, als daß sich öfter zwei Menschen begegnen, die die »Glückspille« zu sich nehmen.

Mit Prozac ist Sexualität praktisch ausgeschlossen, sogar zum Onanieren ist die Unruhe zu groß. Das echte sexuelle Erleben zählt heute ohnehin für viele kaum mehr. Da sind ja keine Zuschauer zugegen, da können keine Lorbeeren errungen werden. Wenn noch etwas an sexuellem Bedürfnis übrigbleibt, ist das heute leicht abzudecken: Im Kino, im Fernsehen, in Zeitschriften gibt es, was die Darstellung von Sexualität anbetrifft, kaum mehr Grenzen. Und wem das nicht genügt, dem steht der Konsum von Pornographie in jedweder Form offen. In der BRD[13] setzte die Pornoindustrie 1994 eine Milliarde Mark um. Die innere Unruhe, in die einen Prozac versetzt, macht es schwer, ruhige, anspruchsvolle Filme auf sich wirken zu lassen. Da braucht es schon einen extremen Nervenkitzel, damit man dranbleibt. Harte Pornographie kann diese Anforderung erfüllen.

Jedes Gefühl für sich selbst wie für den anderen Menschen geht verloren

Wer von der inneren Unruhe, die Prozac bewirkt, getrieben ist, der kann nichts mehr fühlen, weder sich selbst, seine eigene Befindlichkeit, noch andere Menschen. Aber sind denn Gefühle überhaupt noch erwünscht? Auf andere Menschen eingehen kann nur derjenige, der sich selbst zu spüren vermag, der sich selbst – seine Schwächen und Stärken – kennt. Wer Prozac nimmt, der ist auf der Flucht – auf der Flucht vor sich selbst und auf der Flucht vor dem anderen Menschen. Zugegeben, das Leben in der heutigen Zeit, in der heutigen Gesellschaft ist schwierig. Womit kann sich ein junger Mensch identifizieren? Alles ist fragwürdig geworden, Heimat, Familie, Kinderwunsch – nichts stimmt mehr in dieser Zeit des schnellen Wandels. Lebensangst droht alles zu ersticken, die Zukunft ist ungewiß, der andere Mensch wird zur Bedrohung. Der heutige Mensch ist entwurzelt, sich selbst und den anderen entfremdet.

Diese Entwurzelung oder Entfremdung hat bedrohliche Ausmaße angenommen. Zwei Möglichkeiten, darauf zu reagieren, sind vor allem zu beobachten: Trägheit und Resignation oder hemmungslose Aktivität. Aus psychiatrischer Sicht könnten all diese Menschen als depressiv bezeichnet werden: Mit Diagnosen wie »agitiert-ängstliche Depression« und »resigniert-apathische Depression« ließe sich wohl die Befindlichkeit einer Mehrheit beschreiben. Doch diese »Depressionen« sind keine Krankheiten, sie sind vielmehr eine Folge der heutigen gesellschaftlichen Situation.

Was für diejenigen, die ihre Lebensangst einigermaßen im Griff haben, bleibt, ist der Erfolg. Das einzige, was sie wirklich gelernt haben in ihrer Kindheit, ist, daß Erfolg erwünscht ist. In der Schule, im Sport – überall sind die Erfolgreichen gefragt. Die Erfolgreichen werden beachtet, gelobt, bewundert; Berichte über sie füllen die Spalten der Zeitschriften und Zeitungen, sie sind am Bildschirm zu sehen. Offensichtlich, das bekommen heute die Heranwachsenden vermittelt, ist dies gut, erstrebenswert. Angst vor dem Menschen, hemmungslose Aktivität, Erfolg um jeden Preis – da wird das Gegenüber sehr schnell zum Gegner, der besiegt werden muß.

Da der andere Mensch einerseits als gefährlich erscheint und man andererseits doch nicht ganz ohne ihn auskommt, ist Macht über Menschen ein weiteres Ziel, das als lohnend erlebt wird. Wer mächtiger ist, braucht sich vor dem anderen nicht mehr zu fürchten. Er kann über ihn verfügen, hat ihn unter Kontrolle. Wer eine gesellschaftliche Machtposition errungen hat, kann sich einigermaßen sicher fühlen. Er kann seine Unsicherheit, seine Ängstlichkeit verstecken. Schwieriger ist dies für die weniger Erfolgreichen, für die »Versager«. Resignation oder ein erneuter Anlauf, noch hektischer, noch aktiver, noch oberflächlicher, das sind die beiden möglichen Reaktionen auf wirkliches oder vermeintliches Versagen. Es ist kaum erstaunlich, daß Gewalt heute so ein aktuelles Thema ist und daß sie sich gegen Schwächere, gegen Ausländer, Asylanten und »Verrückte« richtet. Wer sich fürchtet, wird rasch gewalttätig. Die heutige Lebensangst wird damit zur Gefahr. Die eigenen Ängste werden projiziert und im anderen Menschen bekämpft. Kein Wunder, daß Prozac gewalttätiges Handeln auslösen kann (vgl. S. 133 f.). Die innere Unruhe, die Ängste der KonsumentInnen vergrößern sich, ihre Hektik und Unrast werden potenziert, die Fähigkeit, sich selbst zu spüren, sich in das menschliche Gegenüber einzufühlen, noch weiter verringert. Gleichzeitig scheuen diese Menschen, die kein Gefühl mehr haben für sich selbst, auch kaum mehr davor zurück, sich selbst umzubringen.

Wir leben in einer narzißtischen Gesellschaft

Was hier beschrieben wurde, sind depressive Zustände, wie sie bei »narzißtischen Persönlichkeiten« zu beobachten sind – ängstlich, agitiert und gereizt, aufbrausend, rasch wütend. Unsere Gesellschaft in ihrer Oberflächlichkeit, Gefühllosigkeit und Kälte ist eine narzißtische Gesellschaft. Narzißtische Menschen sind selbstbezogen, ihr Bedürfnis, beachtet und bewundert zu werden, ist groß. Von sich selbst halten sie sehr viel; doch ihre Größenphantasien werden unterbrochen oder begleitet von Minderwertigkeitsgefühlen. Andere Menschen werden von ihnen verachtet und gefürchtet. Sie haben wenig Freude am Leben und leiden unter Langeweile, sobald die äußere Fassade ihren Glanz verliert. Eltern, die schlecht auf ihre Kinder eingehen können, mürrisch und aggressiv sind und etwas Besonderes aus ihnen machen wollen, fördern die Entstehung des Narzißmus, der in unserer auf den äußeren Schein, auf Erfolg und

Macht ausgerichteten Welt ohnehin typisch ist. Macht über andere kann zwar die Problematik narzißtischer Menschen entschärfen; mächtige Narzisse fallen nicht auf, sie können sich mit ihren Schwierigkeiten arrangieren. Doch gesellschaftliche Macht zu erringen gelingt nur einer Minderheit. Die Ausdauer, die dazu erforderlich ist, fehlt den meisten.

Benzodiazepine, Valium, die »Helfer« der sechziger und siebziger Jahre, sind nicht ohne Grund für die heutigen Menschen nicht mehr so attraktiv. Wohl wird das Leben für diejenigen, die Benzodiazepine nehmen, erträglicher; doch im Kampf mit der Welt sind sie keine Hilfe. Wer Benzodiazepine konsumiert, wird träge, die Bewunderung anderer ist ihm mit Sicherheit verwehrt. Heute sind antreibende Pharmaka oder Drogen im Trend, psychoaktive Substanzen, die den äußeren Schein zu wahren helfen. Die wichtigtuerische Erscheinung ist gefragt, Aktivität, Aggressivität, Unternehmungslust – möglichst drei oder vier Tätigkeiten gleichzeitig. Die junge Generation steht auf aktivierende Drogen – auf Kokain, Prozac, Amphetamine und Ecstasy. Dies sind alles Drogen, die als Dopingmittel bezeichnet werden können. Der Konsument von Benzodiazepinen oder auch Alkohol kann den Schein nicht wahren, ihm merkt man an, daß er durch seine Droge verändert ist. Wer hingegen Prozac nimmt, der wirkt so, wie er das schon immer wollte.

Prozac ist das Psychopharmakon, das die Problematik unserer Zeit verstärkt: Viele sind heute hektisch, oberflächlich und ängstlich, haben jedes Gefühl für sich selbst verloren und werden schnell aggressiv. Die »Glückspille« verhilft den Resignierenden wieder dazu, in den alltäglichen Kampf einzusteigen, und gibt den bereits Hektischen den notwendigen Kick, damit sie durchhalten können. Dank Prozac – dem modernen Doping – stehen sie dann eine weitere sinnlose Runde durch.

Je mehr Menschen Prozac zu sich nehmen, desto narzißtischer wird die Gesellschaft. Was die Bestsellerautorin Elisabeth Wurtzel meint, wenn sie von der *Prozac-Nation* spricht, ist eine narzißtische Welt.[14]

Die dringend nötige Rückbesinnung der Menschen auf sich selbst wird durch Prozac verunmöglicht. Diese Rückbesinnung ist anstrengend, sie kann nicht einfach in der Apotheke gekauft werden, und sie braucht Zeit. Doch Geduld ist die Sache der heutigen Menschen nicht. Es wäre wichtig, einmal innezuhalten, sich zu überlegen, wohin die Reise geht, auf welche Werte man setzen will. Die Gründe des eigenen Unbehagens müßten aufgedeckt werden. Ob dies in einer Psychotherapie, allein oder in der Auseinandersetzung mit Menschen, die einem verbunden sind, geschieht – die Sache braucht Zeit, Geduld, Ausdauer. Prozac ist der einfachere, aber der falsche Weg.

Valium und Prozac im Vergleich

Der Vergleich der beiden Milliarden-Pharmaka Prozac und Valium ist aufschlußreich. Er zeigt, worin sich die sechziger und siebziger Jahre von den Neunzigern unterscheiden. Beide Substanzen haben ihren enormen Erfolg erreicht, weil ihre Anwendung nicht auf klar definierte Indikationen (bzw. Diagnosen) beschränkt blieb. Beide werden für alles und jedes empfohlen und eingesetzt. Jedes Unwohlsein, jede Unzufriedenheit wurde bis vor kurzem mit Valium angegangen und wird nun vor allem mit Prozac »behandelt«. Doch die Wirkung der beiden »Glückspillen« ist unterschiedlich.

Der Konsument von Valium ist wie in Watte gepackt, er fühlt sich effektiv besser, seine Sorgen belasten ihn kaum mehr. Von außen betrachtet sieht die Sache dagegen weniger erfolgreich aus. Wer Valium nimmt, wirkt schlapp, müde, spannungslos, er wird auch kaum in die Öffentlichkeit gehen, dieser Konsum und seine Auswirkungen finden im wesentlichen zu Hause, in den eigenen vier Wänden statt. Nur die engsten Angehörigen sind Zeugen des Geschehens. Da sich die Betroffenen wirklich besser fühlen, entsteht rasch Sucht. Die Toleranzentwicklung verlangt nach einer raschen

Steigerung der Dosierung, beim Absetzen kommt es zu schweren Entzugserscheinungen.

Ganz anders Prozac: Wer Prozac nimmt, wirkt – oberflächlich von außen betrachtet – aktiv, erfolgreich, munter, betriebsam. Ein Mensch, der viel sagt, ein Mensch, der sich durchzusetzen vermag. Doch in seinem Innern herrscht Unrast; wer Prozac nimmt, fühlt sich keineswegs wohl in seiner Haut. Einen Abend allein zu Hause würde er nie aushalten. In seiner Unruhe findet er auch kaum Schlaf. Wer Prozac nimmt, ist also ständig unterwegs, wird gesehen und wahrgenommen, niemand kommt auf die Idee, daß er leiden könnte. Süchtig nach Prozac wird niemand, zu unangenehm sind seine Wirkungen. Eine gewisse psychische Abhängigkeit kann allerdings entstehen, ganz offensichtlich gibt es Leute, die ein solches Leben vorziehen, so öd und leer es auch immer sein mag.

Valium vermittelt also ein inneres Wohlbefinden, während von außen leicht sichtbar ist, daß sich da ein Mensch auf der Flucht vor sich selbst befindet. Der Prozac-Konsument dagegen wirkt nach außen hin vital und voller Energie, während sein Inneres von einem unruhigen und rastlosen Durcheinander beherrscht wird, das er in keiner Weise kontrollieren kann.

Kramer – der Prophet des »Glücks«

Kramer postuliert, daß traumatische Erfahrungen biologische Auswirkungen haben. Belastende Erlebnisse führen seiner Meinung nach also zu biochemischen Veränderungen, die sinnvollerweise »medikamentös behandelt« werden müssen. »Es wäre falsche Sparsamkeit, wenn man in solchen Fällen die Psychotherapie nicht zunächst auf Psychopharmaka aufbauen würde. Mit dieser Sichtweise ist natürlich ein gewisser Pessimismus verbunden.«[15] Er behauptet, daß die Designerdroge Prozac aus der Hochtechnologie stamme, spricht viel von Neurotransmittern und muß gleichzeitig zugeben, daß die damit zusammenhängenden Modelle unzulänglich und überholt seien. Er sieht, wie widersprüchlich die Aussagen über die Funktion des Neurotransmitters Serotonin sind. Und dennoch klammert er sich an die Biologie, weiß sich ohne sie nicht mehr zu helfen.

Zu Kramers Pessimismus gesellt sich Hilflosigkeit, wenn er fragt: »Warum ist es prinzipiell für Psychiater so schwierig, lebens-helfend tätig zu sein? (...) Warum sind wir, die wir als professionell Betroffene Tag für Tag sehen, wie das Leben seinen problematischen Lauf nehmen kann, oft so hilflos, wenn es um den nächsten Schritt geht?«[16]

Kramer fühlte sich hilflos in seiner Rolle als Psychotherapeut. Doch dann fand er einen Ausweg aus seiner Hilflosigkeit – Prozac. Nun ist er zum »Propheten« geworden, der Prozac als Ersatz für die Psychotherapie propagiert. Das ist eine resignative Entwicklung. Dank seiner Resignation ist Kramer weltberühmt geworden.

Die Prozac-KonsumentInnen teilen diese resignative Sicht mit Kramer. Dies zeigt die folgende Aussage einer jungen Frau: »Prozac hat mich gelehrt, daß meine Depression einfach eine biologische Störung ist. Es handelt sich um eine Fehlfunktion des Stoffwechsels wie andere auch, und sie ist durch Medikamente zu beheben.«[17] Die gleiche »Patientin« gab an, daß für sie Psychotherapie eine Greuelvorstellung war.

Viele können sich heute nicht mehr selbst helfen, vor den Auseinandersetzungen in der psychotherapeutischen Beziehung fürchten sie sich. Es braucht das »Medikament«, das eine biologische Störung korrigiert. Gesellschaftliche und individuell psychologische Ursachen für die »Depression«, für das Unbehagen kommen damit nicht mehr in Betracht. Der Mensch gibt die Verantwortung für seine psychische Befindlichkeit aus der Hand. Er schafft es nicht mehr, aus eigener Kraft zu erreichen, daß er zufrieden sein kann mit seinem Leben. Eine grundlegende Erkenntnis ist verlorengegangen: Die Stimmungen des Menschen werden durch seine Handlungen und seine Beziehungen bestimmt. Im Großen wie im Kleinen wirken sie sich auf seine Psyche aus. Ob ich Priester oder Schreiner werde, ob ich heirate oder ledig bleibe, aber auch, ob ich heute allein oder mit einem Menschen, der mir viel bedeutet, zusammen bin – dies alles ist letztlich verantwortlich dafür, wie ich mich fühle.

Was taten früher die Menschen, wenn sie sich schlecht fühlten, wenn sie Angst hatten, mutlos waren? Sie beteten zu Gott, sie baten ihn um Hilfe, legten ihr Schicksal in seine Hände. Für viele Menschen hat in der heutigen Zeit die Religion an Bedeutung verloren. Sie glauben nicht mehr daran, daß das Gebet, daß Gott ihnen helfen kann. Nun kommt einer und behauptet, daß eine Pille dort zu helfen vermöge, wo es der Mensch aus eigener Kraft nicht mehr schafft. Damit wird diese Pille zum Ersatz für das Gebet, zum Ersatz für die Religiosität. Das »Medikament«, der Glaube an die Biologie ersetzt die Religion. Der Konsum der Pille wird zu einem »religiösen« Akt, die Pille zu einem »Sakrament«. Und derjenige, der der Menschheit erstmals diese Botschaft verkündet, ist mehr als ein »Priester«, er ist ein »Messias«, ein »Erlöser«. »Priester« gibt es viele, als »Priester« sind die vielen Ärzte zu bezeichnen, die den Gläubigen den Zugang zur Pille ermöglichen.

Ja, es ist eine »Religion«, die da zelebriert wird – eine destruktive, nihilistische »Religion«, eine Antireligion. Und Kramer kann sich nicht einmal an feste Tatsachen halten; er gibt ja selbst zu, daß die Vorstellungen über den Zusammenhang zwischen der Konzentration der Neurotransmitter Serotonin und Noradrenalin mit der »Depression« unzulänglich und die Vorstellungen über die biologischen Grundlagen der Persönlichkeit sehr beschränkt seien.[18] Kramer kann sich also weder auf Befunde der Grundlagenwissenschaft stützen, noch hat er seriöse Untersuchungen vorzuweisen, die die Wirkung von Prozac mit Placebos vergleichen. Was er erzählt, ist völlig subjektiv, er spricht von seinem »Glauben«, mit dem er die Gefühle der Hilflosigkeit, die er im Kontakt mit seinen »PatientInnen« erlebt, zu überwinden versucht. Doch er hat nicht nur für sich einen Ausweg aus seiner Hilflosigkeit gefunden, er hat auch Millionen von Menschen zu einem neuen »Glauben«, ja zu einer neuen »Religion« verholfen.

Kramer ist ein Verirrter, der sich an seine Pille klammert, die ihm den Halt geben soll, den er verloren hat. Und in seiner Haltlosigkeit ist er zur Führerfigur für die vielen haltlosen Menschen unserer Zeit geworden. Eine blinde Masse läßt sich von einem blinden Führer leiten.

Kramer ist deshalb eine große Ausnahme, weil es ihm gelang, mit seinem Buch und damit mit seiner Botschaft in die Bestsellerlisten zu gelangen. Mit seiner Haltung steht er jedoch keineswegs allein da. Sie ist typisch für die Vertreter der biologischen Psychiatrie. Die Grundannahme, daß die Psyche biologisch bestimmt ist, wird – trotz all der schwerwiegenden Mißerfolge der diesbezüglichen Untersuchungen – auf keinen Fall aufgegeben. Wieso das so ist, ist klar ersichtlich – die betreffenden Forscher krallen sich mit aller Kraft an diese Grundannahme, denn sie ist bestimmendes Element ihrer Lebensphilosophie und damit auch ihrer Identität. Ohne sie würde es ihnen sehr schlecht gehen, sie hätten ihren Lebenshalt verloren.[19]

Einen Hinweis auf die Persönlichkeit von Kramer geben die Worte, mit denen er die Entdeckung des ersten trizyklischen Antidepressivums, des Imipramins, in seinem Buch schildert: »Imipramin war eine Art Stein der Weisen – das wirkliche Antidepressivum, eine Substanz, die sogar noch weit wichtiger war als Iproniazid.«[20] (Iproniazid, ein Monoaminoxidasehemmer, der auch als Antidepressivum gilt, wurde etwas früher entdeckt als Imipramin.) »Stein der Weisen« wird Imipramin in der deutschen Version von Kramers Buch genannt, in der englischen Originalausgabe lautet die Bezeichnung »Gral«.[21] Der Heilige Gral ist das höchste Ziel, das nur der edelste der Menschen erreichen kann. Wahrlich, Kramer hält viel von den Psychopharmaka, es scheint für ihn nichts Größeres zu geben.

Imipramin ist für Kramer also das Höchste, was für Menschen

erreichbar ist. Und dennoch bedeutet ihm Prozac noch wesentlich mehr: der Schlüssel zum Geheimnis des Lebens, zur letzten Erkenntnis über das Wesen der Seele. Das etwa geht aus seinen Ausführungen hervor.

Wie wichtig für Kramer, der an der Psychotherapie verzweifelte, Psychopharmaka sind, geht aus einer weiteren Wortschöpfung hervor: Antidepressiva wie Prozac nennt er »psychotherapeutische Medikamente«.[22] So wird klar, daß Kramer in seinem Alltag als Psychiater wirklich die Psychotherapie durch Prozac ersetzt hat.

Kramer hat eine Zeitströmung ausgenützt, dadurch ist er zu einer weltbekannten Persönlichkeit geworden. Aber es steckt noch mehr dahinter. Kramer hatte zuvor psychotherapeutisch gearbeitet. Nur ein resignierter Psychotherapeut kann mit so viel Energie und Kraft auf ein Psychopharmakon setzen. Und für einen resignierenden, einen hilflosen Psychotherapeuten werden seine KlientInnen zur Gefahr. Da sitzen täglich Menschen vor ihm, die Hilfe fordern – und er weiß nicht mehr weiter. Ein hilfloser Psychotherapeut hat keinen Erfolg, dabei hätte er – als typisches Mitglied unserer narzißtischen Gesellschaft – Erfolg dringend nötig. Weil er ihnen nicht helfen kann, sind seine KlientInnen unzufrieden. Nun hat er seinen »Stein der Weisen«, seinen »Gral« gefunden. Nun wird er bewundert, nun ist er berühmt. Kramer ist nicht mehr an der menschlichen Seele, nein, nun ist er an der Biologie des menschlichen Gehirns interessiert. Weil er nicht mehr an die Seele glaubt, setzt er seine »PatientInnen« erheblichen Gefahren aus. Menschen, die nichts anderes wollen, als sich »besser als gut« zu fühlen. Kramer selbst ist ein typischer Vertreter der *Prozac-Nation*. Weg von der Seele, hin zur Oberflächlichkeit. Sicher, ihm hat seine Zuwendung zu Prozac viel gegeben, sie hat ihm einen – scheinbaren – Ausweg aus seiner Resignation gezeigt.

Wieso Prozac wirkt, wenn es wirkt

Die Herstellerfirmen von Prozac und den weiteren SSRI betonen immer die gute Compliance der KonsumentInnen ihrer Pharmaka. Das will heißen, daß die »PatientInnen« die Pillen brav und regelmäßig einnehmen und nur wenige aus eigenem Entschluß die »Behandlung« beenden. Als Grund wird jeweils angegeben, daß SSRI weniger unangenehme »Nebenwirkungen« hätten als die Standardantidepressiva. Dies gilt als *der* große Pluspunkt für die SSRI, denn niemand behauptet, daß die SSRI bei Depressionen besser wirken als die übrigen Antidepressiva.

Wie aber verträgt sich diese Behauptung mit den im vierten Kapitel angestellten Überlegungen zur Placebowirkung? Aktive Placebos haben eher eine Wirkung als inerte (»nebenwirkungsfreie«). Wenn der »Patient« einen deutlichen Effekt der Pille feststellt, ist er viel eher der Meinung, daß ihm die »Behandlung« genützt hat. Auch die psychiatrischen ExpertInnen neigen dazu, einem zu untersuchenden Pharmakon eher den erhofften Effekt zuzusprechen, wenn sie »Nebenwirkungen« ausmachen. In dieser Situation ist der Versuch nicht mehr blind, die PsychiaterInnen wissen dann genau, wer die Wirksubstanz erhalten hat und wer das Placebo. Ihre Voreingenommenheit, ihre positive Einstellung dem zu testenden Psychopharmakon gegenüber kann so das Resultat der Untersuchung verfälschen. So gesehen müßten die SSRI, die als »nebenwirkungsarm« bezeichnet werden, kaum wirksam sein. Wie aber kam das »nebenwirkungsarme« Prozac zu seinem Riesenerfolg?

Eine interessante Untersuchung von Roger P. Greenberg und Seymour Fisher von der State University New York beantwortet diese Frage überzeugend.[23] Sie analysierten 13 Studien, in denen die Wirkungen von Prozac und von Placebos verglichen wurden. Je mehr Betroffene »Nebenwirkungen« angaben, desto öfter stellten die »Patienten« selbst wie auch ihre Psychiater fest, daß die »Behandlung« erfolgreich sei. Günstige Effekte von Prozac, dem Antidepressivum, für das als Substanz mit äußerst geringen »Nebenwirkungen« geworben wird, stellen sich also gerade wegen seiner »Nebenwirkungen« ein. Greenberg und Mitarbeiter bezeichnen dieses Resultat ihrer Studie als Ironie. An Nebenwirkungen von Prozac werden unter anderem Unruhe, Nervosität, Angst, Schlaflosigkeit, Übelkeit und sexuelle Störungen angegeben.

»Nebenwirkungen« gaben durchschnittlich über 50 Prozent (53,38%, d. h. 30,88 bis 92%) der »PatientInnen« aus allen bekannten placebokontrollierten Prozac-Doppelblindstudien an. Ungefähr 20 Prozent (19,5%, d. h. 6 bis 57%) stoppten die »Behandlung« auf Grund der »Nebenwirkungen« und fielen damit aus der Untersuchung heraus. Dies sind wichtige Befunde, besonders wenn berücksichtigt wird, daß lange nicht alle »PatientInnen«, die unter »Nebenwirkungen« leiden, sie auch angeben. Erfahrungsgemäß scheinen am wenigsten Betroffene unter Nebenwirkungen zu leiden, wenn ausschließlich auf ihre spontanen Aussagen abgestellt wird; die Zahl wird größer, wenn danach mündlich gefragt wird, und am größten, wenn auf Fragebogen darüber Auskunft gegeben werden kann. Welche der drei Möglichkeiten zutrifft, wird kaum je angegeben. Dies erklärt die stark variierenden Angaben über die Häufigkeit von »Nebenwirkungen« in verschiedenen Untersuchungen.

Bis zu 92 Prozent der Betroffenen gaben also »Nebenwirkungen« an, und in einer Untersuchung beendeten 57 Prozent – mehr als die Hälfte – wegen der »Nebenwirkungen« die »Behandlung«. Das weist den »Nebenwirkungen« eine zentrale Rolle zu. Einerseits sind sie die unabdingbare Voraussetzung für günstige Wirkungen von Prozac, andererseits bewirken sie viele »Behandlungs«-Abbrüche.

Die Tatsache, daß PsychiaterInnen den Zustand von Versuchspersonen, bei denen sie »Nebenwirkungen« feststellen, positiver einschätzen, deckt ihre Voreingenommenheit auf. Offensichtlich sind sie an einem guten Abschneiden der zu untersuchenden Wirksubstanz interessiert (vgl. S. 43). Einen weiteren Hinweis für diese die Resultate entscheidend verzerrende Voreingenommenheit ergibt sich auch aus dem folgenden Befund. Greenberg und Fisher fanden heraus, daß bei größeren »PatientenInnen«-Zahlen die Wirkung von Prozac schlechter beurteilt wurde. Das heißt also, daß Prozac bei kleinen »PatientInnen«-Zahlen besser abschnitt als bei großen. Bei kleinen Gruppen sind weniger PsychiaterInnen beteiligt, sie kennen die Betroffenen besser. Es ist in dieser Situation einfacher herauszufinden, wer Prozac und wer ein Placebo erhält. Zudem ist der Psychiater, der die »PatientInnen« besser kennt, engagierter; es fällt ihm offenbar leichter, Besserungen der Befindlichkeit zu erahnen. Er kümmert sich wohl auch mehr um die Betroffenen, geht menschlicher mit ihnen um, was wiederum deren Befinden günstig beeinflußt. Sind die »PatientInnen«-Gruppen groß, ist auch die Zahl der Untersucher größer, und wahrscheinlich findet die Untersuchung nicht an einem einzigen Ort statt. All dies vermag offenbar der Durchschlagskaft der Pro-Prozac-Neigung der Untersucher entgegenzuwirken.

Aus dieser umfassenden Studie von Greenberg und Fisher geht einmal mehr hervor, daß günstige Wirkungen von Prozac keineswegs erwiesen sind und wie die Vorurteile bzw. die subjektive Befangenheit der Untersucher die Resultate verfälschen können. Darüber hinaus wird bestätigt, daß es letztlich im wesentlichen die »Nebenwirkungen« sind, die die Wirksamkeit einer psychoaktiven Substanz bestimmen.

Erwähnenswert ist in diesem Zusammenhang ein Befund über »Nebenwirkungen« und »Behandlungs«-Abbrüche von Fluoxetin (Prozac). Professor Möller aus Bonn stellt einerseits fest, daß das Wegfallen der Sedierung und weiterer (anticholinerger) »Nebenwirkungen« sich bei den SSRI compliancefördernd auswirke. Andererseits betont er, wie eine an sich störende »Nebenwirkung« des Fluoxetins, die Übelkeit, die »PatientInnen« nur selten bewege, die »Medikation« abzusetzen. Dieser Befund ist wirklich erstaunlich. Obschon Fluoxetin mehr als doppelt so häufig wie das Standardantidepressivum Imipramin Übelkeit und Erbrechen bewirkt, wird letzteres häufiger wegen Übelkeit abgesetzt.[24] Wie ist das zu erklären? Aus meiner Sicht ausschließlich durch die Art, wie der Arzt dem Betroffenen sein Psychopharmakon schmackhaft zu machen versucht. Wenn dem Betroffenen überzeugend nahelegt wird, er müsse die »Nebenwirkungen« erdulden, damit er von den Vorteilen der Glückspille profitieren könne, dann wird er eher bereit sein, trotz unangenehmer Beschwerden die »Behandlung« fortzusetzen. Liebevolle Information des von der »Behandlung« überzeugten Arztes vergrößert die Compliance.

Andererseits wird der einfühlsam betreute »Patient« auch eher angeben, daß ihm die »Behandlung« geholfen habe. Dies kann einerseits reine Gefälligkeit dem Arzt gegenüber bedeuten, andererseits führt die liebevolle Zuwendung auch dazu, daß sich vermehrt ein echter, positiver Placeboeffekt einstellt.

Die »Nebenwirkung« ist die Hauptwirkung

Ich habe im dritten Kapitel über die Standardantidepressiva aufgezeigt, daß Dämpfung und innere Unruhe die Hauptwirkungen dieser Psychopharmaka sind. Die innere Unruhe wird als Antriebssteigerung verkannt und von den PsychiaterInnen oft als »Besserung« der Depression bezeichnet. Die SSRI bewirken keine Dämpfung, ihre herausragende Wirkung ist eine starke innere Unruhe – stärker als diejenige, die durch die Standardantidepressiva ausgelöst wird. Diese innere Unruhe – die Akathisie[25] – und die damit verbundene hektische Aktivität ist die Hauptwirkung der selektiven Serotoninwiederaufnahmehemmer. Wie bei den Standardantidepressiva wird diese Wirkung auch bei den SSRI oft als Antriebssteigerung und damit als »Besserung« der Depression verkannt. Dies ist jedoch im Grunde ein trauriger Zustand, der eng mit der durch Prozac und die übrigen SSRI ausgelösten gesteigerten Selbstmordtendenz verbunden ist. Die hochgelobten SSRI, miteingeschlossen die »Glückspille« Prozac, vermögen genausowenig wie die Trizyklika Depressionen aufzuhellen, zu heilen oder zu bessern.

Wie vorsichtig sie es auch immer formulieren, klar wird immer, daß die forschenden PsychiaterInnen Standardantidepressiva doch noch als wirkungsvoller einschätzen als SSRI. Auch hier ist eine Erklärung möglich. Die SSRI bewirken innere und äußere Unruhe, kaum Dämpfung. Standardantidepressiva, insbesondere Imipramin (Tofranil), wirken sowohl antriebssteigernd als auch dämpfend. SSRI können also ausschließlich bei resigniert-apathischen depressiven Menschen eine Pseudobesserung bewirken, bei denjenigen, die in ihrer Verzweiflung bereits unruhig und hektisch sind, vermögen sie nicht wie die Standardantidepressiva einen scheinbaren »Behandlungs«-Erfolg vorzutäuschen.

8

Antidepressiva wirken
nicht besser als Placebos

Im vierten Kapitel über Placebos wurde gezeigt, wie groß die Wahrscheinlichkeit ist, daß Psychopharmaka sogar in Doppelblindstudien zu gut abschneiden. Es wurde hier auch bereits gezeigt, daß allfällige günstige Effekte von Prozac vor allem auf Grund seiner »Nebenwirkungen« zustande kommen. Um dieses wichtige Thema umfassend und vollständig zu beleuchten, werde ich im Folgenden auf die vielen placebokontrollierten Studien eingehen, die mit Antidepressiva durchgeführt wurden. Am meisten Untersuchungen wurden mit den Standardantidepressiva durchgeführt. Sie sind hier vor allem deshalb von großer Bedeutung, weil die Wirkung der selektiven Serotoninwiederaufnahmehemmer oft gar nicht mit der von Placebos, sondern mit der der Trizyklika Imipramin und Amitriptylin verglichen wird.

Die Professorin Brigitte Woggon von der Universitätsklinik in Zürich schreibt, daß nur bei der Hälfte der hospitalisierten depressiven PatientInnen, die Standardantidepressiva erhalten, sich eine ausreichende Besserung einstelle.[1] Mit anderen Worten: Es kommt der Beurteilung »behandelnder« PsychiaterInnen zufolge bei der anderen Hälfte der Betroffenen zu keiner Besserung. Dies ist ein äußerst schlechtes Resultat, besonders wenn man bedenkt, daß die PsychiaterInnen sich vehement für die »medikamentöse Behandlung« möglichst aller depressiver Menschen einsetzen.

Frau Woggon fragt sich hier nicht, ob denn die Besserung der einen Hälfte der Betroffenen überhaupt etwas mit den verabreichten Psychopharmaka zu tun habe. Doch zu dieser Frage finde ich anderswo eine vielsagende Antwort: »In über 20 Studien über das Medikament

Tofranil [Imipramin, eines der meistverwendeten Standardantidepressiva, mr] zeigte sich beispielsweise folgendes: Wurden stationär aufgenommene Patienten mit akuten Depressionen von Anfang an statt mit Tofranil mit einem Placebo behandelt, dann stellte sich bei jedem zweiten innerhalb von zwei bis sechs Wochen eine deutliche Besserung ein.«[2] Die Rechnung ist einfach: Bei 50 Prozent derjenigen, die Imipramin zu sich nehmen, kommt es zu einer Besserung, und bei 50 Prozent derjenigen, die ein Placebo erhalten, kommt es genauso zu einer Besserung. Die Wirkung von Imipramin, einem beliebten und oft angewendeten trizyklischen Antidepressivum, ist also nicht anders als diejenige eines Placebos. Anders ausgedrückt entspricht die Besserung der KonsumentInnen von Imipramin nichts anderem als dem Placeboeffekt. Aus dieser Feststellung ergibt sich, daß eine antidepressive Wirkung der Antidepressiva in keiner Weise erwiesen ist. Niemand behauptet nämlich, daß es ein Antidepressivum gäbe, das besser wirkt als Imipramin.

Eine weitere großangelegte Studie bestätigte diese Überlegung: Amitriptylin (Saroten, Tryptizol) und Imipramin (Tofranil) erwiesen sich nicht als wirksamer als ein Placebo.[3] Und Amitriptylin und Imipramin gelten als besonders wirkungsvoll; es sind die am sorgfältigsten untersuchten Antidepressiva. Auch in der Studie von Greenblatt und Freeman hatte Imipramin keine bessere Wirkung als Placebos.[4] Zudem erwähnt Professor Hans-Jürgen Möller aus Bonn zwei Studien, in denen Imipramin nicht besser abschnitt als ein Placebo.[5]

Auch Greenberg und Fisher von der State University New York kamen zu dem Schluß, daß verschiedene Antidepressiva, darunter das von der Firma Geigy hergestellte, in der Schweiz oft verwendete Maprotilin (Ludiomil), nicht besser wirken als Placebos.[6] Das Antidepressivum Viloxazin (Vivalan, ein Derivat der trizyklischen Substanzen) erwies sich in einer Studie sogar als deutlich weniger wirksam als Placebos.[7] In einer großangelegten neuen Untersuchung aus dem Jahr 1995 wurden die Resultate von zwölf placebokontrollierten Studien über die Wirkung von Standardantidepressiva bei Kindern und Jugendlichen im Alter von sechs bis achtzehn Jahren ausgewertet. Dabei erwiesen sich die Antidepressiva als *nicht* wirksamer als Placebos. Placebos führen mitunter bei bedeutend mehr als der Hälfte der Versuchspersonen zu einer Besserung ihrer Depression. In einigen Studien kam es sogar in annähernd 90 Prozent der Fälle zu einer Besserung.[9]

Die fehlende Überlegenheit der Wirksubstanz in vielen Untersuchungen muß erklärt werden, zumal bei den üblichen Versuchsanordnungen ja damit gerechnet werden muß, daß das getestete Pharmakon wesentlich besser abschneidet als das Placebo. Das Antidepressivum muß schon einen äußerst unangenehmen Zustand hervorrufen, bevor die Versuchsperson selbst und ihr Psychiater keine Besserung der Depression feststellen. Als besonders unangenehm bezeichnen »PatientInnen«, die Antidepressiva erhalten, jeweils die innere Unruhe. Wer unter dieser Akathisie leidet, bei dem kann beim besten Willen keine Besserung diagnostiziert werden. Nur so ist es möglich, daß die biologisch aktive Wirksubstanz in vielen Untersuchungen nicht besser abschneidet als ein passives bzw. »nebenwirkungsfreies« Placebo. In diesem Zusammenhang muß darauf hingewiesen werden, daß bei all diesen Untersuchungen eine Gruppe von Versuchspersonen regelmäßig fehlt. Es fehlt die Beschreibung der Wirkung von Antidepressiva auf psychisch unauffällige bzw. »gesunde« Menschen. Weil die PsychiaterInnen davon ausgehen, daß Antidepressiva spezifisch biochemische Störungen korrigieren würden, interessiert sie die Wirkung dieser Pharmaka auf das biologisch »intakte« Gehirn gar nicht. Selbstverständlich treten sämtliche beschriebenen Wirkungen der Antidepressiva auch beim Gesunden auf. Auch für den Gesunden ist die innere Unruhe, sind Magen-Darm-Störungen, sexuelle Probleme usw. belastend. Die Verschlechterung des Zustandes von psychisch unauffälligen Versuchspersonen müßte bei all diesen Studien auch mit berücksichtigt werden.

Eine Besserung des Zustandes bei »PatientInnen«, die Psychopharmaka erhalten, muß also keineswegs als biologisch ausgelöst verstanden werden, sondern kann genauso eine Folge der Placebowirkung sein. Sie kann aber auch schlicht und einfach dem Zustand entsprechen, der auch ohne irgendeine »Behandlung« eingetreten wäre. In der Fachsprache wird in dieser Situation von einer »Spontanremission« gesprochen. Die psychische Befindlichkeit eines Menschen verändert sich im Laufe der Tage, Wochen und Monate – auch ohne Eingriff eines Psychiaters oder einer Psychiaterin. Wer Psychopharmaka verschreibt, vergißt meist diese Tatsache; dem Laien dagegen ist sie sehr geläufig.

Antidepressiva wirken gegen Depressionen auf keinen Fall besser als Placebos. Diese Aussage kann somit als gesichert gelten. Da Antidepressiva gefährliche Psychopharmaka sind, die zu vielfältigen körperlichen und psychischen Schädigungen führen können, sollten sie überhaupt nicht mehr angewendet werden. Ich sehe keinen Grund, der für die Anwendung von »Medikamenten« spricht, die einerseits schädlich und gefährlich sind und andererseits nicht im gewünschten Sinne wirken.

Die Psychiater wissen nicht, wieso Antidepressiva wirken

Trotz all der wissenschaftlich klingenden Überlegungen über die Beeinflussung der Transmittersysteme durch die Antidepressiva wissen die Psychiater nicht, wieso Antidepressiva antidepressiv wirken. Der Psychopharmakologe Gerd Laux: »Der *Wirkungsmechanismus* der Antidepressiva ist bislang nicht ausreichend geklärt; (…).«[10] In dem umfangreichen Buch *Psychopharmaka* heißt es: »Der *therapeutische Wirkungsmechanismus* der Antidepressiva ist trotz zahlreicher Hypothesen unbekannt. Fest steht lediglich, daß Antidepressiva nicht kurativ [heilend, mr] wirken;(…).«[11] Und der Pharmakologe U.E. Honegger von der Universität Bern stellt kurz und bündig fest:

»*Was die Antidepressivaforschung noch nicht gebracht hat (...)* – die Aufklärung des Wirkungsmechanismus.« [12] Wieso fällt den Psychiatern die Aufklärung dieses Wirkungsmechanismus so schwer? Ganz einfach, weil es keine antidepressive Wirkung gibt! Logischerweise kann der Wirkungsmechanismus eines Effektes, den es gar nicht gibt, auch nicht aufgeklärt werden.

Auch die SSRI wirken nicht besser als Placebos

All die Überlegungen über die Wirksamkeit der Standardantidepressiva sind von weitreichender Bedeutung für die Beurteilung der selektiven Serotoninwiederaufnahmehemmer (SSRI), inklusive der »Glückspille« Prozac. Imipramin und Amitriptylin gelten nämlich als Referenzsubstanzen: Um bei der Untersuchung von neuen Antidepressiva nicht immer wieder mit deren unsicherer Wirkung konfrontiert zu werden, wird oft die neue Substanz nicht mit einem Placebo, sondern mit den »gut erprobten« Psychopharmaka Amitriptylin und Imipramin verglichen. [13] Dies gilt selbstverständlich auch für die SSRI, die, ich will es vorwegnehmen, nie besser abschnitten als diese beiden Trizyklika. Die beiden Zürcher Professoren Jules Angst und Brigitte Woggon kritisieren genau das, nämlich daß die SSRI in Untersuchungen vor allem mit Standardantidepressiva verglichen werden. [14] Bei leichteren Depressionen wirken gemäß Professor Stuart Montgomery aus London weder Prozac noch alle anderen Antidepressiva. [15] Bei schweren Depressionen wirkt Prozac knapp (»barely«) so gut wie Imipramin, schreibt sogar Kramer. [16] Professor Möller aus Bonn erwähnt zwei Studien, in denen Fluvoxamin (Fevarin, Floxyfral), jener SSRI, der in Europa besonders geschätzt wird, nicht besser abschnitt als ein Placebo. [17] Möller tröstet sich mit der Tatsache, daß in diesen beiden Studien auch Imipramin keine bessere Wirkung zeigte. Er erwähnt vier weitere Studien, die keine Überlegenheit von Fluvoxamin gegenüber Imipramin ergaben.[18] Zu demselben Schluß kommt auch der bekannte Psychopharmakologe Gerd Laux. Er schreibt, daß die SSRI wie Fluvoxamin, Fluoxetin und Paroxetin keinesfalls eine bessere antidepressive Wirksamkeit als Standardantidepressiva aufweisen würden.[19] Es gibt eine Reihe von Untersuchungen, in denen Prozac sich als nicht besser wirkend als ein Placebo erwies. So diejenige, die am Feighner Institute in San Diego durchgeführt wurde; das gleiche Resultat ergab die Studie von David Dunner an der Universität von Washington wie auch diejenige von Bernard Grosser von der Universität Utah.[20] Der gewissenhafte Psychiater Peter Breggin zeigt auch, was nun wohl niemanden mehr überraschen wird – nämlich daß verschiedene Untersuchungen, auf Grund deren eine günstige Wirkung von Prozac behauptet wird, zweifelhaft sind und unsorgfältig durchgeführt wurden.[21]

Psychotherapie wirkt besser als Antidepressiva

Interessant ist das Resultat einer großangelegten Untersuchung, in der die Resultate der Antidepressiva-»Behandlung« der »endogenen Depression« mit denjenigen der Psychotherapie verglichen werden.[22] Insgesamt wurden 56 Studien berücksichtigt.

Als »endogen« werden die besonders schweren »Depressionen« bezeichnet. Für PsychiaterInnen ist es klar, daß sie unbedingt mit Antidepressiva »behandelt« werden müssen. Schließlich sind sie ja sogar der Meinung, daß alle, also auch leichtere »Depressionen« »medikamentös« »behandelt« werden sollten. Da ihrer Meinung nach »endogene Depressionen« biologisch ausgelöst werden, kann, so glauben sie, nur eine biologisch ausgerichtete »Behandlung« – »Medikamente« oder Elektroschock – bei dieser schweren »Erkrankung« erfolgreich sein.

Nun ergab sich in dieser Untersuchung, daß Psychotherapien bei »endogenen Depressionen« bessere Resultate ergaben als eine »Behandlung« mit Antidepressiva. Dies ist selbstverständlich keine Überraschung, da – wie hier ausführlich gezeigt wurde – Antidepressiva ja gar nicht antidepressiv wirken. Erstaunlich ist höchstens, daß dieses Resultat überhaupt publiziert wurde: Die psychiatrische Sicht der Dinge hat gewöhnlich ein gewaltiges Übergewicht, die Psychologen wagen es erfahrungsgemäß kaum, ihr eine eigene Meinung entgegenzustellen.

9

Selbstmordneigung durch Psychopharmaka

Selbstgefährdung ist der häufigste Grund für Einweisungen in psychiatrische Anstalten. Um sie daran zu hindern, Selbstmord zu begehen, werden viele Menschen sogar gegen ihren Willen psychiatrisch hospitalisiert. Sie alle werden mit Neuroleptika oder Antidepressiva »behandelt« – nötigenfalls auch zwangsweise. Bei »schweren Fällen« wird – heute sogar wieder zunehmend – noch immer der unmenschliche Elektroschock eingesetzt. Doch das ist noch nicht alles: Diese Menschen werden auch nach der Entlassung noch jahrelang »prophylaktisch« (vorbeugend) »behandelt« mit Antidepressiva, Lithium oder Carbamazepin (Tegretal, Tegretol) – alles Psychopharmaka mit gefährlichen Wirkungen.

Wenn sich die PsychiaterInnen schon das Recht herausnehmen, Menschen zwangsweise zu hospitalisieren und zu »behandeln«, müßten sie – so sollte man meinen – diese Eingriffe wenigstens gut begründen können. Sie müßten in der »Behandlung« der Selbstmordneigung besonders erfolgreich sein. Das ist jedoch nicht der Fall. Der Selbstmord ist eines der ungelösten Probleme der Psychiatrie. Seit dem Beginn der fünfziger Jahre nimmt die Zahl der sogenannten »Patientensuizide«, die Zahl der »PatientInnen« also, die sich in der Anstalt oder kurz nach der Entlassung umbringen, stärker zu als die Selbstmordrate in der Gesamtbevölkerung. Ihre Erfolglosigkeit in der »Behandlung« der Suizidalität wird von namhaften Psychiatern in der Fachliteratur ganz offen zugegeben. So beispielsweise von den Professoren Jules Angst und Klaus Ernst aus Zürich sowie Professor Ch. Reimer aus Lübeck.[1] Dies ist deshalb besonders erstaunlich, weil, wie Professor Finzen aus Basel ausführt, den psychiatrischen Statistiken, was die Suizide anbetrifft, nicht zu trauen ist: »Suizide werden von den verantwortlichen Therapeuten mit aller Macht verleugnet. Und das schlägt sich auch in die Statistiken nieder.(...) Wenn sich der Suizid während eines Urlaubs ereignet hatte, wurde er [der Patient, mr] nicht selten rückwirkend entlassen. Wenn der Suizidversuch nicht zum sofortigen Tod geführt hatte, galt er für das Krankenblatt der Statistik als verlegt in die Innere oder in die Chirurgische Klinik.«[2] Die Suizidzahlen der Psychiatrie-»PatientInnen« müssen demnach stark nach oben korrigiert werden.

Doch nicht nur die Suizidzahlen haben seit den fünfziger Jahren zugenommen. Seit Beginn der fünfziger Jahre werden die Neuroleptika, seit Ende der fünfziger Jahre die Antidepressiva zunehmend häufig und in zunehmender Dosierung eingesetzt. Beide Substanzgruppen führen, wie in vielen Fachbüchern nachzulesen ist, zu einer Vergrößerung der Selbstmordgefahr.[3] Der Zusammenhang zwischen der zunehmenden Zahl der »Patientensuizide« und dem Einsatz dieser Psychopharmaka liegt auf der Hand.

Ursache der durch Psychopharmaka bewirkten Selbstmordneigung ist die quälende innere Unruhe, die oft auch mit einer Bewegungsunruhe verbunden ist (Akathisie). Neuroleptika und die Standardantidepressiva bewirken diese unerträgliche Unruhe, die die Betroffenen in den Tod treiben kann. (Neuroleptika haben noch einen weiteren Effekt, der zum Selbstmord führen kann, die sogenannte pharmakogene Depression.)

Auch Prozac kann Menschen in den Tod treiben

Die hochgelobten selektiven Serotoninwiederaufnahmehemmer bedeuten auch in dieser Hinsicht keinen Fortschritt. Auch sie vergrößern die Selbstmordgefahr. Dies paßt zur Tatsache, daß die innere Unruhe die Hauptwirkung dieser Psychopharmaka ist, eine innere Unruhe, die intensiver ist als diejenige, die die Standardantidepressiva bewirken. Sonderbare »Glückspillen«, die diejenigen, die sie zu sich nehmen, in den Tod treiben können! Sogar Peter Kramer kommt um diese Tatsache nicht herum, wenn er sie auch in seinem Buch herunterzuspielen versucht: »Ich habe den Eindruck, daß die Gefahr, daß Prozac Selbstmordgedanken auslöst, klein ist. Auf der Basis der Geschichten, die ich von Kollegen hörte, und dem Bericht der McLean-Gruppe [die einen Artikel zu diesem Thema publizierte, mr], deren Beobachtungen ich respektiere, würde ich sagen, daß Prozac, in seltenen Fällen, Selbstmordgedanken und Selbstmordimpulse bewirken oder verschlimmern kann (…). Die öffentlichen Sorgen über diese Möglichkeit sind jedoch so übertrieben, daß sie gefährlich werden, weil sie die Tendenz haben, die Leute zu entmutigen, Prozac zu nehmen, sogar diejenigen, denen es höchstwahrscheinlich guttäte und nicht schaden würde.«[4] Auch Kramer bringt die von Prozac bewirkte Suizidalität mit der Akathisie, der unerträglichen inneren und äußeren Unruhe, die von diesem »Medikament« bewirkt wird, in Verbindung.[5] Er spricht auch davon, daß eine mögliche regulative Verminderung der Serotoninkonzentration Ursache dieser »medikamentös« bedingten Selbstmordneigung sein könnte.[6] Ob er sich klar ist, was er da sagt? Wenn er recht hat, würde es sich um eine durch die Einnahme von Prozac ausgelöste biologisch bedingte Selbstmordneigung handeln. Die SSRI führen zu einer erhöhten Konzentration von Serotonin im synaptischen Spalt. Als Folge davon wird weniger Serotonin ausgeschüttet. Das würde also heißen: keine Besserung der Depression, aber eine drastische Verschlechterung des psychischen Zustandes durch die »Glückspille«.

Die SSRI, deren hervorragende Wirkung die innere Unruhe ist, bewirken noch größere Selbstmordgefahr als die Standardantidepressiva. Eine Studie, die an der Harvard Medical School durchgeführt wurde, zeigte deutlich, daß Prozac intensive Suizidgedanken auslösen kann.[7] Durchschnittlich 26 Tage nach Beginn der »Behandlung« wurden die »PatientInnen« von intensiven Suizid-

131

gedanken gequält. Dieser Zustand war heftiger als alles, was sie je zuvor erlebt hatten. Die Betroffenen hatten bereits Erfahrungen mit anderen Psychopharmaka; doch nie hatten sie etwas Vergleichbares erlebt. Die selbstzerstörerischen Gedanken quälten die »PatientInnen« noch bis zu drei Monaten nach Absetzen des Prozac. Die Autoren der Studie empfehlen, daß Prozac nur vorsichtig eingesetzt werden dürfe; es müsse auch bei solchen »PatientInnen« mit Suizidgedanken gerechnet werden, die zuvor weder jemals suizidal gewesen waren noch Selbstmordversuche durchgeführt hatten. An anderer Stelle werden »PatientInnen« beschrieben, die während der »Behandlung« mit Prozac ernsthafte Suizidversuche durchgeführt hatten. Nach einer Unterbrechung der »Behandlung« wurde ihnen unter großer Vorsicht wieder Prozac gegeben. Erneut entwickelten sich Akathisie und Selbstmordgedanken.[8] Auch in weiteren Studien zeigte es sich, daß Prozac Selbstmordgedanken auslösen kann.[9] Neben der Akathisie, der unerträglichen Unruhe, können auch die durch Prozac ausgelösten Angstzustände die Selbstmordgefahr vergrößern. Es werden auch »PatientInnen« beschrieben, die auf Grund der dramatischen Verschlechterung ihres Zustandes zum Schluß kamen, daß ihre »Krankheit« zu schlimm war, um noch weiter leben zu können. Sie hatten nicht realisiert, daß es sich dabei um ein »medikamentös« bedingtes Geschehen gehandelt hatte.[10]

Daß die durch SSRI ausgelöste Selbstmordgefahr ernst zu nehmen ist, bestätigen auch die Psychiatrieprofessoren Hans Hippius und Otto Benkert in ihrem Buch *Psychiatrische Psychopharmakotherapie*.[11] Sie besprechen die drei SSRI Fluoxetin (Prozac, Fluctin), Fluvoxamin (Fevarin, Floxyfral) und Paroxetin (Deroxat, Seroxat). Bei allen drei werden unter anderem die folgenden Kontraindikationen, bei denen das »Medikament« nicht angewendet werden darf, angegeben: »Suizidalität. Depressive Patienten, bei denen Angst und Schlaflosigkeit Leitsymptome sind.« Ganz offensichtlich gehören Suizidalität, das Auftreten von Angstzuständen und Schlaflosigkeit zu den herausragenden Wirkungen der SSRI. Wer depressiv ist, der denkt oft an Selbstmord, ist ängstlich und schläft schlecht. Sonderbare Antidepressiva, die bei genau diesen Menschen nicht angewendet werden dürfen. Daß diese »Medikamente« als Antidepressiva eingesetzt werden und daß damit Milliarden verdient werden, ist ein Skandal. Daraus jedoch den Schluß zu ziehen, daß anstelle der SSRI die Standardantidepressiva bevorzugt angewendet werden sollten, wäre grundfalsch. Auch sie machen suizidal. Benkert und Hippius geben auch für eine Mehrzahl der Standardantidepressiva – beispielsweise Imipramin (Tofranil), Clomipramin (Anafranil), Desipramin (Pertofran), Dibenzepin (Noveril) usw. – Suizidalität als Kontraindikation an.

Die zunächst überraschende und verblüffende Tatsache, daß die Psychiatrie das Selbstmordproblem in keiner Weise im Griff hat, ist nun gut verständlich geworden. Die einzig vernünftige Folgerung: Die Bevölkerung muß gewarnt werden. Psychiatrische »Behandlungen«, psychiatrische Hospitalisationen zur Verhinderung von Selbstmorden sind unsinnig. Ganz im Gegenteil: es besteht die reelle Gefahr, daß Menschen, die nicht suizidal sind, sich im Laufe der »Behandlung« umbringen.

Prozac kann aggressiv machen

Doch Prozac kann Menschen nicht nur in den Selbstmord treiben, Prozac – und damit auch die übrigen SSRI – kann auch Aggressivität und gewalttätiges Handeln gegen andere auslösen. In den USA gab es eine Flut von Medienberichten über Selbstmorde und Morde, die unter der Wirkung von Prozac ausgeübt wurden.[12] Besonders »berühmt« wurde der Fall eines Mannes, der acht Menschen umgebracht, zwölf verletzt und schließlich sich selbst getötet hatte.[13] Im Einzelfall ist der kausale Zusammenhang zwischen Prozac und dem schrecklichen Geschehen sicher nicht immer hieb- und stichfest nachzuweisen. Doch die Häufung dieser Vorkommnisse muß besonnene Menschen alarmieren. Auch wenn nur ein kleiner Teil der Morde und Selbstmorde wirklich durch den Serotoninwiederaufnahmehemmer ausgelöst war, ist dies Grund genug, in Zukunft auf die Anwendung von Prozac und verwandten Substanzen zu verzichten.

Auch Kramer kommt an diesen Schilderungen nicht vorbei. Interessant, wie er sie zu entkräften versucht: »Im allgemeinen stellt es sich heraus, daß die Menschen, die behaupten, niemals suizidal gewesen zu sein, bevor sie Prozac nahmen, früher bereits suizidal waren, und daß diejenigen, die behaupten, niemals gewalttätig gewesen zu sein, schon früher mit Gewalt gedroht oder sie auch ausgeführt hatten.«[14]

»Im allgemeinen…« – Kramer ist offensichtlich bereit, die Gefahr einzugehen.

An einer anderen Stelle bezeichnet Kramer die durch Prozac ausgelöste Aggressivität sogar eindeutig als etwas Positives: »Zwischen dem, was Prozac bewirkt, und was die Gesellschaft verlangt, gibt es eine fast unheimliche Übereinstimmung. Um es genauer zu sagen: unsere Gesellschaft verlangt eine bestimmte Ellenbogenmentalität, Aggressivität und Durchsetzungsfähigkeit – Prozac macht's möglich.«[15] Traurig genug, daß wir in einer Gesellschaft leben, in der Ellenbogenmentalität und Aggressivität notwendige Bedingungen sind, um nicht unterzugehen. Daß ein Psychiater ein Psychopharmakon empfiehlt, das auf Grund seiner unerträglichen »Nebenwirkungen« zu Aggressionsdurchbrüchen führen kann, ist unfaßbar. Auch wenn solche Aggressionsdurchbrüche dem Betreffenden womöglich gelegentlich Vorteile bringen können – abzulehnen ist dies dennoch in jeder Hinsicht. Sinnvoll wäre es, die Hintergründe der – insbesondere in den USA – ständig zunehmenden gesellschaftlichen Gewalt zu analysieren. Auf Grund der dabei gewonnenen Erkenntnisse müßten unbedingt möglichst schnell Maßnahmen dagegen ergriffen werden. Doch Kramer zieht es vor, mit Hilfe seiner »Glückspille« seinen Adepten zu einer gesteigerten Aggressivität und einem verbesserten Durchsetzungsvermögen zu verhelfen.

Prozac Survivors Support Group

Die durch Prozac und die weiteren SSRI bewirkten Störungen und Schädigungen führten dazu, daß sich in den USA die »Prozac Survivors Support Group«, ein Zusammenschluß von ehemaligen KonsumentInnen und deren Freunden, gebildet hat. Die Gruppe vermittelt Informationen, Hilfe und Hinweise zur Selbsthilfe, und es werden auch Veranstaltungen zum Thema Prozac organisiert.[16] Die größten Probleme, mit denen sich diese Gruppe konfrontiert sieht, sind die durch Prozac ausgelöste Selbstmordneigung und die Gewalttätigkeit.

10

Weitere Wirkungen der selektiven Serotoninwiederaufnahmehemmer

»Nebenwirkungen«

Unruhe, Nervosität, Agitation, Angstzustände, Schlafstörungen, ungewöhnliche Träume bzw. Alpträume, sexuelle Störungen, Kopfschmerzen. Verdauungsstörungen, Übelkeit, Erbrechen, Durchfall, Verstopfung, Appetitmangel, Gewichtsverlust, Hautausschläge, Zittern, Benommenheit, Schläfrigkeit, verschwommenes Sehen, Störungen beim Wasserlassen, starkes Schwitzen und Mundtrockenheit sind »Nebenwirkungen« der SSRI.

In einer Studie wurde gefunden, daß mehr als 40 Prozent der Betroffenen über sexuelle Störungen klagten.[1] Alle möglichen Formen der Störung der Sexualität werden durch SSRI ausgelöst. Dazu gehören: fehlende Lust, Erektions- und Ejakulationsstörungen beim Mann, Orgasmusunfähigkeit bei Mann und Frau. In einer anderen Studie wurde sogar bei 75 Prozent der Männer verspätete Ejakulation oder Ejakulationsunfähigkeit festgestellt.[2]

Es ist hier zu beachten, daß das Ausmaß und die Häufigkeit der durch Psychopharmaka ausgelösten sexuellen Beschwerden oft unterschätzt werden. Wenn nur auf die spontanen Klagen der »PatientInnen« abgestellt wird, ergeben sich geringere Häufigkeiten, als wenn gezielt danach gefragt wird. Noch höhere Werte werden gefunden, wenn auf Fragebogen anonym darüber Auskunft gegeben werden kann – und dies entspricht der Wirklichkeit am besten. Dem allmächtigen Arzt gegenüber scheuen und schämen sich »PatientInnen« oft, von ihren Beschwerden zu erzählen. Dies gilt ganz allgemein. Deshalb werden die »Nebenwirkungen« bei »Behandlungen« mit Psychopharmaka grundsätzlich unterschätzt.

Im Bereich der Sexualität ist dieses Phänomen besonders deutlich.

Kramer selbst macht auf weitere »Nebenwirkungen« von Prozac aufmerksam. Doch er versucht erneut, deren Bedeutung herunterzuspielen: »Prozac hat Nebenwirkungen, wie das für alle Drogen [im Englischen werden auch Psychopharmaka und Arzneimittel ganz allgemein als Drogen bezeichnet, mr] gilt. (…), man könnte es nicht dem Trinkwasser beifügen, ohne einige Menschen krank zu machen. Prozac verursacht nicht selten Übelkeit, Appetitverlust, Nervosität, Schlaflosigkeit, Schläfrigkeit, Müdigkeit, Schwitzen, Hautausschläge, Schwindel und Kopfschmerzen. Seltener ist es in Verbindung gebracht worden mit einer Schädigung von dem einen oder anderen bis praktisch jedem Körpersystem und Organ – von Herzarrhythmie über Leberentzündung bis zur Störung der Schilddrüsenfunktion. Als Antidepressivum ist Prozac relativ ungefährlich; aber es gibt keine risikofreien Drogen.«[3]

Wieso bleibt Kramer trotz alldem ein glühender Befürworter von Prozac? Wieso will er es sogar Menschen geben, die sich nicht besonders schlecht fühlen, ja sogar denjenigen verschreiben, die nicht zufrieden sind, wenn es ihnen gutgeht, sondern sich »besser als gut« fühlen möchten? Und für diese Utopie setzt er seine »PatientInnen« all diesen Gefahren aus.

Eine unangenehme Wirkungskombination

Man stelle sich einmal vor, was sich in Menschen abspielt, die Serotoninwiederaufnahmehemmer zu sich nehmen: Unruhe, Angst, Kopfschmerzen, Schlaflosigkeit, verbunden mit Müdigkeit, Benommenheit, gleichzeitig ein ständiges Unwohlsein im Magen-Darm-Bereich. Eigentlich möchte man schlafen; doch die Unruhe ist so stark, daß Ruhe nicht auszuhalten ist. Schläft man dann endlich ein, stellen sich Alpträume ein. Nur wer fortwährend sich selbst davonzulaufen versucht, unablässig etwas unternimmt, der kann diesen Zustand aushalten. Es ist nicht verwunderlich, daß es so kaum möglich ist, auf andere Menschen einzugehen. Verständlich auch, daß die KonsumentInnen der SSRI gereizt sind und auch schnell aggressiv werden.

Unruhe und Schlaflosigkeit, die mit dem Konsum der SSRI verbunden sind, sind so unangenehm, daß in vielen Fällen gleichzeitig Benzodiazepine, Tranquilizer und Schlafmittel verordnet werden. Der SSRI sorgt für den nötigen Antrieb, das Benzodiazepin wird benötigt, weil die Betroffenen auch wieder einmal zur Ruhe kommen müssen. Da, wer Benzodiazepine zu sich nimmt, schnell abhängig wird (vgl. S. 177 f.), kann demnach als Folge des Konsums eines SSRI Benzodiazepinsucht entstehen. Kokain-KonsumentInnen befinden sich in einer vergleichbaren Situation. Auch sie nehmen zu Beruhigung und Ausgleich oft Benzodiazepine zu sich.

Im übrigen werden auch zusammen mit den Standardantidepressiva oft Benzodiazepine konsumiert. Dies obwohl die Trizyklika selbst im Gegensatz zu den SSRI eine dämpfende Wirkungskomponente haben. Die Herstellerfirma von Lofepramin (Gamonil), E. Merck, teilte kürzlich den Schweizer ÄrztInnen mit, »daß *nur* in 47 Prozent der Fälle zu Beginn eine begleitende Behandlung mit einem Tranquilizer oder einem (Ein-)Schlafmittel erforderlich war«.[4]

Kombinationen von SSRI mit anderen Psychopharmaka sind höchst gefährlich

Ein großes Problem ist die schlechte Kombinierbarkeit der Serotoninwiederaufnahmehemmer mit anderen Psychopharmaka. Gut untersucht in dieser Hinsicht ist Prozac. Gefährlich ist die Kombination von Prozac mit trizyklischen Antidepressiva. Sämtliche »Nebenwirkungen« werden verstärkt, und auch die Giftigkeit, das heißt die Schwelle, ab der eine Dosis gefährliche Schädigungen hervorruft, sinkt.[5]

Unbedingt vermieden werden muß die Kombination von SSRI mit Monoaminoxidasehemmern (vgl. S. 165 f.). Das Risiko, daß gefährliche Bluthochdruckkrisen auftreten, wird wesentlich vergrößert.[6] Wer MAO-Hemmer zu sich nimmt, muß mindestens 15 Tage warten, bis er, ohne wesentliche Gefahr, eine »Behandlung« mit Prozac beginnen kann, und wer Prozac zu sich nimmt, mindestens 35 Tage, bis er einen MAO-Hemmer schlucken darf.

Frau Professor Woggon aus Zürich erwähnt, daß es auf Grund einer Kombination des SSRI Citalopram (Deroxat, Seroxat) mit dem reversiblen Inhibitor der Monoaminoxidase A Moclobemid (Aurorix) zu Todesfällen gekommen sei.[7]

Prozac verstärkt die durch Neuroleptika ausgelösten extrapyramidalen Störungen, das heißt die Bewegungsstörungen.[8] Bei Menschen, die Lithium zu sich nehmen, führt Prozac zu einer Erhöhung der Lithiumkonzentration im Blut.[9] Dies verstärkt einerseits die »Nebenwirkungen«, andererseits kann es – da die therapeutische Breite von Lithium gering ist – rasch zu lebensgefährlichen Konzentrationen kommen. Die Kombination der SSRI mit Lithium sollte deshalb vermieden werden.

Diese schlechte Kombinierbarkeit der SSRI mit anderen Psychopharmaka zeigt einmal mehr, daß es sich hierbei nicht um harmlose Substanzen handelt. Vielmehr werden in einem solchen Fall jeweils zwei neurotoxische Wirkstoffe (Wirkstoffe, die giftig sind für das Zentralnervensystem) miteinander kombiniert. Wenn die SSRI so harmlos wären, wie immer wieder behauptet wird, dürfte ausschließlich die Giftigkeit der Substanz, die mit dem SSRI kombiniert wird, ins Gewicht fallen.

Besonders alte Menschen sind gefährdet

Viele der gefährlichen Wirkungen von Prozac kommen besonders bei alten Menschen zur Geltung. Ein großes Problem ist die lange Halbwertszeit (vgl. S. 192), also die Zeit, die verstreicht, bis die Hälfte des Wirkstoffs ausgeschieden ist. Dadurch erhöhen sich die Gefahren, die mit der »Behandlung« verbunden sind. Überdosierungen sind, weil die Substanz länger im Körper bleibt, gefährlicher. Speziell für den Einsatz bei alten Leuten, die möglicherweise Schluckbeschwerden haben, wird Prozac in flüssiger Form angeboten. Wird Prozac möglichst allen alten Menschen gegeben, braucht die Frage, wieso denn alte Menschen vermehrt traurig, resigniert oder »depressiv« sind, nicht mehr gestellt zu werden. Mit einer besseren Integration der »Alten« in unsere Gesellschaft kann kein Geld verdient werden, mit noch größeren Verkaufszahlen von Prozac dagegen schon. Klar, daß in unserer hektischen und erfolgsorientierten Zeit, in unserer Zeit des äußeren Scheins, des gestählten, muskulösen und straffen Körpers die Sorge um das Wohlergehen alter Menschen keinen Platz mehr hat. So werden ihnen Psychopharmaka in jeder Menge verschrieben – neben Antidepressiva auch Benzodiazepine (Tranquilizer und Schlafmittel) zur Beruhigung und für die Nacht, bei Erregung Neuroleptika usw. Alte Menschen müssen oft viele verschiedene Psychopharmaka zu sich nehmen. Dabei sind diese Kombinations-»Behandlungen« besonders bei ihnen sehr gefährlich.

Prozac führt zu Gewichtsabnahme, hemmt den Stoffwechsel anderer »Medikamente« und vergrößert die Gefahr, daß der Natriumspiegel sinkt. Alles Gründe, die Prozac zu einem für alte Menschen ungeeigneten »Medikament« machen.[10]

Die unkritische Abgabe von Psychopharmaka an die Alten, insbesondere an die Insassen von Alters- und Pflegeheimen, ist unmenschlich. Sie führt zu den verschiedensten psychischen und körperlichen Störungen, die oft mit Bettlägrigkeit verbunden sind.

Direkt oder indirekt bewirken solche »Behandlungen« damit oft den unnötigen und verfrühten Tod dieser Menschen.[11]
Im übrigen wird Prozac auch für Kinder und Jugendliche empfohlen.[12]

Die Serotoninwiederaufnahmehemmer schädigen feinabgestimmte Regulationsmechanismen

Auf einen Effekt der SSRI – die sogenannte Down-Regulation – wird viel zuwenig eingegangen. Ganz allgemein gilt, daß der lebende Körper einen von außen kommenden Eingriff zu kompensieren versucht. So reagiert er auf die Blockierung der Dopaminrezeptoren durch Neuroleptika mit einer Erhöhung der Zahl dieser Rezeptoren, was, wenn das Neuroleptikum abgesetzt wird, zu einer irreversiblen (bleibenden) vergrößerten Empfindlichkeit auf Dopamin führen kann. Bei den SSRI ist es genau umgekehrt. Die SSRI hemmen die Wiederaufnahme von Serotonin, das heißt, sie führen zu einer Erhöhung des Transmitters im synaptischen Spalt. Nun wäre als Reaktion des Organismus eine Abnahme der Zahl der Serotoninrezeptoren, eine Down-Regulation, zu erwarten. Genau dies wurde am Rattenhirn gemessen. Wenn Ratten Prozac erhalten, beginnt die Verminderung der Rezeptoren bereits nach zwei Tagen. Diese Verminderung ist weit verbreitet, sie findet auch im Stirnlappen und in der Hirnrinde statt. Je nach Hirnregion verschwinden bis zu 60 Prozent der Serotoninrezeptoren. Damit sind die betreffenden Gebiete weniger empfindlich für die Wirkung von Serotonin.[13]
Prozac und die weiteren SSRI sind selektive Serotoninwiederaufnahmehemmer. So wenigstens wird es behauptet. Diese Eigenschaft bestimmt ja auch ihren Namen. Aber die SSRI sind gar nicht so selektiv. Einer Studie zufolge, die im *Journal of Clinical Psychiatry* publiziert wurde, kommt es im Laufe einer »Behandlung« mit Prozac zu einer Reduktion der adrenergischen Rezeptoren.[14] Dies

läßt auf einen recht starken Effekt von Prozac auf das adrenergische Transmittersystem schließen. Bestätigt wird das durch den Befund, daß Prozac neben der deutlichen Hemmung der Wiederaufnahme von Serotonin auch – in etwas geringerem Grad – diejenige von Noradrenalin und Dopamin hemmt.[15] Also keine selektive Wirkung auf das Serotoninsystem. Mithin tragen die selektiven Serotoninwiederaufnahmehemmer ihren Namen zu Unrecht.

Ist die Verminderung der Zahl der Rezeptoren irreversibel?

Prozac bewirkt demnach, daß sowohl die Zahl der serotoninergen wie diejenigen der adrenergen Rezeptoren abnimmt. Dies sind alarmierende Befunde. Wie gesagt ist die Erhöhung der Zahl der Dopaminrezeptoren als Folge von Neuroleptika-»Behandlungen« oft irreversibel. Sie ist unter anderem Ursache der Spätdyskinesie, einer schweren neurologischen Beeinträchtigung der Neuroleptika-KonsumentInnen, die bleibend sein kann (vgl. S. 68). Diese schwerwiegenden Schädigungen wurden erst nach jahrzehntelanger Anwendung der Neuroleptika bekannt und anerkannt. Noch länger als bei den Neuroleptika dauerte es, bis bleibende Schädigungen im Zentralnervensystem auf Grund von »Behandlungen« mit Standardantidepressiva bekannt wurden (vgl. S. 31 f.). Wie die SSRI führen auch die Standardantidepressiva zu einer Verminderung der Zahl der Serotonin- und Noradrenalinrezeptoren.[16] Langzeitwirkungen werden erfahrungsgemäß in erster Linie zufällig entdeckt.[17] Die Bewilligung zur Einführung von Medikamenten jedoch wird leider jeweils erteilt, bevor die Frage von möglichen bleibenden Langzeitschädigungen geklärt ist.

Es würde kaum überraschen, wenn im Laufe der Zeit auch bleibende Schädigungen von SSRI-KonsumentInnen bekannt würden. Es wurde nämlich bis jetzt unterlassen, abzuklären, ob diese Verminderung der Rezeptorenzahl und -empfindlichkeit irreversibel und damit bleibend ist.[18] Dabei wären die nötigen Untersuchungen relativ einfach durchzuführen. Daß dennoch bislang darauf verzichtet wurde, ist leider nur allzu erklärlich. Die Entdeckung einer bleibenden Schädigung im Bereich des Zentralnervensystems (das heißt des Gehirns) durch die SSRI würde die Attraktivität dieser Psychopharmaka wesentlich vermindern. Damit würde sich der Gewinn der Pharmafirmen, die diese Substanzen produzieren, drastisch verringern. Offensichtlich hält der medizinisch-industrielle Komplex gut zusammen. ForscherInnen vermeiden es, Fragen anzugehen, die der Industrie nicht ins Konzept passen könnten. Ihre Abhängigkeit von den beteiligten Firmen steuert sichtlich ihr Denken und Handeln.

Verminderte Ausschüttung von Serotonin

Doch es kommt noch zu weiteren Reaktionen auf die durch die Einwirkung der SSRI erhöhte Serotoninkonzentration im Bereich der Synapse, das heißt an der Verbindungsstelle zwischen zwei Nervenzellen. Der Organismus reagiert mit verschiedenartigen Regulationsmaßnahmen auf äußere Einwirkungen. Die SSRI hemmen die Serotoninwiederaufnahme, dies führt zu einer ungewohnt hohen Serotoninkonzentration im synaptischen Spalt. Als weitere Reaktion – neben der Verminderung der Zahl der Serotoninrezeptoren – kommt es zu einer Verminderung oder gar zur Hemmung der weiteren Ausschüttung von Serotonin in die Synapse.[19] Was die SSRI bewirken, kann auf keinen Fall als sinnvolle Korrektur einer physiologischen Entgleisung bezeichnet werden. Zu simpel und schlicht falsch ist das Bild der entleerten Serotoninspeicher, die wieder aufgefüllt werden müssen. Nein, die SSRI stören auf grobe Weise fein aufeinander abgestimmte physiologische Regulationsmechanismen.

Die Transmittersysteme reagieren üblicherweise fein und schnell auf die verschiedensten Einflüsse. Diese Regulationsmechanismen werden durch Prozac grob gestört. Die normale Funktion des Gehirns wird empfindlich beeinträchtigt, und es besteht die Möglichkeit, daß diese Schädigung auf Dauer weiterbestehen kann. Es muß hier von einer Vergiftung gesprochen werden: SSRI sind Neurotoxine, keine sanft wirkenden Substanzen, die störende Ungleichgewichte zu korrigieren vermögen. Ein SSRI – Zimeldin – mußte wegen neurologischer Komplikationen vom Markt genommen werden.

Kurzfristig führt Prozac zwar zu einer erhöhten Serotoninaktivität. Reaktiv kommt es jedoch zu einer weitgehend verminderten Aktivität dieses Transmitters, weil die Zahl der Serotoninrezeptoren stark abnimmt und weil weniger Serotonin ausgeschüttet wird. Auf die Dauer kommt es demnach zu einer verminderten Serotoninwirkung. Wenn die Serotoninmangel-Hypothese der Depression richtig wäre, müßten die SSRI schwerste Depressionen bewirken.

Wie eine Pharmafirma die »Patienten« informiert

Boehringer Ingelheim, neben Pfizer Herstellerfirma des SSRI Sertralin (Gladem), verbreitet das simplifizierende Bild der entleerten Serotoninspeicher, die wieder aufgefüllt werden müssen.

Die Firma hat einen an die »PatientInnen« gerichteten, farbig illustrierten Merkzettel verfaßt. Unten auf dem Blatt ist ein als Folge der »Behandlung« mit Gladem wieder glücklich gewordener Mann zu sehen:

»Was geht in meinem Körper vor?
Im Hirn des Menschen gibt es körpereigene Amine, die als Überträgerstoffe bzw. Vermittler dienen.

Einer davon ist Serotonin. Es ist verantwortlich für Glücksempfindungen, gute Laune und innere Ausgeglichenheit.

Manchmal sinkt dieser körpereigene Serotoningehalt extrem stark ab, ähnlich einem Speicher, der entleert wird. Die Folge ist eine getrübte Stimmung, Angst etc.

Das Medikament gladem® füllt diese Speicher wieder auf. So wird die Stimmung aufgehellt, und Ängste verschwinden allmählich.

Für die Speicherfüllung dauert es einige Zeit. Es hat für die Entleerung auch viel Zeit gebraucht.

Die medikamentöse Therapie dauert deshalb längere Zeit und sollte auch bei spürbarer Verbesserung weitergeführt werden – so lange, bis Ihre Speicher wieder prall gefüllt sind.

Erst dann erhalten Sie die nötige Energie, den Alltag anzupacken, um mit Verstimmungen und Ängsten fertig zu werden.«

Auf der Vorderseite des Infoblattes ist der Slogan »glad again« (wieder froh) zu lesen. »Glad again« klingt ganz ähnlich wie Gladem. Der depressive Mensch erscheint in dieser Darstellung als Opfer seiner schlecht funktionierenden Biochemie. Davon, daß es hier um die menschliche Seele geht, merkt man kaum etwas. Auffällig auch der wohlwollend-belehrende Stil des Merkblattes. So sprechen schlechte Lehrer mit ihren Schülern. Was hier als Tatsachen ausgegeben wird, sind nichts anderes als unbewiesene Hypothesen. Verheerend, daß der »Patient« ausschließlich mit dieser einseitigen Interpretation seines Zustandes konfrontiert wird. Er verliert dadurch die Möglichkeit, aus eigener Kraft etwas zu unternehmen, was seine Situation verbessern könnte. Davon, daß die psychische Befindlichkeit mit Konflikten, Auseinandersetzungen, mit der Biographie, mit Verdrängungen zu tun hat, ist keine Rede. Dieses biologistisch-mechanistische Machwerk soll vor allem der Herstellerfirma dienen, denn diese neuen »Wundermittel«, die SSRI, haben vor allem eine herausragende Eigenschaft, die sie von allen anderen Psychopharmaka unterscheidet: Sie sind sehr teuer.

Doch die pharmazeutische Industrie steht nicht allein da mit dieser biologistischen Sicht der menschlichen Psyche. Der Psychiatrieprofessor Raimond Battegay aus Basel bezeichnete 1991 die depressive Befindlichkeit als die »subjektive Seite der biochemischen Störung«.[20] Auch für ihn ist demnach die biochemische Störung das Primäre und das seelische Erleben sekundär oder, anders ausgedrückt, die Seele ein Anhängsel der Biologie des Menschen. Interessanterweise machte er seine Aussage auf einer Informationstagung, die von der Firma Hoffmann-La Roche veranstaltet wurde. Roche wirbt seit einiger Zeit mit großem Aufwand für ihr neues Antidepressivum, den selektiven Hemmer der Monoaminoxidase A Moclobemid (Aurorix), ein Konkurrenzprodukt der bis jetzt erfolgreicheren SSRI (vgl. S. 166 ff.).

Von diesen hypothetischen entleerten Serotoninspeichern wird immer wieder gesprochen. Das ist nicht eine Erfindung der Gladem-Werbung. Dennoch ist dies nichts anderes als eine Behauptung – eine Behauptung, die sich für diejenigen, die mechanistisch denken, gut anhört. Der Serotoninmangel als Ursache der Depression ist eine Hypothese, die sich als falsch erwiesen hat.

11

Was bestimmt den Menschen – die Biologie oder die Gesellschaft?

Ist die Persönlichkeit nichts als Chemie?

»Für viele Leute ist der Gedanke erschreckend, daß Persönlichkeit letztlich ›nur‹ Chemie sein soll«, ist im Prozac-Artikel in der *Neuen Zürcher Zeitung*[1] zu lesen. In der Tat wäre dieser Gedanke erschreckend, wenn er sich als wahr erweisen würde. Doch ist das bis jetzt in keiner Weise geschehen und wird – davon bin ich überzeugt – niemals der Fall sein. Man spricht heute viel von Neurotransmittern, Stoffen, die für die Übertragung der Erregung von einer Nervenzelle auf die andere verantwortlich sind (vgl. S. 70). Die Meinung verbreitet sich, daß Psychopharmaka wie Prozac durch ihre Wirkung auf bestimmte Neurotransmittersysteme die psychische Befindlichkeit des Menschen gezielt beeinflussen und verändern können. *Psychologie heute* spricht dementsprechend im Zusammenhang mit Prozac von der »Designer-Psyche«, von der maßgeschneiderten Psyche.[2]

Unbestritten ist, daß gewisse Veränderungen der Konzentration verschiedener Neurotransmitter in bestimmten Bereichen des Gehirns gemessen werden können; doch selbstverständlich nicht am lebenden Menschen (vgl. S. 81). Über die Auswirkung dieser Veränderung auf das psychische Befinden des Menschen werden Spekulationen und Hypothesen feilgeboten – mehr nicht. Auf einem Symposium zum Thema Fluvoxamin, einem weiteren SSRI, bezeichnete Professor Pierre Pichot aus Paris die Hypothese über den Zusammenhang zwischen der psychischen Wirkung der Antidepressiva und ihrem Effekt auf die Neurotransmitter als Phantasie.[3] Pichot, Mitglied der »Académie National de Médecine«, sagt zu-

dem, daß bezüglich der Wirkung der Antidepressiva, mit eingeschlossen die SSRI, bis jetzt nicht einmal überzeugende Theorien
aufgestellt werden konnten.

Dabei darf nicht vergessen werden, was eine Theorie ist: Auch eine
überzeugende Theorie darf niemals mit der Wahrheit gleichgesetzt
werden. Pichot ist wenigstens ehrlich, wenn er auch nicht den einzig
sinnvollen, zu seiner Erkenntnis passenden Schluß zieht; Substanzen, deren Wirkung dermaßen unklar ist, überhaupt nicht anzuwenden. Auch J. Fritze von der psychiatrischen Klinik der Universität
Würzburg sieht klar, wie gering das Wissen über die Biologie der
Depression ist: »Der direkte Nachweis von die Erkrankung hinrei-
chend erklärenden Störungen auf Ebene der Transmitter, Metaboliten [Stoffwechselprodukte, mr] und Rezeptoren scheiterte bisher.«[4]

Im Zusammenhang mit der vor allem von Kramer hochgespielten
»sensationellen« Wirkung von Prozac auf die Persönlichkeit werden
Spekulationen über die biologische Bedingtheit der menschlichen
Psyche herumgeboten. Doch die Befunde sind dürftig, und die
Hypothesen gehören ins Reich der Phantasie. Wir wissen praktisch
nichts, das ist das einzige, was heute ehrlicherweise über den Zusammenhang zwischen Transmitterkonzentrationen und der menschlichen Persönlichkeit gesagt werden kann. Zudem sind die Beeinflus-
sungen der Transmittersysteme, die wir mit Psychopharmaka und
Drogen zustande bringen, unspezifisch und grob – vergleichbar
etwa mit Hammerschlägen auf den Kopf. Es handelt sich dabei
keinesfalls um feine, gezielte und begrenzte Eingriffe.

Die Gesellschaft gräbt sich ein in den Keim allen Lebens

Nein, die menschliche Seele kann nicht auf biochemische Mechanismen reduziert werden. Diejenigen, die die Biologie überbetonen,
vergessen, wie sehr unser Sein gesellschaftlich bestimmt ist.

Die Gesellschaft gräbt sich ein in den Keim allen Lebens. Eine wichtige Aussage, gemacht hat sie der Soziologe Russel Jacoby.[5] Die gesellschaftliche Situation bestimmt nicht nur den äußeren Ablauf des Geschehens, unseres Berufs- und Privatlebens. Sie gräbt sich tiefer ein, bestimmt unsere innersten Bereiche, unsere Identität, unsere Beziehungen, unser Sein.

Klar, daß die heutigen gesellschaftlichen Vorgaben den Menschen keine klare Orientierung, keine Identitätsstützen zu geben vermögen. Haltlos trudeln wir durchs Leben, klammern uns an Äußerlichkeiten, die kaum weiterhelfen. Die dadurch bedingte Unsicherheit des heutigen Menschen kann als Norm bezeichnet werden. Die Unsicherheit, der Mißmut, die Ängste, die einen Großteil der Bevölkerung quälen und lähmen, sind gesellschaftlich bedingt. Es handelt sich dabei keineswegs um ein individuelles Versagen, noch viel weniger um eine biologisch bedingte psychische Problematik.

Doch die Gesellschaft ist nicht nur Ursache dieser Problematik – sie verurteilt gleichzeitig deren »Symptome«. Die gesellschaftlich bedingte Verzweiflung darf nicht sichtbar werden, das ist die deutliche Botschaft, der wir alle ausgesetzt sind. Innerlich verzweifelt, ängstlich, unsicher; von außen gesehen glücklich, aufgestellt, zufrieden, unternehmungslustig, kommunikationsfreudig – das paßt nicht zusammen. Der heutige Mensch ist zerrissen, gespalten. Er wird nur dann anerkannt und geschätzt, wenn er seine innerliche Befindlichkeit zu verstecken vermag. Schlechte Gefühle sind unerwünscht.

Es gibt verschiedene Möglichkeiten, mit diesem Widerspruch umzugehen. Viel gewonnen hat schon derjenige, der ihn bewußt erkennt. Er hat die Möglichkeit, bewußt eine Rolle zu spielen und dort, wo ihm das nötig erscheint, das Gesicht zu zeigen, das von der Gesellschaft erwartet wird. Gleichzeitig kann er im privaten Bereich, im Kontakt mit Menschen, die ihm wohlgesinnt sind, die seine Analyse der Situation mit ihm teilen, offen sein, sein wahres, verunsichertes Wesen zeigen. Doch nur wenigen gelingt das.

Zu tief verwurzelt ist das Gefühl des eigenen Verschuldens. Wir alle neigen dazu, den Fehler bei uns selbst zu suchen. Sind wir unglücklich, muß das mit uns selbst, mit unserem eigenen Minderwert zu tun haben. Doch unsere Verunsicherung und Verzweiflung kann sehr wohl eine Folge der ungünstigen allgemeinen Lebenssituation sein.

Der »störende« Mensch wird angepaßt oder ausgemerzt

Es wird versucht, den Menschen an die unerfreulichen Lebensbedingungen anzupassen. Das ist es, wozu die »Glückspillen« und weitere psychoaktive Substanzen dienen. Der Mensch, der die gesellschaftlichen Verhältnisse nicht mehr erträgt, wird chemisch angepaßt, manipuliert. So erübrigt sich die andere Möglichkeit, die weitaus sinnvoller wäre: Die Analyse der verfahrenen gesellschaftlichen Situation müßte die Grundlage dazu abgeben, sinnvolle Wege der Veränderung unserer Lebensbedingungen zu suchen.

Die Entwicklung jedoch weist in eine andere Richtung. So wird denn also der Mensch bzw. dessen Seele chemisch verändert – so, daß er möglichst nicht auffällt, so, daß er sich verhält, wie das allgemein erwünscht ist, und insbesondere so, daß er die herrschenden Mißstände nicht zu hinterfragen beginnt. Er soll nicht erkennen, daß die Mächtigen unsere Gesellschaft in den Untergang treiben, sich jedenfalls nicht scheuen, diesen Untergang voll bewußt zu riskieren. Luftverschmutzung, Gefahr der atomaren Verseuchung, Kriegsgefahr, – um nur ein paar Stichworte zu nennen – es ist einfach, braucht keineswegs einen überragenden Verstand, um Auswege aus der verfahrenen Situation aufzuzeigen, um zu erkennen, daß – trotz besseren Wissens – die sinnvollen Maßnahmen nicht ergriffen werden. Es wird weiter produziert, es wird weiter konsumiert – um die Folgen kümmert sich kaum jemand. Und es bleibt nicht einmal bei der chemischen Manipulation der menschlichen Seele. Schon sie ist selbstverständlich schlimm genug.

Die Anpassung des Menschen an die heutigen widrigen Lebensumstände mit Psychopharmaka scheint die PsychiaterInnen noch nicht endgültig zu befriedigen. Der störende Mensch soll abgeschafft werden, das ist ihr Ziel. Dazu verhelfen soll die Gentechnologie. Fieberhaft wird geforscht. Es soll herausgefunden werden, welche Menschen später einmal psychisch gestört sein können. Es wird versucht, psychische »Krankheiten« bestimmten Genen auf bestimmten Chromosomen zuzuordnen. Mit diesem Wissen könnte die Bevölkerung durchgetestet werden. Das »kranke Gen« könnte auch bei psychisch unauffälligen Menschen ausfindig gemacht werden. Sie könnten vorbeugend mit Psychopharmaka »behandelt« werden, und es könnte verhindert werden, daß sie sich fortpflanzen. Damit wäre der Reproduktion des »schlechten Genmaterials« ein Riegel vorgeschoben. Pränatal diagnostisch ließe sich sogar bereits während der Schwangerschaft feststellen, welche Kinder später einmal psychisch »erkranken« könnten. Diese Schwangerschaften würden selbstverständlich sofort unterbrochen.

Wenn immer möglich soll der Mensch angepaßt werden; diejenigen jedoch, die den Lebensbedingungen der Gesellschaft auf Grund ihrer genetischen Disposition nicht gewachsen sind, sollen präventiv ausgemerzt werden. Glücklicherweise hat die Forschung, die auf dieses verhängnisvolle Ziel hinstrebt, vorläufig nichts als Mißerfolge bzw. »Erfolge«, die sich später als Mißerfolge herausstellten, erbracht. Doch es wird unverdrossen weitergeforscht. Die Idee, die Menschheit auf diesem Weg zu »verbessern«, wird keineswegs fallengelassen.[6] Es zeigt sich hier, daß die Psychiater das Ziel der Eugenik, die Menschheit durch gezielte Zucht zu verbessern, noch immer nicht aufgegeben haben.

Die Rückbesinnung des Menschen auf sich selbst wird möglichst unterbunden

Was verhindert werden soll, ist die Rückbesinnung des Menschen auf sich selbst. Eine kritische Analyse der eigenen Situation wäre für jede Frau und jeden Mann dringend notwendig: Wie steht es um mich? Wie geht es meinem Körper, wie meiner Seele? Womit bin ich zufrieden? Was fehlt mir? Was sind meine Hoffnungen, meine Wünsche? Was tut mir gut? Was schadet mir? Wer sich diesen Fragen ehrlich stellt und sie beantwortet, der fährt besser als derjenige, der sich vom Arzt Prozac verschreiben läßt oder – beflügelt durch Ecstasy – in den Partyrausch flüchtet. Diese Rückbesinnung auf sich selbst und damit zusammenhängende Versuche, die eigene Lebenssituation zu verbessern, bedeuten selbstverständlich nicht die schnelle Lösung, die die psychoaktiven Substanzen versprechen. Sie steht deshalb nicht hoch im Kurs. Die Psychiatrie wendet sich zunehmend ab von der Psychotherapie, der sie sich ein kleines bißchen geöffnet hatte.

Der biologische Weg, Psychopharmaka – das ist es, was die Psychiatrie heute anzubieten hat, sonst kaum etwas. Rückbesinnung auf sich selbst hat keinen hohen Stellenwert. Damit läßt sich wenig verdienen, davon profitiert die Wirtschaft nicht. Und dazu kommt, daß Menschen, die ihre Situation und damit auch die Situation der Gesellschaft klar erkannt haben, gefährlich werden können. Sie könnten Sand ins Getriebe streuen, andere dazu animieren, auszusteigen aus dem Zug, der unsere Gesellschaft ins sichere Verderben führt.

SSRI für jedermann – auch vorbeugend

Doch all dies beschäftigt kaum jemanden. Wir gehen einer Gesellschaft entgegen, wo jedermann unter der Wirkung von psychoaktiven Substanzen steht – seien das Psychopharmaka, Alkohol oder illegale Drogen.

Prozac hat, vor allem unter dem Einfluß von Kramers Buch *Listening to Prozac*, eine Ausweitung seiner Anwendung auf jede Störung der Befindlichkeit gefunden. Wer will sich denn nicht »besser als gut« fühlen? Wer ist schon jeden Tag hundertprozentig fit? Im Grunde ist damit jeder und jede mögliche Prozac-KonsumentInnen angesprochen. Doch auch das genügt den Befürwortern der »Glückspille« noch immer nicht.

Professor Feigner aus San Diego empfiehlt für »PatientInnen«, die als »endogen depressiv« diagnostiziert worden sind, eine vorbeugende »Behandlung« mit SSRI in der vollen therapeutischen Dosierung. Damit erschließt sich den Produzenten dieser Psychopharmaka eine weitere Einnahmequelle. Jahrelang sollen also Menschen, die einmal depressiv waren, SSRI zu sich nehmen. Und Feigner wagt es, in diesem Zusammenhang von verminderten Kosten zu sprechen. Eine »Behandlung«, die nicht mehr bringt als ein beliebiges Placebo, soll Kosten vermeiden? Absurd. Im Grunde soll jeder, der einen SSRI zu sich nimmt, dies bis zu seinem Lebensende tun. Die Aussage von Feigner findet sich in einer Sammlung von Zusammenfassungen der Vorträge eines Symposiums, das in Budapest im Oktober 1993 stattfand.[7] Verschickt wurden diese »Extended Abstracts« von SmithKline Beecham an ÄrztInnen. SmithKline Beecham ist die Herstellerfirma des SSRI Paroxetin (Deroxat, Seroxat).

Die einen nehmen SSRI, weil sie sich »besser als gut« fühlen möchten, die anderen, weil sie befürchten, wieder depressiv zu werden. Es ist wohl schwieriger festzuhalten, für wen eine »Behandlung« mit SSRI *nicht* in Frage kommt, als anzugeben, wer – der Ansicht irgendwelcher Autoritäten zufolge – unbedingt diese Pharmaka zu sich nehmen sollte.

Die selektiven Serotoninwiederaufnahmehemmer als Allheilmittel

Herstellerfirmen versuchen die Indikationen für SSRI laufend zu erweitern. Die neuen Wirkstoffe sollen nicht nur bei Depressionen, sondern bei vielen weiteren »Störungen« angewendet werden. Dazu gehören: Angstmodulation und Anxiolyse (d.h. die »Behandlung« der Angst), Stimmungsregulation, Impulskontrolle, Panikstörungen, Alkoholabhängigkeit.[8] Besonders fällt in dieser Diagnoseliste die Impulskontrolle auf. Und daraus, daß die SSRI mit dieser Indikation eingesetzt werden, wird gleich auch die Hypothese konstruiert, daß ein schwerfälliges Serotoninsystem verantwortlich sein soll für einen Verlust der Impulskontrolle, der zu unkontrollierbaren Zuständen wie Aggressivität, Mord und Selbstmord führen könne.[9]

In den USA wurde diese Hypothese sehr populär, sie dient der Erklärung der unablässig zunehmenden Gewalt, der die Behörden nicht Herr werden. Diese Hypothese dient einmal mehr dazu, schwerwiegende soziale Probleme biologisch zu erklären. Gesellschaftliche Schwierigkeiten sollen mit einem Psychopharmakon gelöst werden, das träg gewordene Serotoninsystem soll durch die SSRI wieder aktiviert werden. Das sind fahrlässige Hypothesen, sie lenken von gesellschaftlichen Mißständen ab und verhindern, daß Lösungsmöglichkeiten gefunden werden. Ein Nutzen ergibt sich daraus allenfalls für die Herstellerfirmen der SSRI, insbesondere für Eli Lilly, die mit Prozac den weltweit meistverkauften SSRI produziert. Aus einem weiteren Grund ist diese Hypothese gefährlich: Angst, Panik, Suizidalität und Aggressivität sollen mit SSRI behandelt werden, obwohl klar erwiesen ist, daß die SSRI all das – nämlich Angst, Selbstmord und Gewalttätigkeit – auslösen können. Sie bewirken genau das, was sie beheben sollen. Da wird versucht, den Teufel mit dem Beelzebub auszutreiben. Doch das ist im Bereich der Psychopharmaka keine Seltenheit: So erhält, wer halluziniert, von den PsychiaterInnen praktisch immer Neuroleptika. Doch Neuroleptika können delirante Syndrome auslösen, das heißt bewirken, daß die KonsumentInnen zu halluzinieren beginnen.

Eine breite Palette der psychischen »Störungen« wird biologisiert

Prozac und die weiteren SSRI werden neben der »Depression« zur »Behandlung« von Zwangskrankheiten, Panikstörungen, Eß-Brech-sucht (Bulimie), für das prämenstruelle Syndrom, Drogensucht, das hyperkinetische Syndrom bei Kindern (Aufmerksamkeits- und Hyperaktivitätsstörung) und vieles andere mehr propagiert und auch eingesetzt. Sobald bei einer »Störung« Prozac angewendet wird, gilt sie als biologisch bedingt. Als wäre das ein Beweis. Das ist ein verhängnisvoller Mechanismus. Mit der zunehmend breiter gestreuten Verwendung von Prozac wird ein weiter Bereich der psychischen »Störungen« biologisiert. Dabei könnten die erwähnten »Störungen« mit guten Gründen als psychisch ausgelöst betrachtet werden.

Wie soll denn Serotoninmangel so viele verschiedenartige »Störungen« verursachen?

Dabei zeigt diese breite Anwendung von Prozac etwas völlig anderes auf. Anfänglich nahm man unter anderem an, daß ein Serotonin-mangel Ursache der Depression sei. Da Prozac als Serotoninwieder-aufnahmehemmer zu einer Erhöhung der Serotoninkonzentration im synaptischen Spalt führt, war es gemäß dieser Hypothese sinn-voll, die SSRI zur »Behandlung« der Depression einzusetzen. Auch die vielen weiteren »Störungen«, die nun mit Prozac »behandelt«

werden, müßten also alle auf einen Serotoninmangel zurückzuführen sein. Aber wieso bewirkt denn Serotoninmangel einmal eine
»Depression«, ein andermal eine »Zwangsstörung« oder gar eine
»Bulimie«? Wenn Prozac gelegentlich günstig wirkt bei diesen »Störungen«, kann es sich um nichts anderes handeln als um den
Placeboeffekt. Da Prozac infolge seiner »Nebenwirkungen« als aktives Placebo wirkt, ist das zu erwarten (vgl. S. 46).

12

Es geht um Milliarden

Die SSRI sind ein Riesengeschäft. Das darf bei der Beurteilung dieser Psychopharmaka nie vergessen werden. Prozac wurde in kurzer Zeit das meistverschriebene Psychopharmakon überhaupt. Es geht um Milliarden, und alle wollen sich einen möglichst großen Teil dieses Kuchens sichern. Und wenn es um derartige Riesensummen geht, wird der Kampf hart geführt. Das Wohl des »Patienten« und der »Patientin« tritt dann noch weiter in den Hintergrund, als dies üblicherweise der Fall ist, wenn es um die Vermarktung der Produkte der pharmazeutischen Industrie geht. Die Antidepressiva sind heute bereits das große Geschäft, das sogar noch weiteres Wachstum verspricht. Eli Lilly ist mit Prozac der Konkurrenz einen Schritt voraus. Die Hersteller der weiteren SSRI versuchen mitzuhalten; gleichzeitig gehen auch die Firmen, die die sogenannten Standardantidepressiva – die trizyklischen Substanzen wie Amitriptylin (Saroten, Laroxyl) und Imipramin (Tofranil) – vertreiben, in die Offensive. Und nicht zuletzt wird behauptet, daß die neue Generation der Monoaminoxidasehemmer große Vorteile biete. Viele Firmen, die ein Produkt einer dieser drei Substanzgruppen im Angebot haben, streiten sich um den Markt. Es kann nicht alles wahr sein, was da behauptet wird. Zu widersprüchlich sind die Aussagen. Und alle werden als wissenschaftliche Resultate ausgegeben, als Frucht seriöser Forschung.

Diese erstaunliche Tatsache verlangt eine Erklärung: Die forschenden PsychiaterInnen sind immer an eine der interessierten Pharmafirmen gebunden; von ihr beziehen sie Gelder, ihren Produkten gilt in erster Linie die Aufmerksamkeit. Und so fallen denn die Resultate auch meist entsprechend den Hoffnungen und Interessen der jeweiligen Firma aus. Im Grunde ist jeweils bereits im voraus klar, was die Resultate der verschiedenen Studien ergeben werden: Das untersuchte Antidepressivum wird besser abschneiden als die Konkurrenzprodukte.

Die »Compliance«

Die Befürworter der SSRI sprechen oft und viel von der sogenannten »Compliance«. Sie wird definiert als »Bereitschaft, Mitarbeit, Mitmachen des Patienten«. Es geht mit anderen Worten um die Frage, ob der Betroffene die »Medikamente« brav schluckt, sie gelegentlich wegläßt oder ganz absetzt – letzteres wird als »Non-Compliance« bezeichnet. Die »Compliance« sei bei den SSRI besonders gut. Als Grund dafür wird angegeben, daß die »Nebenwirkungen« äußerst gering seien. An diesem Punkt setzen die PsychiaterInnen an, denen – so scheint es wenigstens – das Wohlergehen gewisser Pharmafirmen am Herzen liegt. Sie versteigen sich zu abenteuerlichen Überlegungen. Die SSRI, so wird immer wieder behauptet, helfen Geld sparen. Bei den SSRI gebe es seltener »Behandlungs«-Abbrüche. Dies führe dazu, daß die »PatientInnen« früher wieder arbeitsfähig seien, was die Gesamtkosten vermindere. Das behauptet beispielsweise Professor Gilmann aus San Diego (USA) in einer Publikation, die unterstützt wird von SmithKline Beecham, Herstellerfirma des SSRI Paroxetin (Deroxat, Seroxat).[1] Um diese Behauptung von Gilmann zu beurteilen, sind zwei Punkte wesentlich: Einerseits wirken, wie hier ausführlich gezeigt wurde, die SSRI nicht besser gegen Depressionen als ein Placebo. Andererseits sind die SSRI sehr teure »Medikamente«, wesentlich teurer als ihre wichtigsten Konkurrenzprodukte, die Standardantidepressiva. Ich habe nachgerechnet, was zwei »Behandlungs«-Wochen (durchschnittliche Dosierung) für die zwei bekanntesten trizyklischen Standardantidepressiva und für zwei selektive Serotoninwiederaufnahmehemmer in der Schweiz kosten.

SSRI:
Fluvoxamin (Floxyfral)   sFr. 68.--
Fluoxetin (Fluctine, Prozac)   sFr. 50.40

Trizyklische Antidepressiva:
Amitriptylin (Tryptizol)   sFr. 9.50
Imipramin (Tofranil)   sFr. 18.65

Bei diesen Preisen muß berücksichtigt werden, daß – wie beispielsweise Solvay-Duphar, die Herstellerfirma von Floxyfral, betont[2] –
nach Empfehlung der Weltgesundheitsorganisation eine »Behandlung« mit Antidepressiva mindestens sechs Monate nach der Remission (Verschwinden der »Symptome«) weitergeführt werden soll.
Eine »Behandlung« mit einem SSRI kommt den »Patienten« bzw.
seine Krankenkasse also fünf- bis siebenmal teurer zu stehen, als
wenn er das Standardantidepressivum Amitriptylin erhält.

Werden die selektiven Serotoninwiederaufnahmehemmer öfter wegen störender »Nebenwirkungen« abgesetzt?

Niemand behauptet, daß SSRI bei Depressionen besser wirken als
die Standardantidepressiva. Die geringeren Nebenwirkungen, die
bessere Compliance, das ist es, was bei Substanzen wie Fluvoxamin
(Fevarin, Floxyfral) und Fluoxetin (Prozac) hervorgehoben wird.
Doch nun wird von namhaften Autoren auch dies bestritten.
Auf einem Kongreß in Frankfurt wurde Ende August 1994 eine umfassende Untersuchung vorgestellt, die das beweisen sollte: 51
Doppelblindstudien mit verschiedenen SSRI wurden mit 22 Doppelblindstudien verglichen, bei denen Amitriptylin der Wirkstoff
war.
Die SSRI wurden wegen ihrer Nebenwirkungen (Magen-Darm-Be-
schwerden) viermal häufiger abgesetzt als Amitriptylin. Deshalb
wird empfohlen, Trizyklika, insbesondere Amitriptylin, weiterhin
als Antidepressiva der ersten Wahl einzusetzen.[3]

Was stimmt denn nun? Leiden die KonsumentInnen der SSRI oder diejenigen, die Standardantidepressiva zu sich nehmen, stärker unter »Nebenwirkungen«? Zweifellos sind die SSRI in ihrer Wirkung unangenehmer, als immer behauptet wird. Zweifellos gibt es viele, die diese Antidepressiva absetzen, weil sie unter den »Nebenwirkungen« leiden. Die Standardantidepressiva sind aber auch äußerst unangenehme »Medikamente«. Dem bekannten Psychopharmakologen Gerd Laux aus Würzburg zufolge[4] beklagen sich ein Viertel bis die Hälfte der KonsumentInnen von Standardantidepressiva über unerwünschte Wirkungen. Dies führt in vielen Fällen zum »Behandlungs«-Abbruch. Ein Hinweis darauf, weshalb in der genannten Untersuchung Amitriptylin so gut abschnitt, ergibt sich vielleicht daraus, daß die Fachkonferenz, auf der die Ergebnisse der Untersuchung präsentiert worden sind, von der Firma Bayer organisiert wurde. Und Bayer will neuerdings Amitriptylin-retard-Tabletten à 75 mg vertreiben. Amitriptylin retard war bisher nur in Form von Kapseln à 50 mg, hergestellt von der Firma Lundbeck, im Handel.

In einer anderen großen Studie wurde kein signifikanter Unterschied bezüglich der »Behandlungs«-Abbrüche gefunden. Sowohl bei den SSRI wie auch bei den Trizyklika war es ziemlich genau ein Drittel der »PatientInnen«, die das Psychopharmakon aus eigenem Entschluß gegen den Rat des Arztes absetzten.[5] Die Autoren dieser Studie kommen zu dem Schluß, daß die SSRI im Vergleich zu den trizyklischen Antidepressiva keine Vorteile bieten würden. Dies ist auch die Meinung des erfahrenen Klinikers Asmus Finzen, Psychiatrieprofessor in Basel. In seiner Klinik wendet er praktisch ausschließlich das Standardantidepressivum Amitriptylin an.[6]

Die Befürworter der SSRI schlagen zurück

Offensichtlich konnten die Hersteller der SSRI die Offensive der
Standardantidepressiva-Befürworter nicht auf sich sitzen lassen. Sie
wollen sich ihren Marktanteil nicht nehmen lassen. Die Oktober-
nummer (1994) der Zeitschrift *International Medical News* (IMN)[7]
erhielt ich, wie so vieles andere mehr, gratis zugeschickt. Darin wird
über ein Symposium berichtet, das in Washington stattgefunden
hatte. Auf Seite 1 wird gleich »Klartext« geredet: In Beweisstudien
habe sich gezeigt, daß bei Langzeit-»Behandlungen« die Arneimittel-
sicherheit, -verträglichkeit und Compliance der SSRI besser sei als
diejenige der Trizyklika. Der aufmerksame Leser fragt sich, wieso
hier ausdrücklich Langzeit-»Behandlungen« erwähnt werden.
Schneiden denn vielleicht die SSRI bei kurzfristigen »Behandlungen« weniger gut ab? (Genau dies wird effektiv an anderer Stelle von
Prof. Lecrubier bestätigt.[8]) Ebenfalls auf Seite 1 von IMN wird empfohlen, die SSRI von jetzt an als Therapie der Wahl bei Depressionen einzusetzen und Trizyklika aufgrund ihrer mangelnden Eig-
nung in der ärztlichen Praxis nicht länger anzuwenden. Und wieder
wird die gewagte Behauptung aufgestellt, SSRI-»Behandlungen«
würden weniger kosten.´

Zynisches Argument

Und wie schon bei Valium wird damit geworben, daß es schwieriger
sei, sich mit einem SSRI als mit einem Standardantidepressivum
umzubringen.[9] Das stimmt wohl wirklich, sind doch die Standardantidepressiva sehr toxisch. Wenn sie überdosiert werden, gehören sie zu den gefährlichsten Verbindungen überhaupt.[10] Es wird
geschätzt, daß von einer Million »PatientInnen«, die Amitriptilyn
zu sich nehmen, 166 auf Grund einer vorsätzlichen oder versehent-
lichen Überdosierung sterben.[11] Dennoch ist ein derartiges Argu-

ment außerordentlich zynisch. IMN zufolge haben ambulante Patienten meist Medikamente für zwei Wochen bei sich zu Hause, »eine Menge, die für Trizyklika lebensbedrohlich ist, nicht aber für SSRI«. Wenn die Überlegenheit einer Substanz über eine andere allein darin besteht, daß die eine bei Überdosierungen etwas weniger gefährlich ist, dann sollte darauf doch wohl endgültig verzichtet werden.

Fragwürdig wird dieses Argument auch angesichts der Tatsache, daß sowohl Standardantidepressiva als auch die SSRI, letztere aber stärker, die Selbstmordneigung vergrößern.

Weiter werden in den *International Medical News* die Vorteile des SSRI Fluvoxamin (Floxyfral) gegenüber dem SSRI Paroxetin (Deroxat, Seroxat, Paxil) hervorgehoben. Was sich vorne als wissenschaftliche Literatur ausgibt, entlarvt sich auf der letzten Seite der Zeitschrift als Werbung. Da findet sich ein Kleber: »Fluvoxamin, Floxyfral. Baut auf. Bringt Lebensfreude zurück.«

Wettbewerb auch zwischen den Herstellern der verschiedenen SSRI

Boehringer Ingelheim, Herstellerfirma von Sertralin (Gladem), will offensichtlich kraftvoll Boden gegenüber Prozac gutmachen. Sertralin habe, so wird behauptet, die gleiche Wirksamkeit wie die Trizyklika Amitriptylin und Imipramin; die »Nebenwirkungen« seien jedoch wesentlich geringer. Sertralin sei jedoch Fluoxetin (Prozac) vorzuziehen: 93 Betroffene, die Prozac wegen der unangenehmen »Nebenwirkungen« abgesetzt hatten, wurden daraufhin mit Gladem weiter-»behandelt«. Nur weniger als zehn Prozent dieser »PatientInnen« brachen diese zweite »Behandlung« wegen »Nebenwirkungen« ab.[12]

Die praktizierenden ÄrztInnen werden gezielt manipuliert

Ärzte werden Woche für Woche kostenlos mit Publikationen überschwemmt, bei denen sehr schwer festzustellen ist, ob es sich um Werbung oder Wissenschaft handelt. Darin kommen meist angesehene Professoren zu Wort; doch wird jeweils schnell klar, daß die Pharmaindustrie das Ganze finanziert hat. Die Medizin, insbesondere die Psychiatrie, ist von der Industrie richtiggehend unterwandert. Die praktizierenden ÄrztInnen, die Adressaten dieser Publikationen, schlucken ganz offensichtlich brav, was ihnen da vorgesetzt wird. Wahrscheinlich sind für sie die Professorentitel der erwähnten, zitierten oder selbst publizierenden Referenten und Autoren Gewähr genug, daß es sich dabei um seriöse Informationen handelt. Während ihrer Ausbildung wurden die ÄrztInnen darin geschult, auswendig zu lernen, was ihnen ihre Professoren dozierten. MedizinstudentInnen lernen gehorchen, lernen, die Meinungen von Autoritäten kritiklos anzuerkennen. Ein kritisches Bewußtsein ist keineswegs die Stärke der Ärzteschaft. Dies ist mit ein Grund, daß sie widerspruchslos annehmen und glauben, was ihnen von der industriegesponserten Elite ihres Fachs präsentiert wird. Dabei könnten sie durchaus eine entscheidende Rolle spielen, denn letztlich hängen die Einnahmen der Pharmamultis fast ausschließlich von ihrem Verschreibeverhalten ab. Die meisten aber wagen es nicht, dem Wort der Autoritäten eigene Überlegungen entgegenzustellen, genießen dagegen oft die Macht, die sie ihren »PatientInnen« gegenüber ausspielen können.

Die Ärzteberater der Pharmafirmen haben großen Einfluß auf das Verschreibeverhalten der Mediziner. Und erstaunlicherweise sind die ÄrztInnen leicht zu bestechen. Wie sonst läßt sich erklären, daß Geschenke ganz offensichtlich eine Selbstverständlichkeit sind: Spirituosen, Fachbücher, Reisekosten, Barzuwendungen. Wie wollen ÄrztInnen, die Geschenke von Pharmafirmen annehmen, dennoch unvoreingenommen und objektiv genau das Medikament verschreiben, das für den jeweiligen »Patienten« das beste wäre? Schließlich wird ihr Verhalten auch aufmerksam kontrolliert. Die Ärzteberater versuchen, wenn immer möglich, herauszufinden, ob der beschenkte Arzt die großzügige Firma wirklich bevorzugt. Sie scheuen sich nicht, bei den Apothekern nachzufragen, die anhand der Rezepte genau wissen, welche Firmen von den ÄrztInnen bevorzugt werden. Auch über das Verschreibeverhalten ganzer Krankenhäuser wird genau Buch geführt.[13]

Laien neigen noch immer dazu, die ÄrztInnen zu überschätzen. Ein Arzt ist kein Wissenschaftler, er hat kaum Erfahrung in Laborarbeit. Sein Wissen über die naturwissenschaftlichen Grundlagen seines Faches ist beschränkt. Sobald es um biochemische Zusammenhänge geht, neigt er dazu, den jeweiligen Resultaten irgendwelcher Studien blind zu vertrauen.

Wenn renommierte Professoren neue Arzneimittel vorstellen und empfehlen, sind das für ihn ganz einfach Tatsachen. Es kommt ihm gar nicht in den Sinn, daß die verbreitete Information einseitig sein könnte, weil handfeste Interessen damit verbunden sind. Und es ist ja auch gar nicht einfach, sich bezüglich der Vor- und Nachteile von Arzneimitteln, insbesondere der Antidepressiva, ein klares Bild zu verschaffen. Dem überlasteten Hausarzt fehlt die Zeit für die notwendigen Recherchen, um sich ein eigenes Urteil zu bilden. Es bleibt ihm kaum etwas anderes übrig, als sich auf die Informationen, die in den von der Industrie verbreiteten Publikationen zu finden sind, und auf die Ärzteberater zu verlassen. Zudem bedeuten für ihn depressive, mißmutige, unsichere und ängstliche »PatientInnen« eine große Belastung. Er ist froh, wenn er weiß, was mit diesen schwierigen Menschen, die ihm oft viel Zeit wegnehmen, zu tun ist. Was soll er da noch lange überlegen, ob das Psychopharmakon, das ihm empfohlen wird, auch so gut wirkt und so harmlos ist, wie behauptet wird?

Nicht viel anders verhält es sich mit den frei praktizierenden PsychiaterInnen. Auch sie sind in keiner Weise in der Lage, sich ein objektives Bild über die von der pharmazeutischen Industrie verbreitete Informationsflut zu machen. Für sie bedeuten die »Erfolge« der biologischen Psychiatrie, die Aussagen der ForscherInnen über die Wirkungen von Psychopharmaka auf die Neurotransmittersysteme und die daraus abgeleiteten Hypothesen über die Ursachen der psychischen »Krankheiten« und »Störungen« die Bestätigung einer Grundannahme. Diese Grundannahme, nämlich daß die menschliche Psyche und ihre »Störungen« biologisch bestimmt seien, hilft ihnen, ihre eigenen Ängste vor dem Fremden, dem Andersartigen, Anormalen oder »Verrückten« zu verdrängen und auf die Betroffenen zu projizieren.[14] Ob jetzt ein Standardantidepressivum, das die Serotonin- und die Noradrenalinwiederaufnahme hemmt, oder ein SSRI, der nur die Serotoninwiederaufnahme behindert, im Vergleich besser abschneidet, spielt für sie nicht die geringste Rolle. Und auch sie haben weder Zeit noch Interesse, die täglich in ihre Briefkästen flatternden »wissenschaftlichen« Informationen kritisch zu hinterfragen.

Monoaminoxidasehemmer

Der Streit ums große Geld ist nicht auf die Auseinandersetzung zwischen den Vertretern der verschiedenen SSRI und der Standardantidepressiva beschränkt. Auch die Vertreter einer weiteren Gruppe der Antidepressiva, der Monoaminoxidasehemmer (MAO-Hemmer), versuchen die Überlegenheit ihrer Wirkstoffe zu belegen.

Mitte der fünfziger Jahre wurde beobachtet, daß »PatientInnen«, die das damals neue Tuberkulosemedikament Iproniazid zu sich nahmen, auffallend aktiv und geschäftig wurden. Zufällig wurde die psychoaktive Wirkung dieser Substanz entdeckt. Sie und ihre Derivate sind Hemmer der Monoaminoxidase (MAO), eines Enzyms, das beim Abbau und bei der Inaktivierung der Neurotransmitter Noradrenalin, Serotonin und Dopamin beteiligt ist. Wird die MAO gehemmt, steigt die Konzentration von Noradrenalin und Serotonin im synaptischen Spalt. Wie wir wissen, führen auch die Standardantidepressiva – durch Hemmung der Wiederaufnahme – zu einer erhöhten Konzentration dieser beiden Transmitter, während die SSRI in erster Linie eine Erhöhung der Serotoninkonzentration bewirken. Zwischen den drei verschiedenen Gruppen von Antidepressiva besteht also kein grundsätzlicher Unterschied.

Gefährlich sind die MAO-Hemmer vor allem, weil sie Bluthochdruckkrisen, die tödlich enden können (durch Hirnblutungen), bewirken können. Ausgelöst werden diese Krisen durch den Genuß von tyraminhaltigen Nahrungsmitteln. Tyramin ist ein Abbauprodukt der Aminosäure Tyrosin. Die KonsumentInnen von MAO-Hemmern müssen deshalb eine strenge Diät einhalten. Besonders riskant sind für sie Käse, Fisch, Wein und Bierhefe. Es wird behauptet, daß Moclobemid (Aurorix), ein reversibler Hemmer der Monoaminoxidase A, in dieser Hinsicht weitaus weniger gefährlich sei. Der Psychopharmakologe Gerd Laux schreibt, daß nun keine Compliance-mindernden Diätrestriktionen mehr erforderlich seien.[15]

Wenn es ums große Geld geht, wird offensichtlich die Compliance zum entscheidenden Faktor. Im Gegensatz zu den Standardantidepressiva sei bei den SSRI die Compliance besser, heißt es, und im Gegensatz zu den alten MAO-Hemmern würden weniger Moclobemid-KonsumentInnen die »Behandlung« aus eigenem Entschluß beenden. Gute Compliance heißt großer Verdienst für den Hersteller. Im Falle von Moclobemid ist das die Basler Firma Roche.

Auch Moclobemid ist nicht harmlos

Wie ist denn nun die Wirkung von Moclobemid auf den Blutdruck? Gelang es wirklich, mit Moclobemid dieses für MAO-Hemmer grundlegende Problem zu lösen?

Tyramin bewirkt auch bei Versuchspersonen, die kein Medikament zu sich nehmen, einen Anstieg des Blutdrucks. MAO-Hemmer führen dazu, daß eine geringere Tyraminmenge denselben Blutdruckanstieg zur Folge hat. Phenelzin, ein irreversibler Inhibitor der MAO-A und -B, bewirkt eine 13fache Potenzierung des Effekts von Tyramin, und in vergleichbarer Dosierung führt der reversible und selektive Inhibitor der MAO-A Moclobemid zu einer siebenfachen Potenzierung der Tyraminwirkung.[16] Kein großer Unterschied. Keine Rede davon, daß Moclobemid bezüglich seiner Wirkung auf den Blutdruck als harmlos einzustufen ist.

Auch Moclobemid wirkt nicht besser als ein Placebo

Und wie steht es mit der antidepressiven oder stimmungsaufhellenden Wirkung von Moclobemid? Gerd Laux, einem Befürworter des MAO-Hemmers, zufolge ist die Wirkung von Moclobemid vergleichbar mit derjenigen der Standardantidepressiva.[17] Damit ist klar, daß auch der neue MAO-Hemmer Moclobemid, genauso wie die Standardantidepressiva und die SSRI (vgl. S. 122 und 126), gegen Depressionen nicht besser wirkt als ein Placebo.

Infolge seiner beträchtlichen »Nebenwirkungen« hat Moclobemid den Effekt eines aktiven Placebos. Damit gelten auch für diese Substanz diesbezüglich dieselben Überlegungen wie für die SSRI und die Standardantidepressiva.

Wirkungen von Moclobemid

Die Wirkungen von Moclobemid sind den Angaben des Herstellers zufolge:[18] Nervosität, Unruhe, Erregung, Angstgefühle, Schlafstörungen, Schwindel (Blutdruckabfall beim Aufstehen), trockener Mund, unscharfes Sehen. Auch Verwirrtheitszustände kommen vor sowie Übelkeit, Völlegefühl, Magenbrennen, Durchfall, Verstopfung. Nichts grundsätzlich Neues, vielmehr dasselbe Bild wie bei den anderen Antidepressiva: Unruhe, Angst, Schlafstörungen und Magen-Darm-Probleme sind und bleiben wesentliche Wirkungen aller Antidepressiva.

Moclobemid macht unruhig, was als Antriebssteigerung und damit als Besserung verkannt werden kann. Doch das ist eine Pseudobesserung. Die durch Moclobemid bewirkte Unruhe ist beträchtlich. Roche, die Herstellerfirma, empfiehlt deshalb folgende Vorsichtsmaßnahme: »Bei depressiven Patienten, deren klinisches Hauptmerkmal Erregtheit oder Agitiertheit ist, sollte Moclobemid entweder nicht oder nur in Kombination mit einem Sedativum (zum Beispiel einem Benzodiazepin) verabreicht werden.« Die innere Unruhe kann so unerträglich sein, daß sie zu Selbstmordgedanken und -handlungen führt. Roche kennt auch dieses Problem: »Wie bei allen antidepressiven Behandlungen sollten Patienten mit Suizidneigung eng überwacht werden.« Die Professoren Otto Benkert aus Mainz und Hanns Hippius aus München geben in ihrem bekannten Buch *Psychiatrische Pharmakotherapie*, wie bei den SSRI und verschiedenen Standardantidepressiva, für Moclobemid Suizidalität als Kontraindikation (Gegenanzeige) an.[19] Und Moclobemid kann auch Aggressivität bewirken und Verwirrtheitszustände auslösen. Kein Fortschritt also gegenüber den Standardantidepressiva und den SSRI. Es bleibt bei der Erkenntnis, daß es kein Psychopharmakon gibt, das stimmungsaufhellend wirkt. Bei resigniert-apathischen Menschen führen alle drei Gruppen von Antidepressiva infolge der unerträglichen Unruhe, die sie bewirken, zu einer »Antriebssteigerung«, die als »Besserung« interpretiert werden kann. Bei »ängstlich-agitierter Depression« kann nur Dämpfung zu einer Pseudobesserung führen, weshalb bei oberflächlicher Betrachtung hier die Standardantidepressiva besser abschneiden.

Schwerwiegende Schädigungen durch Psychopharmaka werden oft erst nach vielen Jahren entdeckt

Im übrigen muß festgehalten werden, daß bezüglich der Gefährlichkeit der neuen Antidepressiva – der SSRI und der MAO-A-Hemmer – noch nicht das letzte Wort gesprochen ist. Es dauerte viele Jahre, bis die schwerwiegenden Schäden, die eine Neuroleptika-»Behandlung« bewirken kann, von den PsychiaterInnen öffentlich zugegeben wurden. Insbesondere die Spätdyskinesie und das maligne neuroleptische Syndrom (MNS) (vgl. S. 68 f.) wurden – obschon das erste Neuroleptikum 1952 eingeführt wurde – erst in den achtziger Jahren ein Thema, das von den PsychiaterInnen ernst genommen wurde. Die PsychiaterInnen neigen dazu, den Nutzen von neueingeführten Medikamenten zu über- und deren Gefährlichkeit zu unterschätzen. Auch die Herstellerfirmen sind nicht daran interessiert, daß schlechte Auswirkungen ihrer Produkte aufgedeckt werden. Antidepressiva werden aber oft jahrelang verschrieben. Es ist also damit zu rechnen, daß im Laufe der Zeit weitere körperliche und psychische Schädigungen durch die sogenannte neue Generation der Antidepressiva gefunden werden.

Gigantenkampf um den Antidepressiva-Kuchen

Da streiten sich die größten Pharmamultis der Welt um einen möglichst großen Anteil am boomenden Antidepressiva-Geschäft – doch scheint die Firma Eli Lilly einen uneinholbaren Marktvorteil zu haben. Dies hängt vor allem damit zusammen, daß Eli Lilly ihren Hauptsitz in den USA hat. (Neben Lilly stellt nur noch eine weitere US-amerikanische Firma – Pfizer – einen SSRI her. Doch Pfizer macht für sein Produkt Sertralin [Zoloft] weitaus geringere Werbeanstrengungen.)

Der große Erfolg der SSRI ist vorläufig noch ein US-amerikanisches Phänomen. Prozac, das »Medikament« des äußeren Scheins, die Substanz, die dazu führt, daß diejenigen, die sie einnehmen, so wirken, als wären sie erfolgreich und zufrieden, erscheint wie maßgeschneidert für die US-amerikanische Gesellschaft. Doch Modeerscheinungen überspringen erfahrungsgemäß regelmäßig den Atlantik, und Eigenheiten, wie sie die »Prozac-Nation« charakterisieren, sind auch bei uns in Europa zunehmend auszumachen. Es ist also damit zu rechnen, daß die Vorliebe für Prozac und verwandte Substanzen bei uns noch wesentlich zunehmen wird. Verständlich, daß sich in den USA ein Psychiater fand, der sich gleich selbst schreibenderweise zum »Hohenpriester« des Prozac machte. Möglich, daß sich in Europa bald einmal ein Apostel finden wird, der als Sprachrohr des großen Peter Kramer auftreten wird. Die Schweizer PsychiaterInnen sind bis jetzt noch nicht auf den SSRI-Zug aufgesprungen. Doch auch in der Schweiz ist die Verbindung zwischen den Psychiatrieprofessoren und der pharmazeutischen Industrie sehr eng. Besonders in Basel, wo viele dieser Firmen ihren Hauptsitz haben, ist dies seit langem deutlich auszumachen. So galten und gelten denn die ehrwürdigen Professoren Paul Kielholz und Walter Pöldinger aus Basel und Jules Angst aus Zürich als weltbekannte Depressionsspezialisten, die sich unermüdlich für einen möglichst verbreiteten Einsatz der Antidepressiva engagieren. In Basel ist die Firma Geigy zu Hause, die 1958 das erste trizyklische Antidepressivum, Imipramin (Tofranil), in den Handel brachte und damit den Grundstein für den heutigen Antidepressiva-Boom legte. Doch keiner der Schweizer Pharmamultis hat einen SSRI in seinem Sortiment. Das ist der einzige ersichtliche Grund dafür, weshalb die führenden Schweizer PsychiaterInnen bis jetzt zurückhaltend auf die SSRI-Welle reagierten. Doch jetzt endlich scheint sich eine Wende anzubahnen. Im Mai 1995 fand in Bern ein Symposium über selektive Serotoninwiederaufnahmehemmer statt. »Chairperson« war Frau Professor Woggon von der psychiatrischen Universitätsklinik in Zürich. Organisiert wurde die Veranstaltung von den beiden Firmen SmithKline Beecham und CIBA-Geigy. SmithKline Beecham ist der Hersteller des SSRI Paroxetin (Deroxat, Seroxat). Angekündigt wurde das Symposium im *Deroxat flash*, der von SmithKline Beecham an sämtliche Schweizer Ärzte verschickt wird. Offensichtlich versucht die Basler Firma CIBA-Geigy, und mit ihr prominente Schweizer Psychiater, nun doch noch beim erfolgversprechenden SSRI-Geschäft mitzumachen.[20]

Roche setzt auf den MAO-A-Hemmer Moclobemid (Aurorix)

Roche, einer der Basler Pharmariesen, hat auf Moclobemid (Aurorix) gesetzt. Roche hat hier eine Monopolstellung, ist doch Moclobemid der einzige reversible MAO-A-Hemmer, der sich bis jetzt im Handel befindet. Selbstverständlich gibt es auch anerkannte Fachleute, die der festen Meinung sind, daß die MAO-A-Hemmer die besten aller Antidepressiva sind. Zu ihnen gehört der bekannte Psychopharmakologe Gerd Laux aus Würzburg, Autor eines vielbeachteten Standardwerks über Psychopharmaka.[21] Laux ist der festen Überzeugung, daß die neuen MAO-Hemmer den SSRI überlegen sind: »Blieben die ›echten Fortschritte‹ im Bereich der Antidepressiva vom Wiederaufnahmehemmer-Typ [die SSRI, mr] relativ bescheiden, so darf konstatiert werden, daß im Bereich der MAO-Hemmer mit der Entwicklung reversibler, selektiver Substanzen ein wesentlicher Fortschritt gelang.«[22] Doch trotz dieses Lobs ist Moclobemid bis jetzt nicht zu einem Verkaufsschlager geworden wie

Prozac. Und das, obwohl Roche mit voller Überzeugung auf den MAO-A-Hemmer gesetzt hat. Bis 1991 hatte Roche Amitriptylin unter dem Markennamen Laroxyl im Handel. Mit der dänischen Firma Lundbeck (Saroten) und der US-amerikanischen Firma Merck (Triptyzol) war Roche einer der Produzenten des meistverkauften trizyklischen Antidepressivums. Seit 1992 verkauft Roche Laroxyl nicht mehr. Roche zufolge gehört demnach Moclobemid und nicht dem trizyklischen Standardantidepressivum die Zukunft. Ob Roche heute noch genauso handeln würde?

Neu ins Geschäft mit Amitriptylin drängt jedenfalls die deutsche Firma Bayer, die offensichtlich gute Zukunftsaussichten für diese Substanz ausgemacht hat. Interessant ist auch die Strategie der dänischen Firma Lundbeck, die sowohl Amitriptylin wie auch den SSRI Citalopram (Seropram) in ihrem Sortiment hat. Lundbeck kann dem Ausgang des Gigantenkampfs um Milliarden gelassen entgegenblicken. Ob die SSRI oder die Standardantidepressiva das Rennen machen, Lundbeck wird gut damit leben können. Die belgische Firma Solvay-Duphar wirbt seit einigen Jahren mit großem Aufwand für ihren SSRI Fluvoxamin (Fevarin, Floxyfral), und die deutsche Firma Boehringer Ingelheim versucht seit Anfang 1995, die Ärzteschaft von den Vorteilen ihres SSRI Sertralin (Gladem) zu überzeugen.

Angesichts dieses intensiven Konkurrenzkampfs stellt sich die Frage, ob Fluoxetin (Prozac, Fluctine) in Europa auch weiterhin die übrigen, von europäischen Firmen produzierten und vertriebenen SSRI zu übertrumpfen vermag. Die Hersteller von Fluvoxamin, Seropram und Sertralin sind schließlich nicht untätig. Andererseits wird die mit viel Aufwand präsentierte deutsche Übersetzung von Kramers Buch *Listening to Prozac* sicher zugunsten des Produkts von Eli Lilly wirken. Deshalb wird wohl auch in Europa Prozac seinen Spitzenplatz behaupten. Prozac ist zum Milliardengeschäft geworden, weil die möglichen KonsumentInnen durch die Medienpräsenz des SSRI direkt erreicht werden konnten. Allein durch Beeinflussung der Ärzteschaft ist ein derartiger Riesenerfolg nicht möglich. Auch die EuropäerInnen, die auf Kramers Buch ansprechen, sind Menschen, die dem »american way of life« nahestehen. Sie werden kaum bereit sein, auf ein Konkurrenzprodukt umzusteigen, es sei denn, es gelingt den europäischen Herstellern, alle ÄrztInnen von den Vorteilen ihrer Produkte gegenüber Prozac zu überzeugen. Diese Überzeugung müßte so felsenfest sein, daß sie alle »PatientInnen«, die ein Rezept für Prozac verlangen, sofort mit Argumenten gegen Prozac und für Seropram, Fevarin/Floxyfral, Gladem oder Aurorix überschütten würden.

»Swatch The Beep«

Im Kampf um das große Geld und um die bestmögliche Compliance haben sich die Manager der Basler Firma Roche etwas Neues einfallen lassen. Die Beziehung zwischen Arzt und »Patienten« bekommt dadurch eine neue Dimension – den Piepston. Die schlechte Compliance wird jetzt mit High-Tech angegangen. Swatch hat in Zusammenarbeit mit Roche eine Uhr entwickelt – »Swatch The Beep«. Dr. Harald Paesold, Productmanager von Roche, stellte das Projekt vor. 300 Schweizer Ärzte nehmen an einer Studie teil. Sie geben je zwei »PatientInnen« die neue Swatch. Die Telecom PTT sendet zweimal täglich ein Signal, woraufhin die Uhr piepst, was für die Betroffenen das Zeichen ist, ihr Antidepressivum – Moclobemid (Aurorix) – zu sich zu nehmen.

Auch bei der Vorstellung dieses neuesten Schachzugs, der den Gewinnanteil von Roche am Antidepressiva-Markt vergrößern soll, wird von Geld gesprochen und behauptet, daß die vielen »Therapie«abbrüche zu größeren Kosten und schlechteren Resultaten führen.[23] Dabei zeigen die vielen »Behandlungs«-Abbrüche nichts anderes, als daß sich die Betroffenen schlecht fühlen, schlechter als zuvor ohne »Medikament«. Ein Psychopharmakon sollte doch bewirken, daß sich die »PatientInnen« besser fühlen. Wäre dem so, würde es auch keine »Behandlungs«-Abbrüche geben. Bei allen Antidepressiva sieht die Sache jedoch anders aus: Die Betroffenen fühlen sich schlecht, und sie sollen davon überzeugt werden, daß diese Verschlechterung ihres psychischen und körperlichen Zustandes etwas Gutes sei. Nicht vergessen werden darf dabei, daß auch Aurorix, wie die SSRI, zu den teuren Antidepressiva gehört. Zwei Wochen in durchschnittlicher Dosierung kommen auf 52,40 Schweizer Franken zu stehen. Das sind zwei Franken mehr, als die »Behandlung« mit Prozac kostet. (Eine »Behandlung« mit den Trizyklika Amitriptylin [Triptyzol] und Imipram [Dofranil] beläuft sich demgegenüber nur auf 9,50 bzw. 18,65 sFr.) Bei diesen Preisen muß berücksichtigt werden, daß – nach Empfehlung der Weltgesundheitsorganisation – eine »Behandlung« mit Antidepressiva mindestens sechs Monate nach der Remission (Verschwinden der »Symptome«) weitergeführt werden soll.

Ein unheilvolles Hickhack findet hier statt, ein Kampf ums Geld, bei dem alle ihren Anteil möglichst groß sehen möchten. Bezüglich der Informationen und der wissenschaftlichen Untersuchungen, die laufend publiziert werden, ist Mißtrauen am Platz. Ein objektives Urteil kann sich hier nur derjenige bilden, der verschiedene Arbeiten und das ganze Umfeld dieser Studien berücksichtigt. Insbesondere darf die enge Verbindung, ja Verflechtung der Psychiatrie mit der Pharmaindustrie nicht übersehen werden. Von außerordentlicher Bedeutung ist in diesem Zusammenhang selbstverständlich die Tatsache, wie schwierig es ist, die Wirksamkeit von psychoaktiven Substanzen überhaupt eindeutig nachzuweisen. Nur mit Untersuchungen, die so aufwendig sind, daß sie kaum je durchgeführt werden, ist die Unterscheidung der psychischen Wirksamkeit der Testsubstanz von ihrer Placebowirkung mit einiger Sicherheit möglich (vgl. S. 45 ff.).

Wir alle bezahlen dafür

Antidepressiva sind also ein Milliardengeschäft für die Pharmaindustrie. Wer bezahlt denn eigentlich das Ganze? Üblicherweise gilt, daß der durch raffinierte Werbung verführte Konsument selbst sein »Glück« bezahlt. Doch die »antidepressiv« wirkenden »Glückspillen« bezahlen die anderen. Antidepressiva, wie alle Psychopharmaka, gelten als Medikamente; es ist also die Krankenkasse, die die Kosten übernimmt. Der Konsument selbst braucht nichts auszugeben. Wir alle finanzieren also die riesigen Gewinne, die die Pharmamultis mit den Glückspillen machen, letztlich bezahlen wir sogar die Werbegeschenke, die die ÄrztInnen von den Herstellerfirmen erhalten. Die Ärzteschaft und die KonsumentInnen werden von der Werbung der Industrie verführt, die Kosten müssen unfreiwillig alle Mitglieder der Gesellschaft tragen.

13

Die Ärzte und die Psychopharmaka

Die ÄrztInnen sind dafür verantwortlich, in welchem Ausmaß Psychopharmaka eingesetzt werden. Es lohnt sich deshalb, die Einstellung der MedizinerInnen gegenüber psychoaktiven Substanzen – Psychopharmaka, Alkohol und Drogen – zu untersuchen.

Benzodiazepine

Bei den Benzodiazepinen zeigt sich deutlich die unkritisch »medikamenten«-freundliche Haltung der ÄrztInnen. Benzodiazepine (Valium ist der bekannteste Vertreter dieser Psychopharmakagruppe) haben ein hohes Suchtpotential.

Die Medien berichten seit vielen Jahren mit großem Aufwand über das Drogenproblem. Da nimmt das Lamentieren über die skrupellosen Heroin- und Kokaindealer, die herz- und gefühllos unsere Jugend zerstören würden, kein Ende. Und auch die Drogenproduzenten stehen als unmenschliche Schurken da. Das viel größere Alkoholproblem wird in den Medien gelegentlich am Rande erwähnt, über das riesige Problem der Benzodiazepinsucht wird dagegen kaum je ein Wort verloren.

Als Tranquilizer (Beruhigungsmittel) und Schlafmittel werden heute fast ausschließlich Substanzen aus der Gruppe der Benzodiazepine verwendet.

Benzodiazepin-Tranquilizer

Alprazolam	(Cassadan, Tafil, Xanax)
Bromazepam	(Lexotanil)
Camazepam	(Albego)
Chlordiazepoxid	(Librium)
Clobazam	(Frisium, Urbanyl)
Cloxazolam	(Lubalix)
Diazepam	(Paceum, Psychopax, Stesolid, Valium)
Dikaliumclorazepat	(Tranxilium)
Ketazolam	(Contamex, Solatran)
Lorazepam	(Tavor, Temesta, Sedazin)
Medazepam	(Nobrium, Rudotel)
Nordazepam	(Tranxilium N, Vegesan)
Oxazepam	(Adumbran, Anxiolit, Praxiten, Seresta, Uskan)
Prazepam	(Demetrin)

Benzodiazepin-Schlafmittel

Brotizolam	(Lendormin)
Flunitrazepam	(Rohypnol)
Flurazepam	(Dalmadorm)
Lormetazepam	(Loramet/Loretam, Noctamid, Tavor)
Midazolam	(Dormicum)
Nitrazepam	(Imeson, Mogadon/Mogadan)
Temazepam	(Normison, Planum, Remestan)
Triazolam	(Halcion)

Wirkungen der Benzodiazepine

Die Wirkung der Benzodiazepine ist sehr ähnlich wie diejenige der Opiate Heroin und Morphin. Die Opiate und die Benzodiazepine sind Substanzen, deren Wirkung zunächst von allen KonsumentInnen als angenehm erlebt wird. Die Betroffenen fühlen sich wie in Watte gepackt, sind von unangenehmen Gefühlen abgeschirmt. Eine traurige und hoffnungslose Lebenssituation sieht nun nicht plötzlich positiv aus, doch der mit ihr verbundene Schmerz wird nicht mehr oder kaum mehr wahrgenommen. Begreiflich, daß es Menschen gibt, die opiat- oder benzodiazepinabhängig sind.

Zwei weitere Gemeinsamkeiten haben die Opiate mit den Benzodiazepinen und auch den Barbituraten (früher oft verwendete starke Schlafmittel): Es kommt zur Entwicklung von Toleranz – das heißt, nur mit steigender Dosierung kann im Laufe der Zeit derselbe psychische Effekt ausgelöst werden – und zu massiven Entzugserscheinungen. Besonders stark und unangenehm sind die Entzugserscheinungen nach Absetzen der Benzodiazepine. Sogar ein Fünftel der Betroffenen, die Benzodiazepine nur niedrig dosiert zu sich nehmen, haben beim raschen Absetzen Entzugserscheinungen.

Typisch für den Entzug sind epileptische Krampfanfälle, Verwirrtheitszustände, Wahrnehmungsverzerrungen, Mißempfindungen, verstärkte Geruchs- und akustische Wahrnehmungen sowie Lichtscheu und Depersonalisationserscheinungen (Gefühl, dem eigenen Körper fremd entgegenzustehen). Bei diesen schweren Entzugserscheinungen handelt es sich um richtige Delirien, vergleichbar mit Akoholentzugsdelirien. Sie können mehrere Wochen andauern. Bei leichteren Formen der Entzugserscheinungen kommt es »nur« zu Zittern, Schlaflosigkeit, erhöhter Irritabilität, Kopfschmerzen, Herzjagen, Muskelverspannungen, Schwitzen, Angst, innerer Unruhe, Übelkeit, Erbrechen, Schwindel, Schwächegefühlen, Alpträumen und Depressionen, suizidalen Syndromen.

Die Entzugserscheinungen nach Absetzen von Morphin, Heroin oder Methadon sind zwar intensiv, betreffen aber vorwiegend den körperlichen Bereich und dauern nur eine bis zwei Wochen an: Typisch sind Unruhe, Reizbarkeit, Schwäche, Durchfall, Kreislaufprobleme, Erbrechen, Schwitzen, Tränenfluß, Verzweiflung.

Benzodiazepine führen bereits in niedriger Dosierung zu Abhängigkeit (»low dose dependency«). Im Fachbuch wird deshalb empfohlen, die Dosis über einen Zeitraum von Wochen und Monaten langsam zu reduzieren.[1] Kein Wunder also, daß die Betroffenen selbst, denen dieses Wissen fehlt, kaum je in der Lage sind, Benzodiazepine aus eigenem Entschluß und eigener Kraft abzusetzen.

Doch nicht nur die intensiven Entzugserscheinungen bedeuten für

Benzodiazepin-KonsumentInnen ein großes Problem. Neben dem Gefühl, wie in Watte gepackt zu sein, kann es auch während der Zeit des Konsums zu unangenehmen Wirkungen kommen. Beschrieben werden: unerwünschte Müdigkeit und Schläfrigkeit, Gefühl, nicht mehr ganz man selbst, wie berauscht zu sein, trockener Mund, fehlende sexuelle Lust, Impotenz, Frigidität, schlechte Muskelkoordination, motorische Unsicherheit und Muskelschwäche, plötzliches Umfallen, Artikulationsstörungen, unscharfes Sehen, Doppelsehen; Ängste können vergrößert werden, Konzentrationsstörungen, Gedächtnisstörungen, Kopfschmerzen, Verwirrtheit, Verstopfung, Übelkeit, Speichelfluß, Schwierigkeiten beim Wasserlassen, Hautausschläge. Als sogenannte paradoxe Wirkungen sind Erregungszustände, Unruhe, Schlafstörungen, Angst, Halluzinationen und erhöhte Aggressivität möglich. Ferner verstärken die Benzodiazepine die Wirkungen der übrigen Psychopharmaka – Neuroleptika, Antidepressiva, Lithium, Carbamazepin (Tegretal, Tegretol) –, weiterer Schlafmittel und auch Alkohol. Bei Leber- und Nierenerkrankungen sind Benzodiazepine gefährlich.[2]

Wenn Benzodiazepine in den ersten sechs Schwangerschaftsmonaten verabreicht werden, kommt es zu einer Häufung von Mißbildungen. Und Neugeborene können Benzodiazepine kaum abbauen. Benzodiazepine gehen in die Muttermilch über. Die betreffenden Säuglinge werden apathisch und schwach, haben kaum Kraft zu trinken und entwickeln sich langsamer.

Benzodiazepine – häufiger Grund für Anstaltseinweisungen

Eine Benzodiazepin-Abhängigkeit ist häufig Ursache für psychiatrische Hospitalisationen. Eine Untersuchung ergab, daß 18,5 Prozent der Insassen einer psychiatrischen Anstalt vor ihrer Aufnahme Benzodiazepine länger als drei Monate eingenommen hatten.[3] Fast die Hälfte dieser »PatientInnen« nahm Benzodiazepine seit mehr als fünf Jahren ein. Der Anteil der Frauen überwog deutlich: schwer süchtige Menschen also, deren Sucht mit einem Arztrezept begann. Statt ihnen den Tranquilizer zu verschreiben, wäre das ärztliche Gespräch oder noch besser eine Psychotherapie sinnvoll und nötig gewesen. Doch die ÄrztInnen sind auf »medikamentöse Behandlungen« ausgerichtet. Bei einem beträchtlichen Anteil der Hilfesuchenden sind sie nicht in der Lage, klare und deutliche körperliche Befunde zu erheben. Was soll denn nun »behandelt« werden? In dieser Situation verschreiben sie oft Benzodiazepine.

Sucht auf Rezept

Der Tranquilizer hilft den »PatientInnen«, ihre Problematik zuzudecken und zu verdrängen. Die selbstverständlich weiterhin ungelösten Konflikte belasten sie nun nicht mehr. Zwar hat das Arztrezept diesen Menschen wirklich Linderung von ihrer Pein gebracht. Doch nun vergeht die Zeit, und die anstehenden Probleme – seien es Konflikte in der Partnerschaft, mit Eltern oder Kindern, seien es Schwierigkeiten am Arbeitsplatz, in der Schule oder der Ausbildung – verschlimmern sich zusehends. Die Lebenssituation des Betroffenen verschlechtert sich. Er hätte handeln müssen, etwas unternehmen, der Gang zum Arzt zeigte ja deutlich an, daß etwas nicht mehr stimmte. Wie soll er nun, da alles noch ungemütlicher aussieht für ihn, nach ein oder zwei Monaten auf das Benzodiazepin verzichten? Jetzt ist er noch viel dringender auf sein »Medikament« angewiesen. Aus eigener Kraft wird er mit Sicherheit nicht mehr davon loskommen. Und die Dosierung, die ihm zu Beginn Linderung brachte, muß zunehmend gesteigert werden. Toleranz ist entstanden. Wenn sein Arzt oder seine Ärztin ihm sein Suchtmittel nicht mehr verschreiben will, wird er schon Wege finden, sich den

Stoff weiterhin zu verschaffen. Er wird zu anderen MedizinerInnen gehen, er wird in der Apotheke beim Vorweisen eines alten Rezepts oder des leeren Pillenfläschchens erneut seine Tabletten erhalten. Er ist süchtig geworden.

Ausgangspunkt seiner Sucht war der Moment gewesen, als ihm der Arzt zum erstenmal das Rezept für seinen Tranquilizer ausstellte. Die ÄrztInnen sind nicht glaubwürdig, wenn sie Drogenabhängigkeit verurteilen, und sie sind auch nicht glaubwürdig, wenn sie harte Maßnahmen wie Zwangsentzüge bei HeroinfixerInnen befürworten. Es sind nach wie vor viel mehr Menschen abhängig von Benzodiazepinen als von Heroin. Und Benzodiazepine sind »Medikamente«, keine verteufelten, illegalen Drogen. Und diese »Medikamente« werden von ÄrztInnen verschrieben und in der Apotheke gekauft. Noch immer wird der verhängnisvolle Gebrauch von Benzodiazepinen von der Ärzteschaft täglich gefördert – zur Freude der Pharmaindustrie. In den USA beispielsweise werden ungefähr fünf Milliarden Einzeldosen pro Jahr verordnet.[4]

Benzodiazepin-Schlafmittel

Grundsätzlich wirken die Benzodiazepin-Schlafmittel nicht anders als die Tranquilizer. Der Unterschied besteht darin, daß es sich bei den Schlafmitteln um besonders stark und rasch wirkende Substanzen handelt. Auch Schlafmittel werden von den ÄrztInnen in unverantwortlicher Weise verschrieben. Benzodiazepine sind körperlich relativ gut verträglich, sie sind weitaus ungefährlicher als die früher verwendeten Barbiturate. Dies ist der Hauptgrund dafür, daß die Ärzteschaft bei der Verordnung von Benzodiazepin-Schlafmitteln kaum Grenzen kennt. Wer in der Arztpraxis über Schlaflosigkeit klagt, der erhält mit Sicherheit sein Mogadon oder Dalmadorm verschrieben. Noch hemmungsloser werden diese Mittel im Krankenhaus abgegeben. Auf den Stationen der Inneren Medizin und der Chirurgie gibt es kaum PatientInnen, die nicht ihr Hypnotikum (Schlafmittel) für die Nacht erhalten. Die Folgen sind dieselben wie beim Tranquilizer-Konsum – Abhängigkeit, Toleranz, Entzugserscheinungen. Toleranz stellt sich rasch ein. Bereits nach wenigen Tagen schläft der Betroffene mit dem Medikament nicht besser als zuvor ohne seine Tablette. Verständlicherweise muß nun die Dosis erhöht werden. Wenn das Mittel abgesetzt wird, verschlechtert sich zwangsläufig der Schlaf, dies bereits nach kurzfristiger Einnahme. Es wird dann messerscharf gefolgert, daß das Schlafmittel noch weiter nötig ist. So kommt es unvermeidlich zur schweren Sucht.

Auch hier wäre ein anderes Vorgehen viel sinnvoller. Schlafstörungen haben praktisch immer eine psychische Ursache; diese Ursache aufzudecken und zu beheben wäre das sinnvolle Vorgehen, doch dieser Weg ist sowohl für den Arzt wie auch für den Betroffenen anspruchsvoller. Der Griff zum Rezeptblock erleichtert beiden das Leben – leider nur für wenige Tage. Wenn überhaupt, sollten Schlafmittel nie regelmäßig eingenommen werden. Bei Schmerzen sowie nach Operationen können sie kurzfristig sinnvoll sein. Das beste wäre, wenn sie nie an zwei aufeinanderfolgenden Tagen eingesetzt würden. Wichtig ist es zu wissen, daß Schlaflosigkeit nicht gefährlich ist. Die lebensnotwendige Schlafzeit nimmt sich der Körper ohnehin von selbst. Der Betroffene braucht das gar nicht zu bemerken. Er kann aus vermeintlich hellwachem Zustand in Tiefschlaf verfallen und wieder daraus auftauchen, ohne davon das Geringste wahrzunehmen. Schlaflosigkeit ist keine »Krankheit«, die »medikamentös« behandelt werden muß. Schlaflosigkeit ist vielmehr ein Hinweis darauf, daß Probleme und Konflikte angegangen und gelöst werden müssen.

Schwerste Gedächtnisstörungen bei Halcion- und Rohypnol-KonsumentInnen

Besonders berüchtigt sind die zwei sehr starken Benzodiazepin-Schlafmittel Flunitrazepam (Rohypnol) und Triazolam (Halcion). Sie wirken äußerst stark und sollten meiner Meinung nach überhaupt nicht eingesetzt werden. (Rohypnol wird auch als Narkosemittel verwendet, zur Narkoseeinleitung wird es injiziert. Auf diese Anwendung beziehen sich meine Überlegungen nicht. Da es sich dabei um eine einmalige Anwendung handelt, kommt es mit Sicherheit zu keiner Gewöhnung und Sucht.) Für die beiden Substanzen gilt alles, was über die Benzodiazepine bisher gesagt wurde. Besonders ausgeprägt, störend und gefährlich ist bei ihnen jedoch die sogenannte Amnesie, das heißt das Auftreten von Gedächtnisstörungen. Wer Rohypnol oder Halcion zu sich nimmt, erinnert sich oft nicht daran, was er während der Wirkungszeit des Benzodiazepins gemacht und erlebt hat. Es kommt nicht selten vor, daß Menschen, die eines dieser Schlafmittel zu sich genommen haben, nachts aufstehen und verschiedene Handlungen ausführen, ohne sich am nächsten Morgen noch daran erinnern zu können.

In Zürich ist gegenwärtig ein Gerichtsverfahren im Gang. Ein Mann, der seine Freundin erwürgt hat, gibt an, daß er unter der Wirkung von Halcion gehandelt habe. Er könne sich jedoch an nichts mehr erinnern.[5] Die Angabe des Angeklagten kann wahr sein, es muß sich nicht um eine Schutzbehauptung handeln. Es ist durchaus möglich, daß jemand unter der Wirkung von Halcion einen Mord begeht und sich später in keiner Weise mehr daran zu erinnern vermag. Ferner ist bekannt, daß Halcion, über längere Zeit eingenommen, auch Aggressivität, Verwirrung und Dämmerzustände bewirken kann. Grund genug, Halcion und auch Rohypnol als Schlafmittel nie mehr einzusetzen.

Upjohn kämpft für die weitere Zulassung von Halcion

Halcion war das weltweit am meisten verkaufte Schlafmittel. Dieses Produkt der englischen Pharmafirma Upjohn und weitere Präparate, die Triazolam enthalten, dürfen seit dem 2. Oktober 1991 in Großbritannien nicht mehr verkauft werden. Es zeichnet sich ab, daß Triazolam auch in anderen Ländern verboten werden könnte. Upjohn wehrt sich vehement und klagt vor allem auch die Presse an, die die durch Halcion angerichteten Schäden übertrieben habe. Ein Argument, das Upjohn zur Verteidigung von Halcion anführt, ist aufschlußreich.[6] Halcion sei bei äquipotenten (gleichwirkenden) Dosen keineswegs gefährlicher oder weniger sicher als andere Benzodiazepine; die anterograde Amnesie (der Erinnerungsverlust während der Zeit der Medikamentenwirkung) komme bei allen Benzodiazepinen vor. Das stimmt sicher und ist demnach ein Argument, das gegen den Einsatz aller Benzodiazepine spricht und nicht für Halcion. Die Gefahr von Überdosierungen ist jedoch beim äußerst potenten Halcion besonders groß. Während eine übliche Dosierung von Halcion zwischen 0,125 und 0,25 mg liegt, beträgt sie bei Flurazepam (Dalmadorm), einem anderen Benzodiazepin-Schlafmittel, 15 bis 30 mg.

Rohypnol – beliebt in der Drogenszene

Die Benzodiazepin-Schlafmittel sind in der Drogenszene weit verbreitet. Da ihre Wirkung vergleichbar ist mit derjenigen von Heroin, ist das gut verständlich. Jeder Junkie hat Erfahrungen mit diesen Wirkstoffen. In der Schweiz handelt es sich dabei fast ausschließlich um Rohypnol, das Produkt der Basler Firma Roche. Sobald der Stoff knapp wird, weichen die FixerInnen auf Rohypnol aus.

Das Problem des Gedächtnisverlustes ist weitaus schwerwiegender, wenn Rohypnol tagsüber eingenommen wird. Auf der Gasse kennt man diese Gefahr: »Rohypnol putzt das Hirn weg«, sagt man da. Es ist einem Junkie leicht anzusehen, wenn er auf Rohypnol ist. Sein Gang wird unsicher torkelnd, seine Sprache verwaschen. Auf Rohypnol sind die FixerInnen in Zürich besonders im Frühjahr 1995, nach der Räumung der offenen Szene am Bahnhof Letten, ausgewichen. Rohypnol wird auch auf dem Schwarzmarkt gehandelt. Oft werden Beschaffungsdelikte unter der enthemmenden Wirkung von Rohypnol durchgeführt. Es zeigt sich hier, daß es den Junkies eindeutig bessergeht, wenn sie Heroin, Morphin oder Methadon zu sich nehmen. Das legal erhältliche Rohypnol ist für sie die weitaus problematischere Substanz.

Die Ärzteschaft fördert eine Haltung, die zu Sucht führen kann

Der Umgang der Ärzteschaft mit den Benzodiazepinen kann Wichtiges über den Stellenwert psychoaktiver Substanzen in unserer Gesellschaft aufzeigen. Schlechte Gefühle sind unerwünscht. Sie müssen weg»behandelt« werden. Konsum hilft, Konsum macht aus unzufriedenen oder traurigen Menschen glückliche Verbraucher. Die Werbung bleut es uns täglich ein: Ein neues Schlafzimmer, eine Reise ans Meer, ein schöneres und schnelleres Auto, ein Eigenheim mit Swimming-pool – und das unbefriedigende Leben hat wieder einen Sinn, hat seine »Erfüllung« gefunden. Und wenn das alles nichts mehr nützt, dann schaut man sich nach neuen Hilfen um. Konsum, das ist klar, muß es noch immer sein. Da bietet sich der Konsum von psychoaktiven Substanzen an. Die einen gehen zum Arzt und erhalten ihr Psychopharmakon verschrieben, die anderen organisieren ihre Lebenshilfe selbst und beschaffen sich Alkohol oder Haschisch, Kokain oder was auch immer. Und von dem Moment an, wo eine psychoaktive Substanz schlechte Gefühle, ein trostloses Leben »therapieren« soll, wird die Sache gefährlich. Da ist die Abhängigkeit bereits vorprogrammiert. In unserer Gesellschaft ist Konsum ein magischer Begriff, dem sich fast alles unterordnet. Die Ärzte spielen mit in diesem Spiel. Sie versuchen keineswegs, gesellschaftlichen Fehlentwicklungen auf Grund ihres Durchblicks entgegenzuwirken. Die Ärzteschaft ist kein bißchen besser als der Rest der Bevölkerung, sie ist Teil der Gesellschaft und hat sogar eine Vorreiterfunktion bei dieser ungünstigen Entwicklung. Sie wählt den einfachen Weg, den Weg des Konsums, den Weg, der eine Analyse der Ursachen von Mißmut, Unglück und Unzufriedenheit erübrigt. Konsum – das ist es, was die Ärztin oder der Arzt dem verunsicherten oder verzweifelten Patienten verschreibt. Die ÄrztInnen wirken selbständig, selbstbewußt und selbstbestimmt. Es macht den Anschein, als komme ihr Griff zum Rezeptblock auf Grund einer wohlüberlegten Entscheidung zustande. Was jedoch kaum ein Arzt, kaum eine Ärztin realisiert, ist, wie sehr sie mit ihrem Verhalten das Spiel der pharmazeutischen Industrie spielen, wie sehr sie eingesetzt werden, um den Pharmamultis ihre Milliardengewinne zu sichern.

Die Pharmafirmen zielen mit dem überwiegenden Teil ihrer Werbung auf die Ärzteschaft. Täglich werden wir mit Werbematerial überschwemmt, täglich bieten uns Vertreter ihren Besuch an. Wohlverhalten (das heißt häufiges Verschreiben der Produkte einer bestimmten Firma) wird finanziell belohnt (vgl. S. 163). Doch das ist bei weitem noch nicht alles. Pharmamultis organisieren und bezahlen wissenschaftliche Kongresse, geben Bücher heraus, finanzieren Zeitschriften, bezahlen Forschungsstellen an Universitätsinstituten usw. Und immer findet eine enge Zusammenarbeit von »unabhängigen« bzw. an staatlichen Kliniken und Laboratorien arbeitenden ÄrztInnen – allen voran die Professoren und Klinikchefs – mit Repräsentanten der Pharmafirmen statt. Es kann mit gutem Recht gesagt werden, daß die Pharmaindustrie die Medizin gezielt und gekonnt dermaßen unterwandert hat, daß die Grenzen zwischen industrieller und freier bzw. universitärer Forschung nicht mehr auszumachen sind. Die Ärzteschaft spielt das Spiel der Industrie, die Entwicklungen der Medizin werden weitgehend von der Industrie gesteuert. Und die Intentionen der Industrie sind keineswegs mit dem Wohlergehen derjenigen gleichzusetzen, um die es eigentlich gehen müßte – der »PatientInnen«. Der Industrie geht es letztlich um nichts anderes als um ihren Gewinn. Und je mehr Medikamente verschrieben werden, um so höher fällt dieser Gewinn aus. Konsum um jeden Preis, das ist der traurige Hintergrund des Verhaltens der Ärzteschaft.

Es geht also um den Gewinn und keineswegs um das Wohlergehen der KonsumentInnen. Und genau darin zeigt sich einmal mehr, daß es keinen grundsätzlichen Unterschied zwischen legalen und illegalen psychoaktiven Substanzen gibt. Letztendlich geht es immer um den Gewinn der Hersteller und der Zwischenhändler. Der Schluß, der daraus zu ziehen ist, ist ernüchternd: Trau keinem, der dir psychoaktive Substanzen verschreiben oder verkaufen will! Ob es sich nun um einen Arzt oder einen Dealer handelt, ändert an dieser bedauerlichen Tatsache überhaupt nichts.

Und noch etwas kommt hinzu. Der Griff zum Rezeptblock ist einfacher, als im Gespräch die Gründe für das Unbehagen des »Patienten« anzugehen, aufzudecken und möglichst zu beheben. Der Arzt ist entlastet, er braucht sich der Auseinandersetzung mit dem leidenden Menschen nicht zu stellen und verdient auch noch mehr dabei. Leider ist es so, daß ein Arzt, der beispielsweise sechs »PatientInnen« pro Stunde empfängt und jedem sein Psychopharmakon verschreibt, wesentlich mehr einnimmt als derjenige, der eine Stunde auf den Betroffenen eingeht, dafür aber auf das »Medikament« verzichten kann.

Professor Manfred Bleuler[7] hat die Problematik des ärztlich geförderten Tranquilizer-Mißbrauchs klar erkannt. Er schreibt im *Lehrbuch der Psychiatrie*, das auf seinen berühmten Vater Eugen Bleuler zurückgeht: »Dieser Mißbrauch fördert die Entmenschlichung in der Medizin und die Vereinsamung des Menschen.«

Alles, was stört, soll weg»behandelt« werden

Die Haltung der Ärzteschaft läßt sich folgendermaßen zusammenfassen. Alles, was stört, soll weg»behandelt« werden – Verzweiflung, Traurigkeit, Erregung, Aggressivität, Leistungsschwäche oder Übergewicht. Sie wollen eingreifen, aktiv sein, für alles und jedes ein Mittel zur Verfügung haben, das auf biologischem Weg das Übel möglichst schnell aus der Welt zu schaffen vermag. Daß diese schnellen Eingriffe nur mit Gefahren und Schädigungen verbundene Scheinlösungen sind, wissen die ÄrztInnen im Grunde genau, sie sind aber in der Lage, diese bedauerliche Tatsache fortlaufend erfolgreich zu verdrängen. Die Ursachen der Störungen geraten dabei völlig in Vergessenheit. Gesellschaftliche und individuelle psychische Ursachen werden übersehen. Ins Zentrum der Aufmerksamkeit rücken statt dessen hypothetische biologische Ursachen psychischer »Störungen«, die von der Ärzteschaft seit langem postuliert, aber bis heute in keiner Weise bewiesen wurden.[8] Solange die psychischen Ursachen dieser »Störungen« unverändert bleiben, wird der ursprüngliche unerwünschte Zustand nach Absetzen der »Medikation« selbstverständlich bald wieder auftreten. Abhängigkeit ist also vorprogrammiert. Mit ihrer »medikamentösen«, zudeckenden Therapie helfen die ÄrztInnen mit, den Status quo zu erhalten. Ungünstige Verhältnisse im Privatleben oder bei der Arbeit, krankmachende gesellschaftliche Zustände, die bisherige Machtverteilung bleiben unverändert, ja verfestigen sich sogar.

Keine Scheu vor hohen Dosierungen

Der Konsum von Alkohol und von illegalen Drogen wird von den PsychiaterInnen abgelehnt und bekämpft. Ich erachte diese Haltung der PsychiaterInnen als unehrlich. Heroin und Haschisch beispielsweise sind Substanzen, die – abgesehen vom großen Suchtpotential des Opiats – bei weitem harmloser und ungefährlicher sind als Neuroleptika, Antidepressiva oder Lithium.

Grundsätzlich kann gesagt werden, daß PsychiaterInnen sehr gerne psychoaktive Substanzen einsetzen. Dagegen sind sie gar nicht erbaut, wenn ihnen die Kontrolle darüber entgleitet. Solange sie die Sache in ihren Händen haben, kann sie nichts davon abhalten, die von ihnen geschätzten Wirkstoffe in großem Maßstab zu verschreiben, nicht einmal die durch Neuroleptika und Antidepressiva bewirkten bleibenden Schädigungen. Ganz im Gegenteil: Obschon die Gefährlichkeit der Neuroleptika immer deutlicher wird, nehmen die Dosierungen laufend zu. So werden heute üblicherweise 30 mg Haloperidol (Haldol, eines der meistangewendeten und am stärksten wirkenden Neuroleptika) pro Tag gegeben, während in den frühen sechziger Jahren noch drei Milligramm ausreichten.[9] Heute werden gelegentlich Megadosen von mehr als 1000 mg gegeben,[10] eine ungeheuerliche Dosierung, mit der enorme Risiken eingegangen werden. Ich habe an anderer Stelle dieses Verhalten der PsychiaterInnen als Sucht bezeichnet – Hochdosierung als Sucht.[11] Illegalen Drogen gegenüber vertreten PsychiaterInnen hingegen meist den harten Kurs. Sie übertreiben deren Gefährlichkeit und streben mit aller Kraft die Abstinenz an, während sie sich gleichzeitig überhaupt nicht scheuen, den Betroffenen Psychopharmaka zu verschreiben. Hier wird wahrlich der Teufel mit dem Beelzebub ausgetrieben. Was ist der Grund für dieses widersprüchliche Verhalten? – Illegale Drogen verschaffen sich die KonsumentInnen auf eigene Faust, da kann kein Arzt mitreden.

Die Ablehnung des Alkohols durch die PsychiaterInnen hat Tradition

Sämtliche großen und bekannten PsychiaterInnen, die Ende des letzten und zu Beginn des 20. Jahrhunderts tätig waren, kämpften mit aller Kraft gegen den Alkoholismus, der ihrer Meinung nach daran war, die Menschheit zugrunde zu richten. Sie gingen davon aus, daß der Alkohol eine Degeneration bewirke, die vererbt werde und in späteren Generationen zum Ausbruch von »Geisteskrankheiten« und schließlich zum Tod führe. So sahen es unter anderem drei der »größten« und bekanntesten Psychiater überhaupt: August Forel, Emil Kraepelin und Eugen Bleuler. Das bestätigt die These, daß die PsychiaterInnen nur diejenigen psychoaktiven Substanzen schätzen, die sie selbst verordnen können. Auch der Alkoholiker verschafft sich ja seinen Stoff auf eigene Faust.

14

Eine Droge in der Psychiatrie – Kinder als Kunden

Es geht um Psychostimulanzien

Wie eng verwandt der Konsum einer illegalen psychoaktiven Substanz mit der ärztlichen Verschreibung eines Psychopharmakons ist, zeigt die »Behandlung« der Schulleistungsschwäche mit Psychostimulanzien.

Psychostimulanzien (Amphetamine, Weckamine, Speed) sind bekannte und gefürchtete Drogen, sind Suchtmittel. Für die Ärzteschaft ist das offensichtlich kein Problem – ein einfacher Trick schafft die Schwierigkeit aus der Welt: An Kinder abgegeben, werden Stimulanzien nicht als Drogen, sondern als Psychopharmaka bezeichnet.

Seit Beginn der sechziger Jahre werden ungezählte Kinder jahrelang mit Psychostimulanzien, vor allem mit Methylphenidat (Ritalin), hergestellt von der Pharmafirma CIBA mit Hauptsitz in Basel, aber auch mit Amphetaminen, »behandelt«. Führend waren und sind auch in diesem Bereich die USA, doch haben die Kinderpsychiater in Europa diese unselige Mode nur allzu gerne übernommen. Es geht hier in erster Linie um Schulleistungsschwäche, die in großem Ausmaß »medikamentös behandelt« wird. Leistungsschwäche wird mit einem Stimulans »behandelt«. In unserer Leistungsgesellschaft ist Leistungsschwäche offensichtlich eine »Krankheit«. Wie im Sport durch Doping soll der Erfolg mit Hilfe von Pillen erzwungen werden. Die »Nebenwirkungen« von Ritalin sind gut bekannt: unter anderem Nervosität, Schlaflosigkeit, Appetitverlust, Gewichtsabnahme, Kopfschmerzen, Schwindel, verschwommenes Sehen, Absinken der Hauttemperatur, Herzjagen, starkes Herzklopfen, Blutdruckerhöhung, Angst, Depressivität, Hyperaktivität, Aggressionen, Zittern, Mundtrockenheit, Übelkeit, Bauchschmerzen, Durchfall, Erbrechen, epileptische Anfälle, Tics. Besorgniserregend ist die Wachstumsverzögerung, das Längenwachstum dieser Kinder ist gehemmt. Es wird also das Risiko eingegangen, daß die Kinder nicht die zu erwartende Körpergröße erreichen werden. Minderwüchsigen Kindern darf deshalb Ritalin nicht gegeben werden. Der Hersteller informiert ferner: »Wird das Medikament abgesetzt, ist eine sorgfältige Überwachung erforderlich, da es dabei zur Demaskierung einer Depression oder chronischer Hyperaktivität kommen kann. Es ist möglich, daß einige Patienten während längerer Zeit beobachtet werden müssen.«[1]

Neben Schulleistungsschwäche gehört Hyperaktivität zu den Symptomen der Kinder, die mit Ritalin »behandelt« werden. Doch Hyperaktivität ist auch eine der Nebenwirkungen der »Behandlung« und kann sogar langdauernde Folge nach Absetzen der Stimulanzien sein. Einmal mehr bewirkt also der psychiatrische Eingriff genau das, was er zu »behandeln« vorgibt.[2]

Die Kinder müssen Ritalin ununterbrochen fünf und mehr Jahre lang einnehmen, obschon im Fachbuch ausschließlich von kurzfristigen günstigen Wirkungen gesprochen wird. Langfristig dagegen sei die Prognose auch mit Ritalin nicht besser.[3]

Was spielt sich da ab? Sicher ist, daß es auch hier um viel Geld geht. Schulleistungsschwäche ist wahrlich keine Seltenheit.

Zuerst gab es das »Medikament«, danach wurde die »Krankheit« erfunden

Erstaunlicherweise existierte das »Medikament« bereits, als die »Krankheit« noch nicht erfunden war. 1937 gab es eine »sensationelle« Entdeckung: Es wurde herausgefunden, daß Kinder im Gegensatz zu Erwachsenen unter der Wirkung von Psychostimulanzien eher ruhig werden. Doch erst seit Ende der fünfziger Jahre werden Kinder zunehmend mit Psychostimulanzien »behandelt«. Damit alles seine Richtigkeit hatte, mußte nun also auch eine Diagnose gefunden werden, mit der diese Kinder belegt werden konnten. Von da an hatte die »Störung« eine Bezeichnung, die jedoch im Laufe der Zeit noch mehrmals ihren Namen wechselte. Das gesamte Syndrom, das »behandelt« wird, besteht aus Unaufmerksamkeit, Hyperaktivität, Impulsivität und Schulleistungsschwäche.

Im deutschen Sprachraum wurde dieses »Syndrom« zunächst »infantiles psychoorganisches Syndrom« (kurz POS) genannt. Gemäß den Ausführungen im bekannten *Lehrbuch der Psychiatrie* von Bleuler[4] handelt es sich dabei um »blande, diffuse Hirnschädigungen, die während der fötalen Entwicklung, bei der Geburt oder im frühen Kindesalter entstanden sind«. »Bland« und »diffus« – allein der Gebrauch dieser beiden Worte macht klar, daß es sich hier um eine Erfindung handelt. Es wird von einer Hirnschädigung gesprochen, die nicht nachzuweisen ist, von einer hypothetischen Schädigung. Weitere Bezeichnungen für die »Störung« kamen hinzu: »frühkindliches exogenes Psychosyndrom« und »hirnorganisch-psychisches Achsensyndrom«.[5] Heute werden vermehrt die auf US-amerikanischen Einfluß zurückgehenden Begriffe »hyperkinetisches Syndrom«, »Aufmerksamkeits- und Hyperaktivitätsstörung« und »minimale Hirndysfunktion« verwendet. In den USA wird von »Minimal Brain Damage« (»minimale Hirnschädigung«), »Hyperactivity« (»Hyperaktivität«) und vor allem »Attention Deficit Disorder« (ADD, »Aufmerksamkeitsstörung«) gesprochen.

Es ist interessant zu lesen, wie diese »Störung« im *Diagnostischen und statistischen Manual psychischer Störungen* der Vereinigung der US-amerikanischen Psychiater beschrieben wird:

> »Die Hyperaktivität kann sich darin äußern, daß die Betroffenen nur unter Schwierigkeiten ruhig sitzen können, übermäßig herumtollen, durchs Klassenzimmer rennen, herumzappeln, mit Gegenständen herumspielen

und sich auf ihrem Sitz unruhig hin und her bewegen. (...) Bei Kindern im Vorschulalter zeigen sich als deutlichste Merkmale allgemeine Anzeichen motorischer Hyperaktivität wie beispielsweise übermäßiges Herumrennen und Klettern. Bei der Beschreibung des Kindes heißt es oft, daß es ständig in Bewegung ist und ›immer auf Achse‹.«

»**Komplikationen**: Hauptkomplikation ist das Versagen in der Schule.«[6]

»Die Impulsivität zeigt sich oft darin, daß die Betroffenen mit einer Antwort bereits herausplatzen, bevor die Frage vollständig gestellt ist, daß sie Bemerkungen machen, ohne an der Reihe zu sein, bei Gruppenaufgaben nicht warten, bis sie an der Reihe sind, daß sie mit der Beantwortung von Aufgaben beginnen, ohne sich mit den notwendigen Anweisungen richtig auseinandergesetzt zu haben, daß sie während der Schulstunde den Lehrer unterbrechen und in Phasen selbständigen, ruhigen Arbeitens andere Kinder unterbrechen oder sie ansprechen.«[7]

Unfaßbar, daß hier von einer organisch bedingten »Krankheit« gesprochen wird, die jahrelang mit »Medikamenten« »behandelt« wird. Das beschriebene Verhalten ist denjenigen, die oft mit Kindern zusammen sind, sehr geläufig. Es ist vielleicht für die anwesenden Erwachsenen unangenehm, doch darf es sehr wohl als »normal« bezeichnet werden. Wenn diese Kinder als biologisch »krank« bezeichnet werden, wird die Ursache der »Störung« in ihr Gehirn verlegt. Somit ist es unnötig, nach den gesellschaftlichen Ursachen des »hyperkinetischen Syndroms« zu suchen. Niemand braucht sich darum zu kümmern, ob die »Störung« dieser Kinder etwas mit dem Schulsystem, dem Leistungsdruck und der Erziehung in der Familie zu tun haben könnte. Die Gesellschaft ist entlastet, und die pharmazeutische Industrie macht satte Gewinne. Die biologistische Sicht des Menschen, die organische Ursachen und damit auch »medikamentöse Behandlungen« für alle psychischen Auffälligkeiten postuliert, bestimmt leider zunehmend die Entwicklung der Psychiatrie. Diese Haltung verfestigt den gesellschaftlichen Status quo und zementiert bestehende Machtverhältnisse und Mißstände.

Die konservativen Kräfte in der Gesellschaft finden sich hier zu einer Allianz mit dem psychiatrisch-industriellen Komplex.

Häufiger bei Jungen

Jungen sind weitaus häufiger betroffen als Mädchen. Die Angaben gehen bis zu einem Anteil der Jungen von 90 Prozent.[8] Offensichtlich ist der Leistungsdruck, mit dem Jungen in Familie und Schule konfrontiert sind, größer. Jungen werden eher überfordert und reagieren auf diese Überforderung typisch männlich mit Aggressivität.

Mit der Leistungsschwäche ist praktisch immer fehlende Aufmerksamkeit verbunden. Kinder, die nur als »hyperaktiv« oder »aggressiv« beschrieben werden, weisen keine Leistungsschwäche auf.[9] »Hyperaktivität« ohne Verbindung mit Aufmerksamkeitsproblemen und aggressivem Verhalten ist äußerst selten. Das ganze Syndrom – Unaufmerksamkeit, Hyperaktivität und Aggressivität – ist meist als Einheit zu beobachten.

Leicht zu verstehen, daß unaufmerksame Schüler schlechte Leistungen erbringen. Es ist auch nicht sonderlich überraschend, daß überforderte Jungen aggressiv werden. Und dennoch sieht die Psychiatrie die Ursache der »Krankheit« einzig und allein in einer »Störung der Hirnfunktion«.

Es zeigte sich übrigens, daß diese »gestörten« Jungen dann unaufmerksam sind, wenn sie nicht motiviert sind. Bei der Lösung von langweiligen, sich wiederholenden Aufgaben schneiden sie schlecht ab. Dagegen sind ihre Resultate bei besonders schwierigen und komplizierten Aufgaben – beispielsweise Reaktionszeitprüfungen, kombiniert mit Gedächtnistests – sogar besser als bei der »gesunden« Kontrollgruppe.[10] Wichtig ist auch der Befund, daß die »gestörten« Kinder so gut wie andere abschneiden, wenn sie die Situation selbst kontrollieren können. Wird die Prüfung jedoch von einer

Autoritätsperson geleitet und kontrolliert, fallen hingegen ihre Leistungen ab.[11] Dies macht deutlich, wo das Problem liegt: Diese Kinder leiden an keiner Hirnleistungsschwäche, vielmehr haben sie Schwierigkeiten im Kontakt mit Autoritätspersonen, die sie kontrollieren.

Es gibt das »hyperkinetische Syndrom« gar nicht

So kommt denn Diane McGuiness von der Universität von Südflorida (USA) in ihrem sorgfältigen Artikel zu dem naheliegenden Schluß, daß es das »hyperkinetische Syndrom« bzw. die »Aufmerksamkeits- und Hyperaktivitätsstörung« gar nicht gibt: »Streng methodische Forschung zeigt, daß die Aufmerksamkeitsstörung und die Hyperaktivität als Syndrome gar nicht existieren. Wir haben eine Krankheit erfunden, ihr medizinische Weihen gegeben und müssen sie nun wieder verwerfen.«[12]

Das »hyperkinetische Syndrom« ist eine Erfindung. Da »Medikamente« zu seiner »Behandlung« eingesetzt werden, mußte diese »Störung« zwingend zu einem medizinischen Problem gemacht werden.

Scheinbare »Besserung«

Wie sehen denn nun die Resultate der »medikamentösen Behandlung« dieses erfundenen »hyperkinetischen Syndroms« aus? Die Kinder *scheinen* nur »aufmerksamer« zu sein; aber Untersuchungen zeigen, daß dies keine Wirkung auf den Lernprozeß hat.[13] Es ist ja den PsychiaterInnen auch völlig klar, daß sich die langfristige Prognose durch die »Behandlung« nicht verbessert.[14] Was unter dem Strich bleibt, ist eine scheinbar verbesserte Aufmerksamkeit, Konzentration und Leistungsfähigkeit neben einer vergrößerten Bereitschaft dieser Kinder, sich disziplinieren zu lassen. Aufschlußreich ist, daß der objektiv nicht verbesserten Leistungsfähigkeit eine äußerst wohlwollende Einschätzung der Leistungen der »medikamentös behandelten« kleinen »PatientInnen« durch Eltern, LehrerInnen und ÄrztInnen gegenübersteht.[15]

In einer umfangreichen Studie sagten Kinder nach einem Jahr der »Behandlung« mit Stimulanzien, sie seien unglücklich, oder, sie möchten wieder glücklich und sorgenfrei werden wie zuvor. Und sie gaben an, daß sie sich vor der »Behandlung« besser und im allgemeinen sogar glücklich und zufrieden gefühlt hatten.[16] Eine sonderbare »Krankheit«: Vor der »Behandlung« finden Eltern, Lehrer und ÄrztInnen, die Kinder seien »gestört«, diese selbst jedoch betrachten sich als gesund und normal; während der »Behandlung« fühlen sich die Kinder unglücklich, doch die Erwachsenen sind nun zufriedener mit deren Verhalten.

In der großen Studie des Münchner Kinderarztes Walter Eichsleder erhielten die Kinder durchschnittlich fünf Jahre lang Stimulanzien, obschon bereits nach einem Jahr *alle* über die »Behandlung« geklagt hatten.[17]

Die »medikamentöse Behandlung« verhindert, daß die Ursache der Schwierigkeiten dieser Kinder angegangen werden kann. Es wird viel Zeit verloren, die Situation verschlechtert sich zusehends. Weil die beteiligten Erwachsenen vom anfänglichen scheinbaren Erfolg der »Behandlung« begeistert waren, wird dann die Dosierung erhöht, oder es wird auf eine andere Substanz aus der Gruppe der Stimulanzien gewechselt. Der Blick der Erwachsenen ist auf das »Medikament« und dessen Wirkungen fixiert. Eichsleder gibt den Mißerfolg seiner Bemühungen deutlich zu: »Wenn wir unsere therapeutischen Anstrengungen betrachten, sollten wir nicht die Erfolge und wiederholten Schulklassen des Kindes zählen, sondern die Akzeptanz der Medikation durch das Kind als Hinweis für seinen Wunsch für bessere Leistungen und gutes Verhalten bewerten.«[18]

Ritalin als »Einstiegsdroge«

Es wird behauptet, daß hyperaktive Kinder von Ritalin nicht süchtig würden.[19] Und dies, obschon die mit Stimulanzienkonsum verbundene Suchtgefahr sonst unbestritten ist. Andere sind sich da nicht so sicher. Manfred Bleuler[20] spricht von einer geringeren Suchtgefahr bei Kindern, und Otto Benkert und Hanns Hippius[21] erwähnen, daß Kinder mit zwanghaften Schlafanfällen (Narkolepsie) ritalinabhängig werden können. Bleuler empfiehlt sogar eine zeitweise Unterbrechung der »Behandlung«, um die Suchtgefahr zu verringern.[22] Er erwähnt Fälle, bei denen eine Neigung zu Sucht im Jugendlichen- und Erwachsenenalter zu beobachten sei.[23]

Eine Untersuchung aus dem Jahre 1993 belegt die große Suchtgefährdung dieser Kinder.[24] 103 Jungen, die im Alter von sechs bis zwölf Jahren wegen »Hyperaktivität« »medikamentös behandelt« wurden, wurden mit einer Kontrollgruppe verglichen. Im mittleren Alter von 18 Jahren waren diese Jungen 5,4mal häufiger abhängig von nichtalkoholischen Substanzen und weitere 13 bis 18 Jahre später viermal häufiger drogenabhängig als die Kinder der Vergleichsgruppe.

Das war zu erwarten. Schließlich wird diesen Kindern deutlich klargemacht, daß bei Schwierigkeiten jeder Art der Konsum einer psychoaktiven Substanz angebracht sei. In jedem Leben stellen sich immer wieder größere oder kleinere Schwierigkeiten ein. Und erfahrungsgemäß haben es ehemalige »hyperaktive« Kinder später, als Jugendliche und Erwachsene, besonders schwer. Daß sie dann, angesichts irgendwelcher Probleme, auf die Idee kommen, Psychopharmaka – Schmerz- oder Schlafmittel, Drogen oder Alkohol – könnten ihnen helfen, ist naheliegend.

Diese Kinder erfüllen die Erwartungen der Leistungsgesellschaft nicht. Pillenkonsum bringt Hilfe, das ist die Botschaft, die ihnen von ÄrztInnen, LehrerInnen und Eltern vermittelt wird. Daß der Problematik auf den Grund gegangen wird, fällt außer Betracht.

Ritalin, Prozac, Ecstasy – weitgehende Gemeinsamkeiten

Die Situation der Kinder, die mit Psychostimulanzien »behandelt« werden, ist derjenigen der heutigen Prozac- und, wie wir sehen werden, auch der Ecstasy-KonsumentInnen sehr ähnlich. Sie alle schaffen es nicht, aus eigener Kraft die auf äußeren Erfolg ausgerichteten gesellschaftlichen Erwartungen zu erfüllen. Der einzige Unterschied besteht darin, wie die drei Gruppen zu ihrer Pille kommen. Den Kindern wird sie gegen ihren Willen aufgezwungen, die Ecstasy-Leute verschaffen sie sich freiwillig, auf eigene Faust. Die Prozac-KonsumentInnen liegen irgendwo dazwischen. Ein großer Teil von ihnen geht bereits mit dem Wunsch, sich die »Glückspille« verschreiben zu lassen, zum Arzt. Es gibt sicher aber auch andere, denen der Experte das Wundermittel aufdrängen muß.

Eine weitere Droge in der Psychiatrie – LSD

Auch eine weitere Droge, das Halluzinogen LSD, hatte das Interesse der PsychiaterInnen geweckt und wurde von ihnen therapeutisch eingesetzt.
Auf die Entdeckung des LSD durch den Chemiker Albert Hofmann bin ich bereits eingegangen (vgl. S. 60). Hofmann übergab LSD einem Psychiater, Werner Stoll, Sohn des Pharmakologen Arthur Stoll, der Hofmanns Vorgesetzter beim Pharmamulti Sandoz in Basel war. Obwohl sofort klar war, daß LSD nicht als Psychopharmakon im üblichen Sinne eingesetzt werden konnte, stürzten sich die PsychiaterInnen gierig auf die neue Substanz. LSD interessierte und faszinierte sie. Ihrer Meinung nach war der Zustand, in den LSD die Menschen versetzte, sehr ähnlich demjenigen ihrer »schizophrenen PatientInnen«. Sie bezeichneten deshalb das, was LSD-KonsumentInnen erlebten, als »Modellpsychose«. Es kam zu einer Reihe von Selbstversuchen, sie wollten das »wahre« Wesen der

»Psychose« am eigenen Leib erleben. Diese Versuche waren auch im Sinne der Herstellerfirma Sandoz, die nur zu gerne ihre zufällige Entdeckung gewinnbringend vermarktet hätte. So war denn im Beipackzettel von Delysid (LSD) unter dem Stichwort »Indikationen« unter anderem zu lesen:

> **»Experimentelle Untersuchungen über das Wesen der Psychosen:**
> Delysid vermittelt dem Arzt im Selbstversuch einen Einblick in die Ideenwelt des Geisteskranken und ermöglicht durch kurzfristige Modellpsychosen bei normalen Versuchspersonen das Studium pathogenetischer Probleme.«

Die Ärzteschaft also als Vorgänger der Hippies, für die LSD zum Symbol ihres Lebensgefühls wurde. Erstaunlich, hatten die Hippies doch eine den anerkannten gesellschaftlichen Vorstellungen entgegengesetzte Einstellung zur Welt. Doch die Faszination der PsychiaterInnen für die durch LSD ausgelösten »Modellpsychosen« ließ rasch nach. Dem Wesen der »Psychose« kamen die PsychiaterInnen auch mit LSD nicht näher. Was »Schizophrenien« sind, wissen sie – wie sie selbst zugeben – heute genausowenig wie damals. Was geblieben ist, ist die Angst der PsychiaterInnen vor der »Psychose«, die Angst vor dem Fremdartigen, Andersartigen, »Verrückten«. Das zeigte sich bereits im erwähnten Beipackzettel, wo auch gleich das Antidot (Gegengift) angegeben wurde, das eingesetzt werden sollte, falls die »Modellpsychose« außer Kontrolle geraten würde: »Durch i.m. Injektion von 50 mg Chlorpromazin können durch Delysid hervorgerufene Rauschzustände rasch beseitigt werden.« Chlorpromazin (Largactil, Megaphen) ist das erste Neuroleptikum, das »Medikament«, das 1952 die »biologische Revolution« der Psychiatrie (Andreasen) eingeleitet hatte.

Doch die PsychiaterInnen fanden noch eine weitere Anwendungsmöglichkeit für LSD. Ungewohnt und überraschend wurde LSD auch therapeutisch eingesetzt. Eine Substanz, die den Betroffenen in einen »schizophrenieähnlichen« Zustand versetzt, sollte nun plötzlich »heilende« Wirkungen haben. Diese Anwendung von LSD wird »Psycholyse« genannt. LSD und weitere Halluzinogene wurden umgetauft und als »Psycholytika« bezeichnet. Vor allem wurden damit »therapieresistente Neurosen« angegangen. Die »Behandlung« fand – in etwa einwöchigem Abstand – möglichst in der Anstalt statt. Was im LSD-Rausch erlebt wurde, sollte danach mit dem Therapeuten verarbeitet werden. Angst und Faszination, das ist es, was die PsychiaterInnen »Psychose«-artigen Zuständen gegenüber empfinden. Wenn sie psycholytische Therapien durchführten, trauten sie offenbar ihrem eigenen Mut nicht ganz. Sie spielten mit der »Psychose«, die sie auslösten, und waren bereit, sofort mit Neuroleptika zuzuschlagen, wenn die Sache nicht ganz so ablief, wie sie sich das vorgestellt hatten.[25] LSD wurde versuchsweise auch zur Behandlung von Alkoholikern und bei Krebskranken im Endstadium eingesetzt.[26] Doch bald war die anfängliche Faszination für LSD abgeklungen. Heute dürfen keine legalen »Behandlungen« mit LSD mehr durchgeführt werden.

15

Ecstasy (MDMA)

Auf Ecstasy (MDMA), das sowohl als Droge wie als »Psycholyti-kum« gilt, soll im folgenden ausführlich eingegangen werden.

Als MDMA (3,4-Methylendioxymethamphetamin) erstmals syn-thetisiert wurde, dachte niemand daran, daß es eine illegale Droge werden könnte. Die Pharmafirma Merck ließ die Substanz 1914 patentieren. MDMA sollte als Appetitzügler verwendet werden; doch weil es nicht die erwünschten Resultate erbrachte, verschwand es bald wieder von der Bildfläche. 1953 wurde es von der US-Armee, die eine Reihe von psychoaktiven Substanzen untersuchte, in Tier-versuchen getestet, doch auch dort bald wieder fallengelassen.

1965 synthetisierte der Biochemiker Alexander Shulgin erneut MDMA und testete es dann auch gleich an sich selbst. Er war damals nach einer intensiven Erfahrung mit dem Halluzinogen Meskalin auf der Suche nach weiteren psychoaktiven Substanzen.

Alexander Shulgin hat sein Leben der Suche nach neuen psycho-aktiven Substanzen gewidmet. Erstaunlicherweise verfolgte er im-mer zwei Linien, einerseits suchte er nach Wirkstoffen, die der Selbstverwirklichung dienen sollten, andererseits hoffte er, Substan-zen zu finden, die psychische »Krankheiten«, insbesondere die »Schizophrenie«, heilen könnten,[1] das heißt, er suchte nach »besse-ren« Psychopharmaka. Also auch er einer, der die menschenverach-tende psychiatrische Ideologie nicht durchschaut hat: Auch er geht demnach davon aus, daß biologische Störungen des Gehirns Ursa-che der »Geisteskrankheiten« seien.[2] Dies, obschon Shulgin als Aussteiger, der mehr oder weniger mit der Mainstream-Wissen-schaft gebrochen hat, betrachtet wird. Shulgin synthetisierte weitere 179 Substanzen, die er alle selbst zu sich nahm. Er begann jeweils mit einer kleinen Dosis und erhöhte sie dann allmählich. Wenn er sicher war, daß der Effekt nicht unangenehm oder gefährlich war, gab er den Wirkstoff seiner Frau und später einer Gruppe von Bekannten. Der große Durchbruch jedoch ist ihm mit keiner weiteren Droge gelungen.

MDMA wurde zuerst von Psychotherapeuten eingesetzt

Shulgin gab MDMA 1977 seinem Freund Leo Zeff, einem Psychotherapeuten, der die Substanz mehreren tausend Personen verabreichte. Zeff und weitere KollegInnen, mit denen Shulgin zusammenarbeitete, waren begeistert von MDMA. Einer davon sagte: »MDMA ist wie Penicillin für die Seele, und wenn du einmal gesehen hast, was Penicillin kann, dann verschreibst du es immer wieder.«[3] Da diese Leute befürchteten, daß MDMA, sobald es weiter verbreitet würde, sofort – wie LSD – verboten würde, versuchten sie MDMA nur in ihrem Kreis zu benützen und möglichst wenig über ihre Erfahrungen öffentlich zu machen. So dauerte es bis 1984, bis MDMA richtig bekannt und zunehmend zur beliebten Freizeitdroge werden konnte.

1984 war MDMA noch legal und wurde in den USA von StudentInnen bereits unter dem Namen Ecstasy konsumiert. Bald verbreitete es sich weiter und ersetzte den Yuppies ihr Kokain. 1985 wurde MDMA in den USA verboten und blieb bis heute illegal. Die MDMA-Befürworter kämpfen noch immer dafür, daß dieser Beschluß rückgängig gemacht wird. Die USA erreichten es, daß MDMA weltweit verboten wurde. Einzig in der Schweiz konnten Psychiater noch legale Versuche mit MDMA durchführen.

Die Anhänger Bhagwans brachten Ecstasy nach Europa

Ecstasy war bei den Anhängern des inzwischen in Verruf gekomme-
nen indischen Gurus Bhagwan Rajneesh sehr beliebt. Als die Sanyasin ihren Ashram in Oregon verließen, brachten sie die Droge Mitte
der achtziger Jahre nach Europa. 1987 entstand auf der Hippie-Fe-
rieninsel Ibiza eine Rave-Szene. Ecstasy gesellte sich zu LSD und
Haschisch, die Tanzpartys dauerten die ganze Nacht. Kurz danach
gab es die ersten Rave-Partys in England – im Freien und in großen
Lagerhäusern.
Von Manchester aus verbreiteten sich die Partys und mit ihnen
Ecstasy in ganz Europa. Und von Europa kam die Droge wieder
nach Kalifornien zurück, von wo das Ganze seinen Ursprung genommen hatte. Bis heute ist Ecstasy unter den Jugendlichen in
England, wo es fast ausschließlich als Tanzdroge konsumiert wird,
weiter verbreitet als in den USA. Dort wird Ecstasy eher zu Hause
konsumiert, aber auch in den USA werden zunehmend Raves
veranstaltet.
Auch in die Schweiz wurde MDMA erstmals Mitte der achtziger
Jahre von Anhängern Bhagwans gebracht.[4]

Die Botschaft, die mit Ecstasy verbunden ist

Es lohnt, sich vor Augen zu führen, wie – und mit welcher Botschaft – MDMA seinen Weg in die heutige Technoszene Europas
gefunden hat. Neben Shulgin ist Bruce Eisner ein typischer Vertreter
der MDMA-Befürworter der ersten Stunde. Eisner, geboren 1948,
wuchs in Los Angeles auf. 1971, nach drei Jahren, brach er sein erstes
Studium – Politikwissenschaften – ab. Danach wurde er, nach seinen eigenen Worten, während einiger Jahre ein »Vollzeit- Hippie«.
Später wurde er Journalist und studierte Psychologie. 1977 organi-
sierte er eine große Konferenz, die das Halluzinogen LSD zum

Thema hatte. 1989 erschien die erste Auflage seines Kultbuchs *Ecstasy: The MDMA Story.*

Die Hippie-Kultur, LSD, Timothy Leary (der LSD-Papst, ebenfalls ein Psychologe), der ergriffene Biochemiker Shulgin, aus der Hippie-Bewegung hervorgegangene Psychologen – das sind Namen und Begriffe, die dem heutigen MDMA-Kult Pate standen. Auch Nicholas Saunders, Autor des Bestsellers *E for Ecstasy*, paßt gut in diesen Kreis. Er interessierte sich schon früh für östliche Mystik, Psychotherapie und LSD.[5] Dazu kamen Gruppierungen aus der Bewegung des indischen Gurus Bhagwan Shree Rajneesh und der New-Age-Bewegung. Zu alldem paßt die übliche Beschreibung der MDMA-Wirkung sehr gut: Es wird von Sich-Öffnen für andere, den anderen Menschen fühlen, auf ihn eingehen, so sein, wie man es möchte, von Liebe, Friedfertigkeit und Selbsterkenntnis gesprochen. Diese Werte sind unbestreitbar wichtig; aber es fällt auf, daß die Droge, die aus diesen Kreisen heraus die Welt eroberte, genau die Werte transportiert, die ihren Paten besonders wichtig sind.

Es muß hier daran erinnert werden, daß es praktisch unmöglich ist, die Eigenwirkung von psychoaktiven Substanzen von der Placebowirkung zu unterscheiden (vgl. S. 36 ff.). Diese Aussage hat ganz besonders für illegale Drogen Gültigkeit. Die Wahrscheinlichkeit ist groß, daß der Hauptteil der beschriebenen Wirkungen von MDMA viel mit dem Placeboeffekt und wenig mit der Droge selbst zu tun hat. Zumal im Unterschied zu den Psychopharmaka nicht einmal der Versuch unternommen wurde, placebokontrollierte Studien mit MDMA durchzuführen.

Was wir heute erleben, ist die Fortsetzung einer Entwicklung, die in den sechziger Jahren begonnen hatte. »Make love not war«, das war der »Slogan« der Blumenkinder. Was die Techno-Leute leben, klingt wie eine an das Aids-Zeitalter adaptierte Variante dieses Satzes. »Streichelt euch und seid friedfertig.« Das Ganze paßt zudem zur heutigen Konsumgesellschaft, es wird viel Geld umgesetzt.

Doch es sind nicht nur die Besucher von Techno-Partys und gewisse Psychotherapeuten, die MDMA konsumieren und anwenden. Es gibt auch den Konsum von »Eingeweihten« im privaten Bereich oder bei der Meditation.

Der erste Artikel über MDMA in der populären Presse in den USA erschien 1985 in *Newsweek*. Dort war zu lesen, daß MDMA die Droge der Wahl sei für diejenigen, die sich mit dem globalen Bewußtsein und der romantischen Ökologie der New-Age-Bewegung identifizieren.[6] Angehörige der New-Age-Bewegung erwarten von MDMA – das sie im Gegensatz zu den Rave-Leuten »Adam« und nicht Ecstasy nennen – inneres Wachstum und Erleuchtung. In Interviews sagen New-Age-Leute, es entspreche der Vorsehung Gottes, daß sie MDMA verwenden können. Interessanterweise wird auch in diesem Kreis von MDMA als einem »Sakrament« gesprochen. Wer MDMA zu sich nimmt, gehe ins Allerheiligste und präsentiere seinen Körper wie ein lebendes Opfer, auf daß etwas geschehe.[7] Es sei eine Erfahrung des »Selbst-Kernes« oder des »Gottesraumes« oder des »friedlichen Zentrums«, man sei in der Hand Gottes und habe das Gefühl, daß das Universum einen als Ganzes akzeptiere. Die MDMA-Erfahrung sei vergleichbar mit dem Abendmahl, sei eine Kommunion. Das Ziel bestehe darin, seinen »höheren Körper« zu erschaffen und damit in einen Zustand zu kommen, der durch den Tod nicht mehr unterbrochen werden könne. Unvorstellbare Seligkeit stelle sich ein. MDMA öffne das Tor. Während der MDMA-Reise sei man astrologisch von seinem persönlichen Planeten geleitet.

Viele dieser Leute sind auch therapeutisch orientiert. Ihre Sprache entspricht stellenweise genau derjenigen des Schweizer MDMA-Psychiaters und Psychotherapeuten Samuel Widmer. Auch er nennt MDMA ein Sakrament: »Wenn wir wollen, daß sie [diese Sakramente, mr] uns in unser innerstes Heiligtum führen, müssen wir uns zuerst dafür bereit machen.«[8] Es wird da auch vom Erwachen der Liebe im Kern des eigenen Selbst gesprochen.[9]

Was aus den Äußerungen dieser Angehörigen der New-Age-Bewegung klar wird, ist einmal mehr die enorme Bedeutung des sozialen Umfeldes beim Konsum einer psychoaktiven Substanz. Die soziale Welt, die Normen und Erwartungen der gesellschaftlichen Gruppe, in der der Wirkstoff eingenommen wird, bestimmen das Geschehen. Wer eine Droge oder ein Psychopharmakon zum ersten Mal zu sich nimmt, der »weiß« einiges darüber. Dieses »Wissen«, dieser »Glaube« ist entscheidend. Nur wenn dieses »Wissen« seinen eigenen Erwartungen und Wünschen entspricht, entscheidet er sich dazu, die Pille zu schlucken. (In der psychiatrischen Anstalt werden Psychopharmaka, insbesondere Neuroleptika, den Betroffenen nicht selten gegen ihren Willen zwangsweise gespritzt. Doch das ist eine anderes Thema.) Die MDMA-Erfahrung ist also stark vom sozialen Umfeld und von den Erwartungen und Wünschen der KonsumentInnen geprägt.

Die Sanyasin und Ecstasy

Ein Sanyasi sagte, MDMA sei eine Substanz, die in geeignetem Setting gezielte therapeutische Arbeit ermögliche. Weil Sanyasins schon immer für Meditation und andere Wege offen waren, die tiefe Gefühle ermöglichten, hätten sie vielleicht »schon früher als andere die positive Wirkung dieser Substanz begriffen«.[10]

Dazu ist einiges zu sagen: Im Umkreis der Sanyasinbewegung gab und gibt es viele selbsternannte Psychotherapeuten, deren Ausbildung in einem Ashram in Indien, in den USA usw. stattfand, wo viel von Liebe und Gefühlen gesprochen wurde. Unklar und unsicher ist, wie qualifiziert diese Therapeuten wirklich sind. Wenn sie nun noch mit Substanzen wie MDMA und LSD herumspielen, wird das Ganze noch fragwürdiger.

Interessant ist zudem, daß die MDMA zugeschriebenen Auswirkungen im Bereich der Sexualität sich parallel mit der Einstellung der Sanyasin zu diesem Thema gewandelt haben. Zu Beginn der achtziger Jahre galt MDMA als Sex- und Potenzpille. Das war die Zeit, in der das Erlebnis der Sexualität für Sanyasin »therapeutische« Bedeutung hatte. Wer in der Bewegung des Bhagwans mitmachte, öffnete sich seinen sexuellen Gefühlen, die er oft mit einer Reihe von verschiedenen Sexualpartnern konkret auslebte. Als die Aidsgefahr im Laufe der achtziger Jahre immer deutlicher wurde, änderten die Sanyasin – auf Grund einer direkten Intervention ihres Gurus – ihre Haltung voll und ganz. Nun war das Ausleben der Sexualität verboten, es zählte nur noch der Schutz vor Ansteckung. Gleichzeitig hatte sonderbarerweise auch MDMA seine »Wirkung« geändert. MDMA war zu einer Droge geworden, die wohl das Erlebnis der Gefühle erleichterte, förderte und steigerte, aber als Potenzpille galt es nicht mehr. MDMA, so wurde nun behauptet, führe zu Impotenz.

MDMA wird als Designerdroge bezeichnet. Ja, so sieht es aus: Mit MDMA wird der Placeboeffekt maßgeschneidert – je nach dem jeweiligen Bedürfnis der KonsumentInnen.

Begeisterte Psychiater

Von den kalifornischen Psychotherapeuten um Alexander Shulgin und Bruce Eisner, den Anhängern der New-Age-Bewegung und den Sanyasin gelangte MDMA auch in die Hände von schweizerischen Psychiatern. Es wurde ihr bevorzugtes Steckenpferd. Therapieversuche, durchgeführt von der »Schweizer Ärztegesellschaft für Psycholytische Therapie«, liefen von 1986 bis 1993. Die Schweiz war damit das einzige Land, wo MDMA noch legal eingesetzt werden konnte. Seit 1985 war MDMA nämlich in den USA und seit 1986 weltweit verboten.

»MDMA: Gefährliche Freizeitdroge oder wertvolles therapeutisches Hilfsmittel?« fragte *Psychologie heute*.[11] Die beteiligten Schweizer ÄrztInnen jedenfalls waren begeistert: Verschüttete Gefühle, so fanden sie, ließen sich mit MDMA sehr viel gezielter freilegen als mit LSD. Sie zählen MDMA und verwandte Substanzen zur Gruppe der Entaktogene (das Innere berührend). Halluzinationen würden von MDMA kaum ausgelöst, aber es sprenge die Staumauern der Gefühle. Die Gefühle seien enorm verstärkt. Die KonsumentInnen seien scheunentorweit offen für lange versteckte Trauer, fehlende Liebe, verdrängte Angst und vor allem auch empathisch für die Gefühle anderer. In psychotherapeutischen MDMA-Sitzungen wird viel geweint, gelacht und umarmt. Die Schweizer TherapeutInnen verabreichten MDMA ihren KlientInnen an Wochenenden in Gruppen von acht bis zehn Personen. Die Teilnehmer lagen, meditative Musik war zu hören. Nach acht Stunden wurden die Erlebnisse erzählt. Die Sitzungen wurden in Einzeltherapiestunden vorbereitet und später verarbeitet. Dieses Verfahren sei hilfreich bei depressiven Menschen, die unter Angst und Leere leiden und zudem Probleme mit dem Selbstwertgefühl haben.

Der US-amerikanische Psychiater Richard Ingnarsci gibt MDMA Frauen, die als Kinder sexuell mißbraucht oder später vergewaltigt wurden. Das Verfahren helfe bei der Verarbeitung der Traumatisierungen. Wie früher LSD wird auch MDMA KrebspatientInnen im Endstadium verabreicht.

»Rituale« fördern das Auftreten des Placeboeffekts

Juray Styk, ein Psychiater, der in der Schweiz MDMA einsetzte, und weitere TherapeutInnen führen – wie sie selbst sagen – eine Art Ritual durch.[12] Sie stimmen ihre »PatientInnen« auf das, was sie erwarten könnte, ein und lassen sich von ihnen eine Reihe feierlicher Versprechen geben (zum Beispiel, nicht aggressiv mit sich und anderen umzugehen). Diese »Rituale« haben auch das Ziel, die Drogenerfahrung für die Beteiligten zu einem außergewöhnlichen Erlebnis zu machen, das zwar in den Alltag hineinwirken, keinesfalls aber im Alltag wiederholt werden soll. Vor allem dieses »Ritual« weist auf einen wichtigen Punkt hin. Es ist ohnehin außerordentlich schwierig, bei psychoaktiven Substanzen ihre Eigenwirkung vom Placeboeffekt abzugrenzen. In der hier beschriebenen Situation wird diese Schwierigkeit noch einmal wesentlich vergrößert. Durch das »Ritual«, das Styk und seine KollegInnen mit ihren KlientInnen durchführen, werden diese auf den gewünschten Placeboeffekt hin programmiert. Dieses »Ritual« zeugt auch davon, daß die TherapeutInnen im Grunde Angst haben vor ihrem eigenen Mut. Sie trauen ihren KlientInnen nicht, und sie trauen MDMA nicht. So gibt Styk an, daß MDMA bei prädisponierten Menschen »Psychosen« auslösen könne. Durch die intensive Suggestion des »Rituals« versuchen sie, das Erleben der Betroffenen in die von ihnen gewünschte Richtung zu leiten.

Wie unsicher die MDMA-TherapeutInnen im Grunde sind, zeigt sich auch darin, daß sie die Substanz ihren KlientInnen höchstens dreimal pro Jahr verabreichten. Die LSD-TherapeutInnen waren in dieser Hinsicht noch mutiger, setzten sie ihr »Psycholytikum« doch in einwöchigen Abständen ein. Stefan Trebes und Thomas Saum-Aldehoff, Autoren des Artikels in *Psychologie heute,* übernahmen brav die Botschaft der PsychiaterInnen, die auf MDMA, ihr Steckenpferd, nicht verzichten möchten: »Abschließend bleibt festzuhalten, daß MDMA und andere Entaktogene ein faszinierendes therapeutisches Potential besitzen, das noch unzulänglich erforscht und belegt wurde.«[13] Sie plädieren dafür, daß die Therapie mit MDMA und damit neue Perspektiven in der Behandlung psychischer Störungen gesetzlich ermöglicht werden.

Für Samuel Widmer, Mitglied der Schweizerischen Gesellschaft für psycholytische Therapie, sind MDMA und LSD nicht Medikamente im üblichen Sinn, sondern »Sakramente«.[14] Und diese »Sakramente« wendet er im Rahmen von »Ritualen« an. Also ist offenbar auch Widmer ein »Priester«. Es bestätigt sich hier, daß sich im Umkreis der psychoaktiven Substanzen Päpste und Priester häufen. Widmer glaubt felsenfest an MDMA und LSD, Kramer an Prozac. Beide meinen, nicht auf ihre Wirkstoffe verzichten zu können. Beide kümmern sich um Psychotherapie. Der einzige Unterschied besteht darin, daß Kramer Prozac *anstelle* der Psychotherapie anwendet. Widmer dagegen bleibt bei der Psychotherapie; doch ist er der festen Meinung, daß er mit Hilfe seiner psychoaktiven Substanzen bei seinen »PatientInnen« viel mehr erreichen kann.

Der Machtfaktor in der Psychotherapie wird verstärkt

Im Bereich der Psychiatrie und auch der Psychotherapie ist Macht ein eminent wichtiges Thema. Macht über Menschen ist nirgends so ausgeprägt wie in der Anstaltspsychiatrie. Doch auch PsychotherapeutInnen verfügen über große Macht. Nur wer sich dessen sehr bewußt ist, läuft keine Gefahr, diese Macht zu mißbrauchen. Es sei hier an die keineswegs seltenen sexuellen Übergriffe von PsychotherapeutInne an ihren Klientinnen erinnert. Die Abhängigkeit der Klienten kann große Ausmaße annehmen, und es ist keineswegs selbstverständlich und einfach, sich in dieser Situation korrekt zu verhalten.

Beim Einsatz von psychoaktiven Substanzen erhalten die Themen Macht und Abhängigkeit noch mehr Gewicht. Das gilt für Psychopharmaka genauso wie für die psycholytischen Substanzen MDMA und LSD. Das Ungleichgewicht zwischen Arzt oder Psychiater und »Patient« wird dadurch wesentlich verstärkt. Der Therapeut verabreicht dem Betroffenen das Mittel, das ihn psychisch verändert und ihn etwas erleben läßt, was ihm sonst nicht möglich wäre. Derjenige, der psychoaktive Substanzen verabreicht, wird dadurch gleichsam zum Priester, er erhält für den »Patienten« eine viel größere Bedeutung. In der heutigen narzißtischen Gesellschaft kann Macht ein wichtiges Mittel sein, die weitverbreitete Angst vor dem Menschen, die Angst vor Nähe zu überwinden: Macht über das Gegenüber, das manipuliert werden kann und dazu gebracht wird, den Narziß zu bewundern. Dies trifft insbesondere für viele PsychiaterInnen zu.[14] Kaum eine Stellung in unserer Gesellschaft ist mit so viel Macht und Verfügungsgewalt über andere Menschen verbunden wie der Beruf des Psychiaters. PsychiaterInnen und PsychotherapeutInnen werden von ihren »PatientInnen« sehr oft bewundert und angebetet. Ganz besonders gilt das für den Therapeuten, der »Medikamente«, die er als »Sakramente« bezeichnet, verabreicht. Er wird zum »Priester«, zum Medizinmann, der nicht mehr als gewöhnlicher Mensch erlebt werden kann. In unendlichem Vertrauen muß sich der Klient dem psycholytisch arbeitenden Therapeuten ausliefern. Und der Therapeut nimmt während der psycholytischen Sitzung die psychoaktive Substanz natürlich nicht zu sich. Der Klient fürchtet sich vor der kommenden Erfahrung, er weiß nicht, was geschehen wird, seine Abhängigkeit vom Therapeuten nimmt weiter zu. Er erhält dadurch eine Bedeutung, wie sie ein gewöhnlicher Mensch niemals haben kann. Die »Liebe« zum Therapeuten oder zur Therapeutin wird zum Erlebnis, das im Privatleben unmöglich ist. Die Gefahr ist groß, daß die PsychotherapeutInnen die Zuwendung, die Bewunderung, die Anbetung, die ihnen ihre »PatientInnen« entgegenbringen, genießen, ja, daß sie schließlich abhängig werden davon. Derart intensive Gefühle werden einem Menschen in seinem Alltag kaum je entgegengebracht.

Gelebte, reelle Beziehungen sind stets ambivalent. Da gibt es immer positive und negative Anteile. Das absolute Glück in der Partnerschaft existiert nicht. Zur Liebe gesellt sich immer auch etwas Aggression und Haß. Das gehört zur Tragik unseres Lebens. Die große Sehnsucht, die wir alle in uns tragen, wird niemals vollständig erfüllt werden. Wer dies realisiert, hat eine zentral wichtige Erkenntnis gemacht. Er hat eines der Geheimnisse des Lebens entdeckt.

Diese Erkenntnis kann dazu verhelfen, bescheiden zu werden und seine Erwartungen etwas zu beschränken. Auf dieser Basis kann Glück, Glück in der Beziehung, für diejenigen realisierbar werden, die darauf verzichten, unerreichbaren Träumen nachzutrauern. Selbstverständlich sind auch PsychotherapeutInnen mit dieser Problematik konfrontiert. Auch in ihrem Privatleben werden die großen Sehnsüchte nicht erfüllt. Die Gefahr ist groß, daß sie süchtig werden nach den übermäßig starken Gefühlen, die ihnen ihre KlientInnen entgegenbringen. Das ist nicht gut, schlecht vor allem für die »PatientInnen«. Sie erwarten vom Experten Hilfe, sie geben sich in seine Hand. Noch viel mehr sind sie ihm ausgeliefert, wenn er ihnen LSD oder MDMA verabreicht. Die psychoaktive Substanz schwächt ihr kritisches Bewußtsein, die Realitätskontrolle, die Widerstandskraft und fördert die Tendenz zur Projektion. Einem Therapeuten oder einer Therapeutin, die süchtig sind nach Bewunderung und Anbetung, sind sie wehrlos ausgeliefert.

Der Einsatz von LSD oder MDMA in Psychotherapien ist vergleichbar mit Hypnose. Auch Hypnose wurde – und wird gelegentlich – in Therapien angewendet. Bei beiden Methoden verändert sich das Machtverhältnis entscheidend. Das Machtverhältnis zwischen Therapeut und Klient ist ohnehin eines der größten Probleme in Therapien. Echtes psychisches Wachstum, echte Schritte auf dem Weg zu sich selbst, sind nur möglich auf der Grundlage von tragfähigen Beziehungen, Beziehungen, die unbedingt gleichberechtigt sein sollten. Wenn auf der einen Seite der fachlich kompetente Experte, auf der anderen Seite der hilfesuchende »Patient« steht, ist eine gleichberechtigte und gleichwertige Beziehung jedoch bestenfalls ansatzweise möglich, und auch nur dann, wenn sich der Therapeut Tag für Tag bewußt mit der Machtproblematik auseinandersetzt.

Durch Hypnose oder den Einsatz von psychoaktiven Substanzen – seien dies nun Psychopharmaka oder Wirkstoffe wie MDMA und LSD – wird dieses Ungleichgewicht zwangsläufig wesentlich verstärkt. Meines Erachtens ist dann eine gleichwertige Beziehung nicht mehr möglich.

Vorne in Samuel Widmers Buch findet sich eine erstaunliche Widmung: »Ich widme dieses Buch den Frauen in meinem Leben, vorab Vreni und Maya, mit denen ich die Vorbehaltlosigkeit in der Liebe lernte, aber auch meiner Mutter, die mich wohl ein wenig zum Schreiben delegierte, weil sie selbst zu wenig Gelegenheit dazu hatte, und außerdem allen anderen, die mir Geliebte und Lehrmeisterinnen waren, die mich getragen haben und sich von mir tragen ließen.« Ich gehe davon aus, daß sich Widmer korrekt verhält und seine Macht nicht ausnützt. Dennoch zeigt seine Widmung einen sorglosen Umgang mit diesem heiklen Thema. Als bewußter Psychotherapeut müßte er sich im klaren sein, daß solche Äußerungen mißverstanden werden können. Zumal in seinem Buch die Liebe das Thema ist, um das alles kreist.

Auch ein weiterer Psychotherapeut, der MDMA einsetzt, spricht von der Liebe: Es sei mit keiner anderen Substanz »so gut möglich, das Herzchakra zu öffnen, und die Liebesfähigkeit zu verbessern«.[16]

Ein »Sakrament« verträgt keine placebokontrollierten Doppelblindstudien

Juray Styk, bekanntes Mitglied der »Schweizer Ärztegesellschaft für psycholytische Therapie« wehrt sich gegen die Forderung, placebokontrollierte Doppelblindstudien durchzuführen.[17] Er kann sich nicht vorstellen, auf dem spirituellen Weg zu sein und gleichzeitig derartige Studien zu machen. Er weiß einfach, daß er auf dem richtigen Weg ist: »Meine persönlichen und überpersönlichen Erfahrungen mit Hilfe der psycholytischen und psychodelischen Therapie sind unauslöschbar. Die Erfahrungen mit unseren Patienten bestärken uns im Sinne und Nutzen dieser Arbeit.«[18] Ich habe zwar ein gewisses Verständnis für den Widerwillen Styks derartigen Studien gegenüber, dennoch ist seine Haltung nicht akzeptabel. Er verhält sich wie ein Priester. Religiöse Fragen sind Fragen des Glaubens, da geht es um Dogmen – wer sie nicht anerkennt, ist ein Ketzer. Wenn Styk und seine KollegInnen wenigstens zugeben würden, daß es ihnen um gleichsam religiöse Erfahrungen geht; doch sie betrachten sich ja als Psychiater und Psychotherapeuten, sie wollen im wissenschaftlichen Sinne ernst genommen werden. Mit ihrem quasi religiösen Setting provozieren sie Placeboeffekte in großem Ausmaß. Hinzu kommt, daß sie psychoaktive Substanzen einsetzen, die als aktive Placebos wirken. Insbesondere MDMA hat viele »Nebenwirkungen« mit den Antidepressiva gemein, die ebenfalls als aktive Placebos wirken. Da ist es außerordentlich schwierig nachzuweisen, ob erwünschte Wirkungen als direkter Effekt der Wirksubstanz zu verstehen sind oder ob sie bei der Verwendung von Placebos genauso auftreten würden. Noch sind übrigens die Erfahrungen der Schweizer Ärztegesellschaft für psycholytische Therapie mit MDMA nicht publiziert.

Es stellt sich die Frage, was denn eigentlich die positive Eigenwirkung, der mögliche Nutzen von MDMA ist. Bevor nicht ernsthafte placebokontrollierte Doppelblindstudien durchgeführt sind, kann diese Frage nicht beantwortet werden.

LSD und MDMA in der Psychiatrie

Was hat es zu bedeuten, wenn PsychiaterInnen sich für den Gebrauch von LSD und MDMA in der Psychotherapie einsetzen? Zunächst einmal handelt es sich nur um einen kleinen Teil der PsychiaterInnen. Und dennoch ist ihre Einstellung typisch. Eingreifen, handeln, Resultate erzwingen, das ist leider ein Hauptziel der Ärzteschaft. Die große Kunst des Psychotherapeuten oder der Psychotherapeutin ist es, warten zu können, sich den zeitlichen Möglichkeiten der KlientInnen anzupassen. »Fortschritte« dürfen nicht erzwungen werden. Die Zeit muß »reif« sein, Erkenntnisse können sehr wohl nutzlos oder sogar kontraproduktiv sein, wenn sie zu früh kommen. Und Erkenntnisse sind auch Teil der Beziehung zwischen TherapeutInnen und KlientInnen, sie müssen gleichsam eingebettet in eine tragfähige Beziehung entstehen und reifen. Es wirft ein trauriges Licht auf PsychotherapeutInnen, wenn sie meinen, nicht ohne chemische Hilfsmittel auszukommen.

Außergewöhnliche Bewußtseinszustände können auch ohne den Einsatz von Halluzinogenen ausgelöst werden

Mit Psycholytika wie LSD und MDMA wird eine Veränderung des Bewußtseins, der Gefühlswahrnehmung, des Erlebens angestrebt. Dabei gibt es – wenn es schon unbedingt sein muß – Methoden zur Bewußtseinsveränderung, die ohne psychoaktive Substanzen auskommen. Grundsätzlich würde ich auch eher davon abraten, diese Methoden in der Psychotherapie anzuwenden; doch ziehe ich sie dem chemischen Eingriff unbedingt vor.

In der Fachsprache wird von außergewöhnlichen Bewußtseinszuständen (ABZ) gesprochen. Sie werden wie folgt charakterisiert: Gefühl, klarer und schneller als sonst zu denken; Widersprüche können konfliktfrei nebeneinander stehen bleiben; die Zeit kann langsamer oder schneller ablaufen als gewohnt; Gefühl der Zeitlosigkeit; Gefühl, sich selbst fremd gegenüberzustehen; Gefühl des Verlusts der Selbstkontrolle; stark wechselnde Stimmungslage; Gefühl der Körperlosigkeit; Gefühl des Einswerdens mit der Umwelt; Wahrnehmungsveränderungen, optische Halluzinationen; Gegenstände erscheinen voller Bedeutung. Außergewöhnliche Bewußtseinszustände können auch auf anderem Wege als durch Halluzinogene ausgelöst werden, beispielsweise durch die sogenannte sensorische Deprivation (Wegfallen der Sinnesreize). Zu erreichen ist das etwa in einem schalltoten und völlig verdunkelten Raum oder durch den Aufenthalt in einem Wassertank, der vibrationsfrei in einem dunklen und schallisolierten Raum steht (»Samadhi-Tank«). Es ist ein uraltes Wissen, daß sich bei Wegfallen der Sinnesreize veränderte Bewußtseinszustände einstellen können. Diesem Zweck dienten seit je Einsamkeit, Abgeschiedenheit und Monotonie.

Auch Fasten, Schlafentzug, Hyperventilation, Hypnose, Autohypnose und Meditation führen zu ABZ. Genauso können rhythmische Bewegungen, wie sie beim Langstreckenlauf und Langstreckenschwimmen auftreten, zu ABZ führen. Im Zusammenhang mit den heutigen Techno- und Housepartys ist es interessant, sich daran zu erinnern, daß seit je Trommeln und Tanz zur Erzeugung von ABZ eingesetzt wurden. Reizüberflutung wirkt wie Reizentzug. Laute, relativ monotone Musik, intensive Lichteffekte, viele Menschen auf engem Raum – zweifellos findet bei den Raves eine Reizüberflutung statt. Zusammen mit stundenlangem Tanzen und Ecstasy sind Bedingungen gegeben, die das Auftreten von ABZ erwarten lassen. ABZ, die ohne die Einnahme von psychoaktiven Substanzen ausgelöst werden, sind unbedingt vorzuziehen. MDMA wie auch weitere psychoaktive Substanzen haben eine Reihe von unangenehmen, störenden und gefährlichen Wirkungen. Wozu sich ihnen aussetzen? Wie die obenstehende Aufzählung zeigt, ist es recht einfach, in kurzer Zeit ABZ auszulösen. Am einfachsten wohl durch Hyperventilation, aber es ist auch nicht schwierig, die anderen Verfahren anzuwenden. Es kommt dabei zu keinen Schädigungen, und die ABZ können – wenn dies gewünscht wird oder notwendig erscheint – leichter unterbrochen werden. Wer sie chemisch ausgelöst hat, der muß warten, bis der Effekt des Wirkstoffs abgeklungen ist, was viele Stunden dauern kann.

Die PsychiaterInnen haben die alleinige Verfügungs-
gewalt über LSD und MDMA verloren

Interessant, was mit LSD und MDMA geschehen ist. Beides sind Substanzen, die in den Labors der pharmazeutischen Industrie erstmals synthetisiert wurden, beide wurden dann als nutzlos erachtet und längere Zeit liegengelassen. Nach unterschiedlicher Zeit wurde ihre psychoaktive Wirkung von den Chemikern, die sie herstellten, entdeckt. Von da aus gelangten sie in die Hände von Psychiatern und Psychotherapeuten. PsychiaterInnen experimentieren gerne mit psychoaktiven Substanzen; mit synthetischen Wirkstoffen die psychische Befindlichkeit zu verändern ist eine ihrer Lieblingsbeschäftigungen. Sie versuchen damit einerseits die psychischen »Krankheiten« ihrer »PatientInnen« zu »behandeln«, andererseits die Funktion des Gehirns, den Zusammenhang zwischen der Biochemie des Gehirns und der menschlichen Seele, besser zu verstehen. Doch beide Wirkstoffe sind ihnen entglitten. MDMA ist zu *der* Droge der neunziger Jahre geworden. Das paßt den PsychiaterInnen keineswegs. Sie schätzen es, wenn sie allein die Verfügungsgewalt über möglichst sämtliche psychoaktiven Substanzen haben.

Wirkungen von MDMA

MDMA ist ein Amphetaminderivat, es hat deshalb verständlicherweise die Wirkung eines Psychostimulans. Dazu gehören: erhöhte Schlagfrequenz des Herzens, erhöhter Blutdruck, trockener Mund, vermindertes Hungergefühl, Wachheit, gehobene Stimmung, verkrampfte Kiefermuskulatur. Es wird von Euphorie, gesteigerter körperlicher und emotionaler Energie und einer veränderten Wahrnehmung der Zeit, einem veränderten Zeitgefühl berichtet.[19]

Daß Ecstasy zur »full power dance drug« wurde, zur Droge, die den KonsumentInnen dazu verhilft, bei Techno- und Housepartys nächtelang durchzutanzen, ist darauf zurückzuführen, daß es ein Amphetaminderivat ist und deshalb auch Amphetamin- bzw. Weckamin- oder »Speed«-Wirkung hat. So sind Technopartys auch Sportveranstaltungen. An den Raves werden sportliche Höchstleistungen im Ausdauerbereich vollbracht. Sie sind beispielsweise vergleichbar mit dem 100-Kilometer-Lauf, der jedes Jahr in einer Sommernacht in der Umgebung von Biel stattfindet, vergleichbar auch mit all den weiteren extremen Ausdauerwettkämpfen – Triathlon, Swiss Alpine Marathon usw. –, die immer größere Zahlen von Teilnehmern und Teilnehmerinnen anziehen. Leistung ist angesagt in der heutigen Zeit, Grenzen überschreiten, das Unmögliche möglich machen. Und wie im Sport gehört auch in der Technoszene das stärkende Getränk, die Kalorienbombe, die extrem viel Koffein enthaltende Stärkung, der Energy Drink – Red Bull, Red Skin, Flying Horse usw. – dazu. Da sind die Übergänge zum Doping, wie es im Sport angewendet wird, fließend. Amphetamine sind seit Jahrzehnten bekannte und berüchtigte Dopingmittel im Ausdauersport, MDMA ist das Dopingmittel, das der Partyszene zu ihren sportlichen Höchstleistungen verhilft.

Hinzu kommen die Eigenschaften, die MDMA zugeschrieben werden und die dafür verantwortlich sind, daß MDMA die Bezeichnung Empathogen oder Entaktogen erhalten hat: Offenheit, Einfühlungsvermögen, die Kommunikationsfähigkeit nimmt zu.

Ausdauer, Offenheit, Glück – Ecstasy bietet den KonsumentInnen genau das, was ihren schönsten Träumen entspricht. Ein Nebeneffekt ist die Verminderung des Appetits und die damit verbundene Gewichtsabnahme. MDMA verhilft also auch dazu, dem Schönheitsideal nahezukommen. Wer will und kann denn schon auf diese Wunderpille verzichten?

Die unangenehmen Wirkungen von MDMA sind ähnlich wie diejenigen der Antidepressiva: verminderter Appetit, trockener Mund, schneller Puls, verkrampfte Kiefermuskulatur, »Zähnemahlen«, Kopfschmerzen, verschwommenes Sehen, Schlaflosigkeit, Schwitzen, Zittern, Übelkeit. Bei häufigem Gebrauch und bei erhöhter Dosis sind die »Nebenwirkungen« ausgeprägter.[20] Die MDMA-bedingte Erhöhung der Körpertemperatur kann, insbesondere wenn nächtelang ohne Flüssigkeitszufuhr getanzt wird, lebensgefährlich werden.

Einige Zeit nach dem Konsum kommt es zu Schläfrigkeit und Muskelschmerzen. Konzentrationsstörungen und auch die verkrampfte Kiefermuskulatur werden als längerdauernde Effekte beschrieben. Bei regelmäßigem Konsum entsteht Toleranz, die so groß ist, daß die erwünschte Wirkung mit Dosissteigerungen nicht mehr zu erzielen ist; die unerwünschten Wirkungen jedoch nehmen zu. So gibt es kaum KonsumentInnen, die Ecstasy häufiger als einmal pro Woche zu sich nehmen.

Als Folge des MDMA-Konsums wird auch von Herzarrhythmien, von Kollaps, von Muskelschwäche, Neigung zu Thrombosen, Nierenversagen und Leberinsuffizienz berichtet. Weiter werden Angst, Panikattacken, Schlaflosigkeit, Müdigkeit, Depression, erhöhte Irritierbarkeit, Gedächtnisstörungen und Flashback erwähnt.[21] Keine schweren Entzugserscheinungen.

»MDMA wirkt ähnlich wie das Antidepressivum Prozac, jedoch intensiver«

Für Nicholas Saunders, Autor des Kultbuchs *E for Ecstasy*, ist MDMA etwas Wunderbares, vor dem man sich zwar etwas in acht nehmen sollte, das einem jedoch, wenn man richtig damit umgeht, zu Offenheit, Menschlichkeit, Friedfertigkeit, Einsicht ins eigene Leben und in die Befindlichkeit anderer verhelfen könne. MDMA müßte demnach etwas sein, was es zuvor noch nie gegeben hat. Und der Ecstasy-Konsument wäre damit etwas Besonderes, einer, der seinen privilegierten Platz außerhalb der heutigen kaputten Gesellschaft gefunden hätte. Damit wäre MDMA anders als alle Drogen, anders als Alkohol und vor allem auch anders als sämtliche Psychopharmaka. Es würde nicht, wie die anderen psychoaktiven Substanzen, den KonsumentInnen dazu verhelfen, die triste Welt zu ertragen, nicht dazu beitragen, den bedauerlichen gesellschaftlichen Status quo samt all seinen Mißständen zu erhalten.

Nun hebt jedoch Saunders erstaunlicherweise gerade die Ähnlichkeit der Wirkungen von Prozac und MDMA hervor: »MDMA wirkt ähnlich wie das Antidepressivum Prozac, jedoch intensiver.«[22] Ein MDMA-Konsument, der aus irgendeinem Grund seine Droge nicht auftreiben kann, könnte einfach zum Arzt gehen und sich Prozac verschreiben lassen. Da MDMA intensiver wirkt, müßte er Prozac etwas höher dosieren.

Ganz offensichtlich ist sich Saunders der Funktion der Psychopharmaka in unserer Gesellschaft nicht bewußt, er sieht nicht, wie sie dazu beitragen, daß die Ursachen von Elend, Leid und Verzweiflung weitgehend unerkannt bleiben können. Prozac, die Anpasserdroge, die Droge des äußeren Scheins, wirke ähnlich wie Ecstasy. Ja, Saunders hat recht, mit seinem Vergleich deckt er, ohne es selbst zu merken, eine wichtige Wahrheit auf. Ecstasy dient dazu, mögliche Unzufriedenheit und möglichen Protest in nichts aufzulösen. Ecstasy paßt letztlich an, macht, daß alles beim alten bleibt. Die einen konsumieren und bleiben dabei ruhig, die anderen verdienen viel Geld damit – und das Ganze führt dazu, daß die bestehenden Machtverhältnisse unangetastet bleiben.

MDMA ist neurotoxisch

Wenn über MDMA diskutiert oder geschrieben wird, geht es oft um die wichtige Frage, ob die Droge das menschliche Gehirn schädigt.

MDMA führt unter anderem zu einer Ausschüttung des Neurotransmitters Serotonin. Dieses Serotonin wird vorläufig nicht wieder ersetzt. Bereits eine bis drei Stunden nach der Gabe einer einzelnen Dosis der Droge kommt es zu einer deutlichen Abnahme des Serotoningehalts im Hirngewebe von Ratten.[23] Der Serotoninspiegel bleibt während sechs bis 18 Stunden tief, um sich dann innerhalb von 24 Stunden wieder zu normalisieren.

Vier bis acht MDMA-Dosen führen bei Nagetieren und nichtmenschlichen Primaten zu einer Degeneration der Axone (Achsenzylinder) serotoninerger Nervenzellen, die verbunden ist mit einer Verminderung des Serotoningehalts der Hirnrinde und des Striatums (basale Stammganglien = subcorticale Kerne des Endhirns). Zu einer Erholung dieser Nervenzellen und der Wiederherstellung normaler Serotoninkonzentrationen in der Hirnrinde kommt es bei Ratten erst ungefähr ein Jahr nach dem Ende einer fortgesetzten Verabreichung von MDMA.[24] Ob die durch MDMA bewirkten Schädigungen beim Menschen irreversibel, das heißt bleibend sein können, ist umstritten. Klar ist jedenfalls, daß MDMA ein Neurotoxin ist, eine Substanz, die giftig ist für das Zentralnervensystem (ZNS). MDMA ist also ein Wirkstoff, der durchaus vergleichbar ist mit den Neuroleptika und den Antidepressiva. Bleibende Schädigungen des ZNS durch die genannten Psychopharmaka wurden erst festgestellt, nachdem diese »Medikamente« jahrelang eingesetzt wurden. Der Biochemiker Marcus Rattray von der University of London kommt zu dem Schluß, daß die beim Menschen üblichen Dosierungen MDMA-Konzentrationen im Gehirn bewirken, die annähernd denjenigen entsprechen, die beim Tier toxisch (giftig) sind. MDMA könnte damit – wie Neuroleptika – eine bleibende Hirnschädigung mit bleibenden psychischen Folgen bewirken. Langdauernde »psychoseartige« Zustände bei MDMA-KonsumentInnen sind beschrieben.[25]

In einem umfassenden Artikel gehen Forscher von der Johns Hopkins University in Baltimore und aus Bethesda auf die Neurotoxizität von MDMA ein: Die Degeneration der Achsenzylinder, eine morphologisch sichtbare Veränderung, ist mit der Verminderung des Serotonins ursächlich verbunden. Die beschriebenen neurodegenerativen Veränderungen sind bei den verschiedensten Tierarten beobachtet worden. Mäuse sind etwas weniger empfindlich als andere Tiere; doch bei höherer MDMA-Dosierung tritt bei ihnen dieselbe Schädigung auf. In höherer Dosierung werden nicht nur das Serotoninsystem, sondern auch das Dopaminsystem bzw. dopaminenerge Nervenzellen geschädigt. Es gibt Hinweise, daß das serotoninerge System sich bei Ratten sechs Monate bis ein Jahr nach wiederholten MDMA-Injektionen zu erholen vermag. Bei Affen jedoch scheinen die neurotoxischen Effekte von MDMA nicht mehr reparierbar.[26] Mäuse bzw. deren Gehirn sind also am wenigsten empfindlich auf MDMA, Ratten sind empfindlicher, am ausgeprägtesten und nicht mehr reparierbar ist die Schädigung des Affenhirns. Das Hirn eines Affen ist demjenigen des Menschen sicher ähnlicher als ein Mäusehirn. Dem Neurologen Thomas Steele und MitarbeiterInnen von der Johns Hopkins University in Baltimore zufolge sind die Dosierungen, die bei Affen neurotoxisch sind, annähernd dieselben, wie sie in der Technoszene konsumiert werden.[27] Die Wahrscheinlichkeit ist demnach ziemlich groß, daß MDMA auch beim Menschen eine bleibende Hirnschädigung bewirken kann.

Die langdauernde oder bleibende Verminderung der Serotoninkonzentration im Gehirn muß unbedingt ernst genommen werden, zumal sie mit einer Degeneration des Achsenzylinders, das heißt eines Teils der Nervenzelle, verbunden ist. Serotonin ist ein lebenswichtiger Neurotransmitter, eine bleibende Veränderung der Konzentration dieser Substanz muß als Schädigung bezeichnet werden. Auch die bleibende Veränderung der Dopaminempfindlichkeit (Dopamin ist ein anderer wichtiger Neurotransmitter) des Zentralnervensystems als Folge des Neuroleptika-Konsums hat schwerwiegende Folgen. Die bleibenden Spätfolgen des Neuroleptika-Konsums sind leicht festzustellen, weil sie mit auffallenden motorischen Störungen einhergehen; dennoch dauerte es, wie gesagt, viele Jahre, bis sie offiziell bekannt und von den Fachleuten anerkannt wurden. Bei Veränderungen im Bereich des Neurotransmitters Serotonin ist dagegen nicht mit motorischen Beeinträchtigungen zu rechnen. Die Chance, daß durch MDMA ausgelöste, möglicherweise bleibende Veränderungen jahrelang übersehen werden, ist also groß.[28] Da auch Prozac und die weiteren SSRI zu einer kurzfristigen Erhöhung der Serotoninkonzentration führen, die gefolgt ist von einer Reduktion der Zahl der Serotoninrezeptoren und einer verminderten Serotoninausschüttung in den synaptischen Spalt, gelten die Überlegungen bezüglich möglicher bleibender Schädigungen durch MDMA deshalb genauso für die selektiven Serontoninwiederaufnahmehemmer. Auch in dieser Hinsicht also kein Unterschied zwischen der legalen und der illegalen Modedroge der neunziger Jahre.

Wie zwei prominente Befürworter dem Thema der Neurotoxizität von MDMA begegnen

Auch Ecstasy-Papst Nicolas Saunders kennt das Problem der möglichen durch MDMA ausgelösten bleibenden Hirnschädigung. Verblüffend sein Schluß: »Ich komme zu dem Schluß, daß ein über Jahre hinweg hoher MDMA-Gebrauch die Hirnzellen wahrscheinlich schädigt, aber keine psychischen Probleme auslöst – und vielleicht sogar nützlich sein kann.«[29] Da fragt sich Saunders doch wirklich, ob eine bleibende Schädigung der Nervenzellen des menschlichen Gehirns nützlich sein könnte. Was für ein Menschenbild ist hinter dieser Aussage versteckt? Saunders ist offenbar der Meinung, daß der Mensch durch gezielte biochemische Manipulation sinnvoll verändert werden kann. Der Mensch, das unvollkommene Wesen, bzw. sein Gehirn wird durch MDMA »verbessert«. Diese biologistische Sicht des Menschen kann ich nicht teilen. Und die Veränderung, von der Saunders hier spricht, geht einher mit einer Degeneration eines Teils der Nervenzelle, des Achsenzylinders. Sie darf also keineswegs als geringfügig oder harmlos bezeichnet werden. Eine nützliche Schädigung – da liegt das Menschenbild der Psychochirurgen nicht fern. Psychochirurgen können nichts als zerstören: Mit dem Skalpell oder durch Elektrokoagulation zerstören sie Hirngewebe. »Geisteskranke« Menschen sollen dadurch geheilt werden. Die moderne Psychiatrie ist noch immer der Meinung, daß sie auf psychochirurgische Eingriffe nicht verzichten könne. Doch der Psychochirurg greift nur dann ein, wenn andere »Behandlungs«-Methoden versagt haben.

Saunders wehrt sich wie wild. Zuerst führt er aus, daß die Versuche an Ratten fehlerhaft durchgeführt worden seien. Doch die Versuche mit den Affen muß sogar er ernst nehmen. Seine weiteren Überlegungen sind aufschlußreich. Er erwähnt eine Untersuchung, die zeige, daß MDMA-KonsumentInnen weniger impulsiv und aggressiv seien. Saunders selbst bringt nun das friedlichere Verhalten dieser Menschen in Zusammenhang mit dem tieferen Serotoninspiegel.[30] Der sanfte Geist der Ecstasy-Gemeinde entzückt ihn offenbar. Sicher, Gewalt ist wahrscheinlich das größte Problem der Menschheit. Daß aber Friedfertigkeit, die als Folge einer Hirnschädigung entsteht, irgend etwas Gutes an sich haben soll, möchte ich vehement bestreiten. Chemisch ausgelöste Aggressionshemmung erachte ich als die völlig falsche Lösung. Besser wäre es, den Ursachen der menschlichen Gewalt auf den Grund zu gehen. Gewalt ist praktisch immer mit Angst verbunden. Derjenige, der sich fürchtet, ist gefährlich. Wo sind die ungelösten Konflikte, die die Menschen dermaßen ängstigen, daß sie meinen, sie nur mit Gewalt lösen zu können? Eine Gesellschaft, die wagt hinzusehen, die die Konflikte wahrnimmt und zu lösen versucht – das ist für mich die Lösung, nicht eine Befriedung des Menschen durch Pillen. Es zeigt sich hier erneut, daß Saunders Einstellung »seiner« Droge gegenüber einige Ähnlichkeit hat mit derjenigen der Psychiater gegenüber den Psychopharmaka.

Auch Juray Styk, Schweizer Psychiater und MDMA-Psychothera-
peut, nahm Stellung zum Thema der Neurotoxizität von MDMA.
In der TV-Sendung *Kontraste* (ARD)[31] im März 1995 sagte er:
»MDMA hat in einer Dosierung von 1 mg pro Kilogramm Körpergewicht keine toxischen Wirkungen.« Das ist eine Behauptung,
mehr nicht. Über die mögliche Toxizität von MDMA kann heute
noch nichts definitiv ausgesagt werden; es besteht jedoch Grund zur
Annahme, daß es zu einer bleibenden Schädigung des Zentralnervensystems kommen kann. Im übrigen wird Ecstasy nicht selten in
größeren Mengen als 1 mg pro Kilo Körpergewicht eingenommen;
außerdem kommt es darauf an, wie oft und wie lange Zeit jemand
die Droge zu sich nimmt.
Sowohl Saunders wie auch Styk ertragen es einfach nicht, wenn
öffentlich schlecht über ihr »Sakrament« gesprochen wird. Kritik
muß aus dem Weg geräumt werden, zu diesem Zweck ist ihnen
offensichtlich jedes Argument gut genug.

Psychiater, die vor Ecstasy warnen, wirken unglaubwürdig

Professor Thomas E. Schläpfer von der berühmten Johns-Hopkins-
Klinik in Baltimore warnt, wie auch weitere Ärzte, vor der »irreversiblen nervenschädigenden Wirkung von bereits geringen
MDMA-Mengen«.[32] Sicher, die Gefahr der eventuell bleibenden
Schädigung des Zentralnervensystems (ZNS) ist klar gegeben, ich
habe das bereits erläutert. Doch mit dieser Warnung wirken Leute
wie Schläpfer unglaubwürdig. MDMA stellt bezüglich seiner mög-
lichen irreversiblen nervenschädigenden Wirkung keineswegs eine
Ausnahme dar.
Diese Aussage kann mit derselben Berechtigung auch von den SSRI,
wie Prozac, Fevarin/Floxyfral und Gladem, gemacht werden. Für
Neuroleptika und die Standardantidepressiva ist diese Aussage sogar

erhärtet. Glaubwürdig wäre Schläpfer mit seiner Warnung nur, wenn er gleichzeitig verkünden würde, daß er ab sofort und endgültig auf den Einsatz von Neuroleptika, trizyklischen Antidepressiva und auch der SSRI verzichten wolle.

MDMA – Droge der neunziger Jahre

Was suchen die heutigen jungen Menschen? Was erleben sie mit und dank Ecstasy?

Bei den Raves, den Techno- oder Housepartys, die immer am Wochenende stattfinden, kommen Tausende von jungen Menschen zusammen. Zu den Partys in Zürich kommen Jugendliche aus der ganzen Schweiz und auch aus dem nahen Ausland. Monotone, rhythmische Musik, energetischer Beat, abwechselnd mit gefühlvollen langsamen, stimmungsvollen Klangteppichen, Lichtblitze, Lichteffekte, Stroboskoplicht, Lasershows, Jugendliche, die tanzen, tanzen und tanzen, die Arme verwerfen, kreischen. Stundenlang, nächtelang.

Nach der Party die »after hour« und nach der »after hour« die »after after hour«. Man kann nicht aufhören, es darf nicht aufhören, die Party geht weiter, nahezu 24 Stunden lang.

> Ich kann, ich darf alles, jedem ist es egal, was du machst. Du kannst am Boden liegen, den Handstand machen, alles ist o.k.
>
> Beim Tanzen gibt es keine verbindlichen Schritte, keine Regeln. Man kann alles machen, was man will.
>
> Man läßt sich treiben, weiß nicht, wohin, ziellos. Man fliegt, kann alles weglassen.
>
> Ich bin wie auf Wolken gelaufen, langsam wie auf dem Mond.
>
> Ich fühlte ein Megaziehen im Kopf, ich war megahappy.
>
> Man ist in einer anderen Welt. Dann kommst du hinaus, deine Persönlichkeit zeigt sich.

Ich fühle den Körper besser, bin befreit, hemmungslos, die Musik fließt durch mich hindurch. Du sprudelst vor Bewegung.

E ist der Schlüssel, euphorisch, happy, fröhlich, du bist zugänglicher, umarmst Leute, die du zuvor nie gesehen hast. Du fühlst, ob du dich jemandem nähern kannst oder nicht, ob die andere Person reden will mit dir oder nicht. Man kann auf jemanden zugehen, ohne ihn zu bedrängen.

Mit E ist man so, wie man eigentlich gern wäre. Man kann sich so verhalten, wie es einem zusagt.

Ich gehe an die after hour, ich will nicht aufwachen aus dem Traum. Ich will nicht, daß es aufhört, daß ich herunterkomme, deshalb nehme ich noch mehr E.

Es ist eine irre Welt, für normale Leute abnormal. Für uns Rave-Leute, Techno-Leute etwas Schönes.

Vom Montag bis Freitag lebt man stur computerhaft, damit man dieses Leben hinter sich hat und sich aufs Wochenende freuen kann.

Wenn das Wochenende toll war mit dem Zeug, dann denkt man am Montag, das nehm' ich wieder, ich will es immer so toll haben. Niemand verzichtet auf ein so tolles Wochenende. Man nimmt es immer wieder, wie Antibiotika-Tabletten, wenn man krank ist, oder wie ein Mittagessen; man nimmt es einfach und ist voll drauf, dann kommt man wieder runter; am Wochenende nimmt man es wieder, kommt wieder runter und nimmt es wieder.

Es läuft so viel, und während der Woche läuft fast nichts; man sollte vielleicht mal was anderes machen, dann würde man am Wochenende nicht so viel Ecstasy reinziehn. Wenn man einen anderen Sinn sähe, müßte man das Ganze nicht aufs Wochenende beschränken.[33]

Das Leben dieser Menschen beschränkt sich aufs Wochenende – oder wenigstens das, was sie als Leben bezeichnen und erleben. Für sie ist der Alltag eine Qual, die Arbeit ist frustrierend, die Arbeitslosigkeit beschämend. Nur das Wochenende zählt, die Flucht aus dem Alltag, die Flucht in das, was als wirkliches Leben gilt. Da muß jede Minute genutzt werden. Es wäre jammerschade, davon etwas zu verpassen. Schlaf? Nein, am Wochenende kann man sich keinen Schlaf leisten. Ecstasy, das Amphetaminderivat, hilft. Wer E nimmt, der braucht keinen Schlaf, der kann dabeisein, kann tanzen, nächtelang, tagelang. Und wer in diesen Wochenenden seine Erfüllung sieht, der kommt kaum noch davon los. Wie sollte er denn nun einen neuen Lebenssinn finden?

Diese Jugend ist maßlos, sie kennt keine Grenzen, die Flucht darf keine Minute zu früh zu Ende sein. Zu trist ist die Aussicht auf die nächste frustrierende Woche, die nur überstanden wird, weil auch danach wieder ein Wochenende folgen wird. Es gibt nichts mehr, was diese Menschen freut. Die Gesellschaft hat ihnen nichts mehr zu bieten. Sie leben nicht, sie existieren. Sie können mit der Welt der Erwachsenen nichts anfangen. Sie können sich mit unseren Werten nicht identifizieren, die Gegenwart ist trist, die Zukunft hoffnungslos, es gibt keine Ziele, die locken, alles erscheint hohl und schal. Und auch die Liebe ist den Jugendlichen zerstört worden. Liebe ist mit Angst verbunden, und die Angst hat sogar einen Namen – Aids. Kinder haben, eine Familie gründen – als entferntes Ziel wird dies wieder geäußert; doch in einer kaputten Welt kann das niemanden echt locken. Was bleibt, ist das Wochenende, da muß man dabeisein, fit sein, durchhalten um jeden Preis. Wie eine junge Frau sagte: »Es ist eine irre Welt, für normale Leute abnormal.« Das ist es, was für die Jugendlichen so anziehend ist – es ist irr, was auf den Partys läuft, ausgefallen, abnormal. Eine Welt, die die normalen Bürger nicht verstehen, die dem Chef, den Eltern völlig fremd ist. Etwas anderes, Außergewöhnliches. Das Wochenende erscheint so lohnend, so verheißungsvoll, daß Gefahren niemanden zu schrecken vermögen. Was soll's? Dann schadet es halt. Macht doch nichts. Was zählt, ist der Moment, und der Moment muß so lange wie möglich andauern – ohne Schlaf.

Daß Ecstasy illegal ist, vergrößert dessen Attraktivität wesentlich. Der Gegensatz zum Büroalltag, zum Alltag der Lehre, zur Konformität ist durch die Tatsache, daß etwas Verbotenes gemacht wird,

229

noch viel interessanter, spezieller. Sich in der Apotheke E zu holen, würde die ganze Sache als viel zu harmlos erscheinen lassen. Es ist wichtig, daß da etwas läuft, was von den Chefs, von den Eltern, von der Polizei abgelehnt wird. Legales Ecstasy würde einen wesentlichen Teil seines Reizes – und sicher auch von seiner Wirkung – verlieren. Der Ausstieg, die Flucht aus dem Alltag erscheint viel glaubwürdiger, wenn sie illegal ist. Eine bewilligte, eine gebilligte Flucht ist keine richtige Flucht.

Es gäbe in unserer Gesellschaft noch andere Fluchtmöglichkeiten. Doch legale Fluchtmöglichkeiten sind für diese Jugendlichen offensichtlich nicht attraktiv. Alkohol, schnelle Motorräder, Ferien im Ausland, das schnelle Geld und vieles andere mehr ziehen nicht, weil es sich dabei um erlaubte Fluchten handelt. Tragisch ist nur, daß sie nicht sehen, wie ähnlich ihre Flucht den legalen Fluchtmöglichkeiten ist, es ist kein prinzipieller Unterschied auszumachen. Auch diese Flucht muß bezahlt werden. Es gibt Leute, die daran verdienen, die die Sehnsüchte ausnützen – so oder so. Die Illegalität von Ecstasy bewirkt eine Illusion – die Illusion, am Wochenende etwas Außergewöhnliches, etwas Verbotenes zu machen.

Es geht um den äußeren Schein

Wie schon bei Prozac geht es auch bei Ecstasy um den äußeren Schein. »Für manche Frauen und auch Männer stellen Ecstasy und Tanzen einen Ersatz für Aerobics dar. (…) ›Die Motivation für Raving und Fitneß ist dieselbe. Es geht um Vergnügen, Geselligkeit, Musik und Körperlichkeit. (…) Die Kombination von stundenlangem Tanzen und Kalorienverbrauch ist für figurenbewußte Mädchen attraktiv. Viele Frauen mühen sich mit radikalen Schlankheitskuren ab. Heute nehmen viele von ihnen Ecstasy, um schlank zu werden.‹«[34] Gewichtsreduktion also als geschätzte und erwünschte Nebenwirkung des Konsums von Ecstasy und Prozac. Traurige neue

Welt. In unserer Zeit der fehlenden inneren Werte hat sich die Bedeutung der äußeren Erscheinung verselbständigt. Wobei die Bedeutung der Körperlichkeit keineswegs herabgespielt werden soll. Wer seinen Körper vernachlässigt, der vernächlässigt gleichzeitig auch seine Seele. Der Mensch besteht nicht aus Geist allein. Den Körper bewegen, ihn kennenlernen – im Sport, im Tanz usw. – bedeutet sicher für alle eine Bereicherung, insbesondere ist das eine äußerst wichtige Ergänzung für die vielen, deren Körperlichkeit im Berufsalltag zu kurz kommt. Das sei unbestritten. Doch heute hat die Betonung des äußeren Scheins jedes sinnvolle Maß überschritten. Wenn »Medikamente«, Drogen oder Hormone eingenommen werden, um schön, schlank oder muskulös zu sein – so wie das die Mode eben gerade verlangt –, dann ist die Sache destruktiv geworden.

Ecstasy und Sex – widersprüchliche Aussagen

In den achtziger Jahren galt Ecstasy als »Sexpille«, als Superpotenzmittel.[35] Davon ist heute keine Rede mehr. Vielmehr berichtet ein großer Teil der Männer von Erektionsproblemen und von Schwierigkeiten, den Orgasmus zu erreichen.[36] Frauen seien unter der Ecstasy-Wirkung häufiger sexuell erregt als Männer, erreichen aber keinen Orgasmus.[37] Mehrheitlich wird von einer dämpfenden Wirkung von MDMA auf die Sexualität gesprochen. Doch in England ergab eine Studie, daß Ecstasy-KonsumentInnen häufiger Sex hatten als andere.[38] Aus dem Kreis der Mitglieder der »Schweizerischen Ärztegesellschaft für Psycholytische Therapie« ist zu hören, daß MDMA die sexuelle Erregung unterdrücke und bei Männern die Erektion verhindere.[39] Häufig heißt es, MDMA ermögliche eine gefühlsmäßige Nähe, die nicht mit dem Wunsch, sexuell aktiv zu sein, verbunden sei. Frauen, so wird gesagt, könnten an den Raves unbesorgt knutschen, weil es »sicher« sei und kein Vorspiel zu Sex bedeute. Auf manchen Partys komme es zu »sexlosen Orgien«, die »feely-feely« oder »Petting-Zoo« genannt werden.[40]

Das sind widersprüchliche Aussagen. Nicholas Saunders kommt zu dem Schluß, daß die Wirkung von MDMA auf das sexuelle Verhalten sehr von den Erwartungen der KonsumentInnen abhänge. Insbesondere vermutet er, daß die Männer, die im Rahmen von Psychotherapien MDMA erhielten, vom »Glauben« ihrer ÄrztInnen beeinflußt waren und deshalb von einer Dämpfung der Sexualität sprachen.[41] Ich bin in diesem Punkt völlig einig mit Saunders. Der »Glauben«, oder mit anderen Worten die Placebowirkung, bestimmt wesentlich, wie sich die KonsumentInnen verhalten und was sie erleben.

Bezüglich der Sexualität ist mit zwei Wirkungsweisen von Ecstasy zu rechnen: Es gibt sicher eine rein biologisch bedingte Wirkung von MDMA auf die Sexualität. Die Serotoninwiederaufnahmehemmer und die Standardantidepressiva bewirken eine Reihe von sexuellen Störungen. Wie Ecstasy führen sie zu einer Erhöhung der Serotoninkonzentration. Es ist deshalb wahrscheinlich, daß Ecstasy ähnliche Störungen der Sexualität auslöst wie diese Antidepressiva. Zudem hat MDMA als Amphetaminderivat anregende Wirkungen – erhöhter Puls, Schlaflosigkeit, Schwitzen usw. sind die Folge. In diesem Zustand, der einer Aktivierung des sogenannten sympathischen Nervensystems entspricht, ist eine Erektion kaum möglich. Der biologische Wirkungsmechanismus von MDMA führt also eher zu einer Behinderung der sexuellen Aktivität.

Doch als aktives Placebo hat MDMA mit Sicherheit auch eine rein psychische Wirkung auf die Sexualität – und diese Wirkung ist eng mit den Erwartungen und Wünschen der KonsumentInnen verbunden. Wer Ecstasy zu sich nimmt, sei es in der Psychotherapie oder auf einer Party, der hat hohe Erwartungen, der ist vorbereitet auf eine Wirkung, der Konsum der Droge hat für ihn eine große Bedeutung, sie soll ihm etwas ermöglichen, was er ohne sie nicht schaffen würde. Eine rein psychisch bedingte Wirkung stellt sich deshalb praktisch immer ein – selbstverständlich die Wirkung, die dem sozialen Umfeld, in der die Droge konsumiert wird, entspricht.

Die DrogenkonsumentInnen erleben das, was im betreffenden Umfeld erwünscht und toleriert ist. Falls ihr Drogenerlebnis mit den Normen der Menschen, in deren Mitte sie sich befinden, nicht übereinstimmen würde, müßten sie diesen Kreis verlassen. Und Ecstasy wird meist in der Großgruppe eingenommen. Es wird im Umkreis der Techno- und Housepartys verkauft und dort auch konsumiert. Die KonsumentInnen akzeptieren damit automatisch das Gesetz der Szene, in der sie sich bewegen.

Als Ecstasy in den achtziger Jahren noch als »Sex- und Potenzpille« galt, wurde von Aids noch kaum geredet. Das hat sich inzwischen geändert. Seit vielen Jahren werden wir mit Informationen bezüglich der Aidsprophylaxe bombardiert. Die heutigen Jugendlichen erlebten ihre ersten sexuellen Gefühle und Bedürfnisse erst, nachdem sie von der mit der körperlichen Liebe eng verbundenen Lebensgefahr gehört hatten. Sexualität als solche ist immer mit Ängsten verbunden. Wer sich sexuell einläßt, bewegt sich in einem Bereich, in dem fortwährend Ängste berührt werden. Heute werden diese Ängste automatisch mit Aids assoziiert und damit verstärkt. Die Wirkungen auf ihre Sexualität, die die Ecstasy-KonsumentInnen beschreiben, entsprechen demnach ihren geheimsten Wünschen: Nähe erleben, ohne sich sexuell einzulassen, sich in den Bereich der Ängste begeben und dennoch ziemlich sicher sein, daß die gefürchtete Grenze nicht überschritten wird. In diesem Sinne kann gesagt werden, daß Ecstasy den Träumen dieser Menschen zur Erfüllung verhilft. Die Party als asexuelle Orgie entspricht den Wünschen der Jugendlichen und spiegelt deutlich die gesellschaftliche Situation.

Gerade heute wäre eine Partykultur, an der so viele Jugendliche teilnehmen, nicht denkbar, wenn es auf Grund der Drogenwirkung zu einer sexuellen Enthemmung kommen würde. Die Partyszene, und mit ihr Ecstasy, wird von den Behörden, wird von der gesellschaftlichen Macht offensichtlich toleriert. Es ist kaum wahrscheinlich, daß diese Szene auch dann toleriert würde, wenn es da regelmäßig zu Gruppensex oder ähnlichen Aktivitäten käme.

Regression

Im Verhalten der Technoleute läßt sich viel Kindliches ausmachen. Eine Furcht vor dem Erwachsenwerden. Das Leben als Erwachsener macht angst, erwachsene Sexualität macht angst, der tägliche Kampf um Erfolg und Ansehen macht angst. Es ist, als würden sie sich sagen: »Bleiben wir doch Kinder!«. Auf der Party, umgeben vom Klangteppich, eingetaucht ins Lichterspiel und nicht zuletzt unter der Wirkung von Ecstasy, ist die Welt der Erwachsenen weit entfernt. Kinder, ja Säuglinge spielen da herum, fühlen sich sicher, denn das, was sie fürchten, scheint so weit weg. Zeichen dafür ist unter anderem der Lolli, der zum akzeptierten Outfit der Technoleute geworden ist.

Die Technowelt ist eine verwirrende, fremde Welt; die aufreizende Musik, die Lichteffekte, die vielen sich ungewohnt gebärdenden Menschen schaffen eine Umgebung und eine Stimmung, in der es den Jugendlichen schwerfällt, sich zu orientieren. In dieser Situation kommt es leicht zur Regression: Wie im Traum sind bestimmte Kontrollmechanismen außer Kraft gesetzt, was zu einer Wiederbelebung frühkindlicher Erlebnisweisen führt. Die Regression führt zu einer eingeschränkten Wahrnehmung der Realität, was die Orientierungslosigkeit verstärkt. Allein ihre Anwesenheit an einer Technoparty versetzt viele Jugendliche also in einen Zustand, der für sie ununterscheidbar ist von der Wirkung einer Droge. Sie fühlen sich als kleine Kinder, denen alles erlaubt ist. Die Regression und das damit verbundene Wegfallen üblicher Kontrollmechanismen können als verführerisch, ja berauschend erlebt werden. Ein Zustand, den die Betroffenen immer wieder erleben wollen. Sie sind süchtig geworden.

Auch aus dieser Überlegung geht hervor, wie schwer es ist, die Drogenwirkung von psychischen Veränderungen abzugrenzen, die auf andere Weise hervorgerufen werden. Erstaunlich dennoch, was kürzlich vom pharmazeutischen Institut der Universität Bern herausgefunden wurde. Pillen wurden untersucht, die an einer Technoparty in Roggwil als Ecstasy verkauft wurden. 18 Prozent der Pillen enthielten überhaupt keinen Wirkstoff, waren also reine Placebos, weitere Pillen enthielten ausschließlich ein wenig Koffein.[42] Und keiner hat's gemerkt.

Vom Narzißmus in der Technoszene

Prozac ist das ideale Psychopharmakon einer zunehmend narzißtischer werdenden Gesellschaft (vgl. S. 109 ff.). Zeichen des Narzißmus sind auch in der Technoszene auszumachen. Das selbstverliebte Verhalten der TänzerInnen ist nicht zu übersehen. Alle sind sie kleine Königinnen und Könige. Die Hemmungen sind weg. Alles ist erlaubt.

In der heutigen narzißtischen Gesellschaft sind Beziehungen, ist der andere Mensch zu einer Bedrohung geworden. Der andere Mensch ist der narzißtischen Persönlichkeit eine fortwährende Gefahr: »Nimmt er mich wahr, akzeptiert er, bewundert er mich, oder will er mich besiegen, quälen, erniedrigen, verachten?« Diese ständige Sorge ist auf der Party wie weggeblasen. Jede und jeder darf sein, wie es ihm oder ihr zusagt, niemand wird verachtet – sofern er dabei ist, mitmacht. Ecstasy mache offen, wird immer wieder gesagt. Doch die offene, die erleichterte Kommunikation, die ausgetauschten Zärtlichkeiten sind unverbindlich – sie können deshalb nicht zur Bedrohung werden. Im Zentrum bleibt allemal das eigene Ich. Macht über Menschen ist der sonst übliche Ausweg aus der narzißtischen Problematik, deshalb findet sich in den gesellschaftlichen Machtstellungen eine Häufung narzißtischer Persönlichkeiten. Doch für die heutigen Jugendlichen ist der Weg, sich Ruhm, Ansehen und Macht im Berufsleben zu erringen, oft zu beschwerlich. Zudem stellt sich ihnen realistischerweise die Frage, ob sich das angesichts der Zukunftslosigkeit der heutigen gesellschaftlichen Situation überhaupt lohnt. Die Technoleute machen mit im Beruf, in der Wirtschaft; aber den Anstrengungen, die einen schnellen Aufstieg ermöglichen würden, weichen sie aus. Der große Erfolg vermag sie nicht zu locken. Dennoch bedeutet Erfolgslosigkeit für Narzisse eine Beschämung, an der sie schwer zu tragen haben. Und auch ein erfülltes Familienleben bedeutet für sie keine glaubwürdige Vision für die Zukunft, die negativen Beispiele – nicht zuletzt im eigenen Umfeld – sind zu deutlich. Die Selbstverliebtheit im Kreise von Gleichgesinnten jedes Wochenende auf der Party kann, vorübergehend wenigstens, die narzißtische Problematik entschärfen.

Die Ecstasy-Szene und die Prozac-KonsumentInnen haben, das zeigt sich hier erneut, viele Gemeinsamkeiten. Ihr Leiden ist vergleichbar. Die Prozac-Gemeinde braucht ihre Pille, weil sie die Kraft verloren hat, im Rennen um den äußeren Erfolg mitzuhalten. Die Ecstasy-Gemeinde hat sich nie ernsthaft an diesem Rennen beteiligt; doch hat sie sich innerlich damit noch nicht richtig abgefunden. Das aufs Wochenende konzentrierte Leben vermag die damit verbundene Verzweiflung in Grenzen zu halten.

Das vermeintliche Paradies hat große Ähnlichkeit mit dem verpönten Alltag

Auf ihrer Flucht übersehen die Ecstasy-KonsumentInnen, wie sehr ihr vermeintliches Paradies dem Alltag gleicht, dem sie zu entfliehen versuchen. So äußerte eine Partygängerin den Wunsch, die ganze Welt zu einer Party zu machen.

Im Alltag sollte man gut drauf sein, ist es wichtig, dabeizusein, nicht schlapp zu machen. Genau dasselbe spielt sich an der Technoparty ab. Mitmachen, nicht aufgeben, durchhalten, den Schein wahren. Die Rave-Leute betonen, wie sehr sie sie selbst, wie nonkonformistisch sie seien – vorgeschriebene Tanzschritte gäbe es nicht. Von außen gesehen, zeigt sich ein anderes Bild. Man sieht eine Menge von jungen Leuten, die alle dasselbe tun, sie tanzen, sie bewegen sich sehr ähnlich, wie Marionetten, die von Fäden gesteuert werden, die der Discjockey in den Händen hält. Zwang bestimmt ihr Leben, der Zwang dabeizusein, der Zwang zu genießen, was ihnen vorgesetzt wird – allen dasselbe. Durchhalten um jeden Preis, dabeisein um jeden Preis. Der Streß des privaten und beruflichen Alltags wird durch den Wochenendstreß abgelöst. Doch der Wochenendstreß ist so belastend, daß er ohne Pille, ohne das Amphetaminderivat, das Dopingmittel nicht zu ertragen wäre.

Ecstasy mache offen für andere Menschen, Unbekannte könnten aufeinander zugehen und sich umarmen. Genau das ist die gültige Norm der Technoszene. Eine Umarmung, mehr nicht, eine Umarmung mit einem Menschen, den man im Lichterspiel der Party kaum sieht. Am nächsten Tag, in seiner Alltagskleidung, wird man ihn nicht wiedererkennen. Nein, die Partyszene ist keine Szene der Begegnung, es ist eine Szene der Vereinzelung, vereinzelt versucht jeder und jede sich in der Menge zu vergnügen. Die Gemeinsamkeit beschränkt sich darauf, daß diese Vereinzelung in der großen Menge zelebriert wird. Alles in allem nichts wesentlich anderes als das, was der Alltag zu bieten hat. Der Wunsch, daß die ganze Welt eine einzige große Party werde, hat sich bereits erfüllt: Konsum und Vereinzelung in der Menge, bezahlen fürs Glück, etwas leisten, um dabeisein zu können. Das gibt es nicht nur an der Technoparty, das ist leider für viele das heutige Leben. Und auch im Alltag werden Unmengen von psychoaktiven Substanzen konsumiert, nur werden sie in der Apotheke gekauft.

Wer daran verdient

Genauso wie bei den Psychopharmaka sind auch bei Ecstasy die KonsumentInnen keineswegs die Gewinner. Bei den Psychopharmaka ist klar, wohin der Gewinn geht: an die Pharmamultis, an Eli Lilly, Solvay-Duphar, Boehringer Ingelheim, SmithKline Beecham, Roche, CIBA-Geigy, Upjohn usw. Wohin geht der riesige Gewinn, der sich aus dem Verkauf von Ecstasy ergibt?

Der größte Umsatz wird momentan in Großbritannien erzielt. 1993 wurden in Großbritannien sechs Millionen Ecstasy-Pillen beschlagnahmt. Die britischen Zollfander schätzen, daß sie zehn Prozent der geschmuggelten Ware abfangen. Das heißt, 1993 sind in Großbritannien 60 Millionen Ecstasy-Pillen gehandelt worden. Doch andere Schätzungen kommen zu noch höheren Zahlen. Weil es trotz der großen beschlagnahmten Menge zu keinen Nachschubproblemen auf dem britischen Markt kam, wird auch von mehreren hundert Millionen geschluckten Pillen gesprochen. Es wird mit fünf Millionen Ecstasy-KonsumentInnen in Großbritannien gerechnet.[43] In der Schweiz und Deutschland sind die Zahlen noch beträchtlich kleiner. Vielleicht 20 000 regelmäßige KonsumentInnen in der Schweiz und 100 000 in Deutschland. Eine Pille kostet in der Schweiz etwa 50 Franken, in Deutschland etwa 40 Mark. In Großbritannien ist Ecstasy also bereits ein Milliardengeschäft.

Produktion und Handel von synthetischen Drogen unterscheiden sich wesentlich vom Handel mit Opiatdrogen, Kokain und Cannabis, deren Ausgangsstoffe aus der Dritten Welt stammen. Dagegen sind alle chemischen Grundsubstanzen oder Vorprodukte der am Markt gehandelten illegalen Pharmadrogen im legalen Chemie-Großhandel erhältlich.[44] Das gilt auch für die erforderlichen Apparaturen. Pharma- und Chemieindustrie profitieren also vom illegalen Ecstasy-Handel. Dem Drogenexperten Günter Amendt zufolge soll die Imhausen GmbH im badischen Lahr Hunderttausende von Ecstasy-Trips für den niederländischen Markt hergestellt und sich damit sehr direkt an der Produktion einer illegalen psychoaktiven Substanz bereichert haben.[45] Besonders aktiv im Handel mit Rohamphetamin und bereits veredelten Amphetaminprodukten sind die baltischen Staaten, Tschechien, die Slowakei und Polen, das schon seit Jahren den skandinavischen Markt mit Speed-Drogen versorgt.[46] 1992 wurden in Deutschland elf Millionen Ecstasy-Tabletten beschlagnahmt, produziert in der größten Pharmafabrik Lettlands. Sie waren als Grippemittel deklariert, Schwarzmarktwert eine halbe Milliarde Mark.[47] Die Herstellung kostet einige Pfennige, verkauft werden sie für 40 Mark bzw. 50 Franken pro Stück.

Doch nicht nur die Hersteller und Verkäufer der Droge machen viel Geld. Die Technoszene hat sich in rasender Geschwindigkeit kommerzialisiert. Kapitalistischer geht es gar nicht. Wenige verdienen enorm viel, die große Masse konsumiert und bezahlt dafür einen hohen Preis. Die Jugendlichen geben an den Wochenenden praktisch ihr ganzes Geld aus. Bei einem mittleren Rave lassen sie 200 bis 400 Franken liegen. An einem ganzen Wochenende werden nicht selten 1000 Franken ausgegeben. Die Wasserleitungen in den Toiletten sind auf den Partys oft abgestellt. Dies ist deshalb wichtig, weil Ecstasy, insbesondere bei denjenigen, die stundenlang tanzen, eine gefährliche Erhöhung der Körpertemperatur bewirken kann. Die TänzerInnen sind deshalb gezwungen, die teuren Getränke zu kaufen.

In der Schweiz verdienen smarte Jungunternehmer (im Alter von 22 bis 29 Jahren) nach eigenen Angaben soviel wie das mittlere und obere Management, fahren bereits im Mercedes herum und sind kaum mehr ohne Mobiltelefon zu sehen. An einem Megarave in Zürich, den 25 000 Menschen besuchten, teilten die vier jungen Organisatoren die Einnahmen – 800 000 Franken – unter sich auf. Doch es gibt noch weitere Einnahmequellen.[48] Die Organisatoren verkaufen auch die CDs und die benötigte Kleidung, denn jeder weitere Rave fordert ein neues Outfit. Sogar ein Discjockey-Mietservice hat sich bereits etabliert. Wenn man weiß, was für eine enorme

239

Bedeutung die DJs haben, ist auch klar, daß sich damit viel Geld verdienen läßt: Die DJs werden verehrt und angebetet wie die größten Popstars.

Schon haben auch die finanzkräftigen Sponsoren Lunte gerochen. Werbung im Umkreis dieser Jugendlichen, die so locker Geld ausgeben, wollen sie sich nicht entgehen lassen. In der Schweiz handelt es sich um Parisienne (eine Zigarettenmarke), SBG (Schweizerische Bankgesellschaft) und Coca-Cola.

Eine traurige Illusion, wenn die tanzenden Jugendlichen meinen, sie würden sich in einer abnormalen Welt bewegen, und glauben, ihr Tun habe irgend etwas mit Ausstieg zu tun. Nein, sie tun, was wir alle tun – nur tun sie es noch etwas hemmungsloser. Sie konsumieren, lassen sich ausbeuten und verhelfen damit einigen wenigen Profiteuren zu Riesengewinnen.

Einen Hinweis darauf, woher die Inspiration der jungen Organisatoren kommen könnte, geben die Namen, mit denen sie ihre Imperien geschmückt haben. »KarmaSutra Futoroscop« ist einer der Namen, »Tarot Organisation« ein anderer. KarmaSutra tönt indisch und erinnert an die Namen, mit denen sich die europäischen Sanyasin schmücken. (Kamasutra ist der Titel eines berühmten indischen Liebesbuches.) Es wurde hier ja bereits erwähnt, daß Ecstasy von Anhängern des indischen Gurus Bhagwan nach Europa gebracht wurde. Interessant ist in diesem Zusammenhang eine Aussage des 22jährigen Megarave-Veranstalters Gregory Fauchart: Die Motivation für seine Aktivitäten bestehe darin, »Leute zu bewegen, große Massen. Das ist wie eine Religion. Du siehst eine Masse, die auf das gekommen ist, das du befriedigst.«[49] Enorm, was Fauchart hier sagt. Er befriedigt manipulativ die Ersatzreligion einer identitätslosen Jugend. Damit hat er sich selbst zum »Priester« gemacht. Er sieht von oben auf die Masse des gewöhnlichen Volkes herab.

Damit ist er nicht wie die anderen. Da braucht er sich nicht zu schämen, bereits in jungen Jahren Millionen zu verdienen. Und all dessen ist sich der junge Mann erstaunlich bewußt. Da hat sich jemand enorme Macht zugelegt.

Die Illegalität der Droge verstärkt ihre Attraktivität

Die Illegalität verhindert, daß die KonsumentInnen erkennen, wie trivial, wie konform und angepaßt im Grunde ihr Verhalten ist. Sie tun nichts anderes, als was die Mehrzahl der Menschen in unserer Gesellschaft macht. Daß sie sich verfolgt und kontrolliert fühlen, verhindert weitgehend diese Erkenntnis, verhindert die Erkenntnis, daß letztlich ihr Verhalten toleriert, ja sogar erwünscht ist. Eine unzufriedene Jugend, die gesellschaftliche Mißstände erkennt und dagegen anzugehen versucht, war für die etablierte Ordnung seit je eine große Bedrohung.

Die Mächtigen könnten sich nichts Besseres wünschen als eine Jugend, die sich ihren Frust am Wochenende vom Leibe tanzt und danach wieder fünf Tage lang ein unauffälliges und angepaßtes Leben lebt. Eine Jugend, die sich keinen Deut um wirtschaftliche oder politische Probleme kümmert. Eine Jugend, die konsumiert und ihr Einkommen ausgibt.

Die Mächtigen im Staate profitieren demnach von der Technowelle, profitieren davon, daß Ecstasy zur Modedroge der heutigen Jugend geworden ist. Legales Ecstasy würde viel von seiner Attraktivität verlieren. Eine Legalisierung von Ecstasy würde dem Technoboom Grenzen setzen. Ich denke, die Dauer des ganzen Spuks würde damit wesentlich verkürzt. Schon relativ bald würden die identitätslosen Jugendlichen einen neuen Lebensinhalt suchen.

In der Technoszene wird ein gesellschaftliches Problem chemisch gelöst

Unehrlich, wenn von Politikern behauptet wird, es gehe um den Schutz der Jugendlichen, deshalb könne Ecstasy nicht legalisiert werden. Legales Ecstasy wäre mit Sicherheit rein, die Jugendlichen müßten nicht mehr regelmäßig das Risiko eingehen, Pillen unbekannter Zusammensetzung zu sich zu nehmen. Der Ecstasy-Konsum – genauso wie der Psychopharmaka-Konsum – dient der Erhaltung des gesellschaftlichen Status quo.

Bemerkenswert, daß da im Grunde dasselbe geschieht, wie wenn der Psychiater einem unzufriedenen, jungen Menschen ein Psychopharmakon verschreiben würde. Der Pillenkonsum verhindert, daß die Betroffenen das Problem, das sie belastet, zu erkennen vermögen. Damit sind sie auch nicht in der Lage, aus eigener Kraft etwas zu unternehmen, um ihre unbefriedigende Lebenssituation zu verändern. Ob die Pille nun vom Psychiater verschrieben oder auf dem Drogenschwarzmarkt erstanden wird – das Resultat ist allemal dasselbe.

Macht und Kapital sind am verbreiteten Ecstasy-Konsum interessiert

Daß die Mitglieder der Partyszene nicht aus der Gesellschaft ausgestoßen sind, zeigt sich auch darin, daß über Techno und Ecstasy in den Medien vorwiegend wohlwollend berichtet wird. Sicher, die vielen Artikel und TV-Berichte schließen praktisch immer mit Warnungen ab. Dennoch sind sie meist so abgefaßt, daß, wer MDMA noch nie konsumiert hat, sehr wohl dazu animiert werden kann, die Partydroge am eigenen Leib auszuprobieren. Wer will sich denn nicht öffnen, sich besser fühlen, sozial fähiger werden, Musik und Gefühle intensiver erleben, seine Angst und seine Kommunikationsbarrieren fallen lassen und sich besser in andere einfühlen können? Dies sind Wirkungen von Ecstasy, wie sie in den Medien immer wieder erwähnt werden.

In unserer Zeit prägen die Medien das Bewußtsein der Menschen. Die öffentliche Meinung ist letztlich die Meinung, die von den Medien präsentiert wird, sie entspricht weitgehend der Meinung der Macht und des Kapitals.[50] Diese öffentliche Meinung toleriert offensichtlich die Technoszene: Damit ergibt sich auch aus dieser Sicht, daß Macht und Kapital nichts gegen den MDMA-Konsum eines beträchtlichen Teils unserer Jugend haben.

Wie gut die Technoszene bereits in der Gesellschaft integriert ist, zeigt sich auch darin, daß an einem Mega-Rave, der am 29. April 1995 in Winterthur bei Zürich stattfand, die staatlichen Schweizerischen Bundesbahnen (SBB) als Sponsoren auftraten.[51] Die SBB kümmern sich hier auch gar nicht um Außenseiter. Die Technoleute gehören keineswegs zur Unterschicht, der große finanzielle Aufwand, den ihr Freizeitvergnügen verlangt, ist nicht etwa mit Beschaffungskriminalität verbunden. Von den Heroin-KonsumentInnen grenzen sie sich mit Entschiedenheit ab.

Eine Schlagzeile in der *Ärztewoche* vom 25. Januar 1995 lautete: »Die Schweiz ist eines der größten Herkunfts- und Umschlagsländer synthetischer Drogen«.[52] Gemeint ist hier in erster Linie Ecstasy. Die in der Schlagzeile gemachte Aussage stammt von einem angesehenen Politiker, dem schweizerischen FDP-Ständerat Kurt Schüle, Sprecher der parlamentarischen Kommission, die sich mit dem Drogenproblem befaßt. Aus besonnenem Munde erfahren wir hier also über die Beteiligung der Schweizer Industrie an der Herstellung von synthetischen Drogen. Schüle führte nicht aus, wie weit denn die Beteiligung dieser Firmen geht, ob es sich nur um die Herstellung der Ausgangsstoffe oder der Droge selbst handle. Jedenfalls ist klar, daß, wer an der Herstellung von Drogen beteiligt ist, daran verdient.

Es scheint, daß die Aussage, daß Macht und Kapital den verbreiteten

243

MDMA-Konsum der heutigen Jugend tolerieren, noch verstärkt werden muß: Macht und Kapital sind am verbreiteten MDMA-Konsum eines Teils unserer Jugend interessiert.

Und falls diese Jugend doch noch schwierig werden sollte, Häuser besetzen oder sich sonstwie unbeliebt machen würde, bietet die Illegalität von MDMA die Möglichkeit, daß jederzeit hart gegen Ecstasy-KonsumentInnen vorgegangen werden kann. Die Polizei hält sich vorläufig zurück; doch das kann sich bei Bedarf schlagartig ändern.

Die Wirtschaft verdient am legalen und am illegalen Geschäft rund um die Technoszene

Außer an der Herstellung und am Verkauf der Droge selbst läßt sich auch in ihrem Umkreis Geld verdienen. Denn mit der Einsicht in die Mechanismen des illegalen Marktes können indirekt auch im legalen Sektor erhebliche Prohibitionsgewinne erzielt werden. Die Werbebranche und ihre Auftraggeber haben die Sucht- und Drogenrealität der Konsumgesellschaft klar durchschaut. Im Umfeld der Technoszene läßt sich mit Anspielungen auf Ecstasy viel Geld verdienen. So wirbt der Hersteller von Schweppes für »Schweppestasy« und hofft damit, den Flüssigkeitsverlust der TänzerInnen mit seinem Produkt zu ersetzen. Doch die Wirtschaft versucht noch dreister, die Rave-Leute zu verführen. Mit einem Preisausschreiben beispielsweise, dessen GewinnerInnen eine Reise machen dürfen. Nichts Neues? O doch: Es geht mit dem Jet über Zypern nach Amsterdam zu irgendwelchen Mega-Raves. Das Ganze nennt sich »Camel Air Rave«.[53]

Und die Jugendlichen wurden nicht nur zur Teilnahme am Wettbewerb animiert, sondern auch – im Rahmen der »Camel-Air-Rave-Kampagne« – aufgefordert, eine Zigarette zu rauchen und einen Drink herunterzustürzen. Es handelte sich um eine »stark alkoholhaltige Geleespeise mit Maracuja-Geschmack, hergestellt mit vier-zigprozentigem Wodka«. Die Tatsache, daß es gefährlich ist, MDMA mit Alkohol zu mischen, vermag die Profitgier der Wirt-schaftsmanager ganz offensichtlich nicht zu bremsen.

Sinnvoll ist nur die Legalisierung

Verbote haben noch nie etwas gebracht, Prohibition hat noch nie dazu geführt, daß der Konsum von psychoaktiven Substanzen zu-rückging. Ganz im Gegenteil. Beispiele für diese verfehlte Politik gibt es viele: Die Alkoholprohibition in den USA zwischen 1920 und 1933 und unser Umgang mit Heroin, Kokain und Haschisch haben dies zur Genüge bewiesen. Die Prohibition steigert die At-traktivität der verbotenen Substanz. Der Konsument einer illegalen Droge ist etwas Besonderes, er gehört zum Kreis derer, die das Verbot übertreten. Und wenn trotz Verbots so viele zu sich nehmen, was nicht erlaubt ist, müssen ErstkonsumentInnen den Eindruck be-kommen, es handle sich um einen geradezu himmlischen Stoff, den man sich nicht entgehen lassen dürfe.
Verbote bringen nichts, Kriminalisierung bringt nichts, Freiheits-strafen bringen nichts. Es kann nicht sein, daß die Obrigkeit diese simple Lektion noch immer nicht gelernt hat. Auch die Repres-sionsbefürworter wissen genau, daß durch Verbote der Konsum von illegalen Drogen nicht zu kontrollieren, zu limitieren oder gar zu beenden ist. Und dennoch setzen sie sich mit all ihrer Macht für den harten Kurs ein, der die Politik der allermeisten Länder bestimmt. Um das Wohl der Betroffenen geht es den Hardlinern also nicht. Sie tun nur so, als wollten sie bedauernswerte und irregeleitete Men-schen schützen, als sei ihnen das Wohlergehen der Betroffenen, der Kampf gegen die bösen und herzlosen Dealer ein tiefes Anliegen. Wer das Wohl der KonsumentInnen im Auge hätte, der müßte zu anderen Schlüssen kommen.

Heroin, LSD, Ecstasy und viele andere Drogen sind Substanzen, die in den wissenschaftlichen, höchst legalen und geschätzten Laboratorien der Pharmaindustrie entwickelt wurden. Auf ihrer Suche nach neuen Wirkstoffen testet die Pharmaindustrie Tausende von Verbindungen durch, die alle künstlich, das heißt im Reagenzglas, hergestellt werden. Der größte Teil dieser synthetisch hergestellten Verbindungen wird als nutzlos verworfen. Ein anderer Teil wird später zum offiziellen »Medikament«, wird von der Industrie hergestellt, von den ÄrztInnen verschrieben, von den Apotheken verkauft. Ein letzter Teil wird aus teilweise undurchsichtigen Gründen als zu gefährlich bezeichnet und deshalb verboten; später einmal wird er illegal hergestellt und taucht auf dem Drogenschwarzmarkt auf. Weil diese Wirkstoffe verboten sind, werden sie von Garagenchemikern hergestellt – wobei die benötigten Rohstoffe dennoch aus den Beständen der legalen Hersteller bezogen werden. Die KonsumentInnen sind auf Informationen der Dealer und die mündlich weitergegebenen Erfahrungen von MitkonsumentInnen angewiesen. Das Risiko von Fehl- oder Überdosierungen ist deshalb groß. Wer beispielsweise Ecstasy kauft, der riskiert, daß er einen Stoff erhält, der mit MDMA wenig oder nichts zu tun hat. Bei der Analyse von Ecstasy-Pillen werden regelmäßig Amphetamin, LSD, Koffein, Crack, Ephedrin, Norephedrin, ja sogar Heroin gefunden. Die jungen KonsumentInnen der Ecstasy-Pillen wissen das, dennoch sind sie bereit, die mit dem unsicheren Stoff verbundenen Risiken einzugehen. Das Bedürfnis, dabeizusein, der Zwang, gut drauf zu sein und die Erwartungen zu erfüllen, ist für sie offensichtlich zu stark.

Gerade am Beispiel Ecstasy läßt sich gut zeigen, daß die Illegalität der Drogen nichts als Nachteile hat. Keine Technoparty ohne Ecstasy und andere Drogen. Das Verbot hält also keinen einzigen möglichen Konsumenten davon ab, die verlockende Substanz zu sich zu nehmen. Wem das Wohl dieser Menschen wirklich am Herzen liegen würde, der müßte sich unbedingt für die Legalisierung von MDMA aussprechen, die Gefahren für die Betroffenen durch unreinen oder falsch dosierten Stoff wären dadurch weitaus geringer, als sie es heute sind. Sinnvoll wäre eine Lizenz für die pharmazeutische Industrie, verbunden mit einem Werbeverbot und einem festen Preis. Das ist der einzig vernünftige Umgang mit psychoaktiven Suchtstoffen: Legalisierung, feste Preise, Werbeverbot, rezeptfreier Verkauf in der Apotheke ohne Registrierung der KäuferInnen. Jede andere Lösung vermindert keineswegs die Zahl der KonsumentInnen, vergrößert jedoch die Gefahren massiv.

Wenn ich für die Legalisierung einer psychoaktiven Substanz eintrete, die möglicherweise das menschliche Gehirn bleibend schädigt, so deshalb, weil dies meiner Ansicht nach der beste Weg ist, den möglichen Schaden zu begrenzen. Es muß in diesem Zusammenhang einmal mehr erwähnt werden, daß Alkohol, Neuroleptika und die Standardantidepressiva, die bei uns völlig legal in großem Maßstab konsumiert werden, *mit Sicherheit* bleibende Schädigungen des Gehirns bewirken können. Alkohol ist frei im Handel erhältlich, die beiden Psychopharmakagruppen werden millionenfach von ÄrztInnen verschrieben.

Nachwort:
Wir leben im Zeitalter der Biologie

Für den Psychiater Peter D. Kramer, »Hoherpriester des Prozac« ,ist seine »Glückspille« eine Designerdroge, glatt und hightech.[1] Prozac – die »maßgeschneiderte« Droge für das High-Tech-Zeitalter, für eine Zeit, in der die Suche nach wissenschaftlich-technischen Lösungen unser Denken fast ausschließlich besetzt.

In dieser Zeit ist es zu mühsam und zu langwierig, auf psychologische Lösungen zu setzen. Vergessen wird dabei, daß Sigmund Freud im Jahre 1900 mit seiner *Traumdeutung* das Tor für das weitgehende psychologische Verständnis des Menschen geöffnet hat. Er hat mit seinem Werk auch ein Mittel geschaffen, das die Zusammenhänge zwischen der psychischen Befindlichkeit des Menschen und der gesellschaftlichen Situation aufzeigen kann. Damit enthält sinnvolles psychologisches bzw. psychoanalytisches Denken zwangsläufig immer auch gesellschaftskritische Elemente.

Doch heute zählt das alles kaum mehr. Das Ende des 20. Jahrhunderts ist eine vom biologischen Denken geprägte Zeit.

Bereits 1962 machte sich der Genetiker Josua Lederberg, Nobelpreisträger für Medizin, auf einem Symposium der CIBA Foundation in London kompromißlos für die genetische Manipulation des Menschen stark. Sein Ziel war es unter anderem, Menschen von höchster Intelligenz zu produzieren.[2] Mit zunehmendem Aufwand wurde seither weitergeforscht. Heute geht es um die Ausmerzung des »manisch-depressiven« und des »schizophrenen« Menschen. Die Gentechnologie soll's ermöglichen.[3]

Die Forscher schrecken vor nichts mehr zurück, nicht einmal vor der Verpflanzung von embryonalem Hirngewebe. Empfänger waren fast ausschließlich Parkinson-Patienten; doch auch »Schizophrene« wurden schon operiert. »Werden schon bald Individualität und

Identität, diese Grundwerte unserer Kultur, verschwimmen in einer ich-losen Unsterblichkeit des zusammengesetzten Menschen?«[4]

Der Glaube an die Biologie ist in unserer gottlosen Zeit zur »Religion« geworden. Das ist eine resignative Entwicklung. Der Mensch hat sein Geschick aus der Hand gegeben.

In unserer narzißtischen Gesellschaft regiert die Angst. Erfolg, Macht und Geld sind die Mittel, die angestrebt werden, um mit dieser Angst fertig zu werden. Aber das gelingt nur wenigen. Sie sind es, die den Gang der Dinge bestimmen.

Der heutige Mensch ist in Not. Es kann von einer totalen Verunsicherung gesprochen werden. Das ist jedoch kein biochemisches Phänomen.

Sinnvoll wäre es, nach den gesellschaftlichen und individuell-psychologischen Ursachen dieser Not zu suchen. Doch das würde Änderungen möglich machen, Änderungen, wie sie von den Nutznießern der herrschenden Situation gefürchtet werden.

Wenige profitieren vom Elend vieler. Die weitverbreitete Unzufriedenheit ist erwünscht; denn Unzufriedene lassen sich, in der Hoffnung, das »Glück« kaufen zu können, das ihnen die Werbung vorgaukelt, leicht zu Konsum verführen. Konsum schafft ein Pseudoglück, das, da es nie von Dauer ist, nach ewiger Wiederholung verlangt.

Unser Denken, unser Fühlen werden wesentlich bestimmt von den Botschaften, mit denen uns die Medien Tag für Tag berieseln: Schöne, erfolgreiche, dynamische und glückliche Menschen werden uns präsentiert. Unerreichbares wird uns zum Ziel gesetzt. Ein ungeheurer Druck zwingt uns in eine Konformität, die nicht anecken darf. So wird uns das »So-tun-als-ob«, der äußerliche Schein, zur kraftraubenden und unbefriedigenden Hauptbeschäftigung.

Prozac und Ecstasy sind Drogen, die den Menschen in unserer High-Tech-Zeit den nötigen Antrieb geben, um weiter zu funktionieren. Der Mensch ist nicht mehr in der Lage, sich eine Umwelt zu schaffen, in der er sich wohl fühlen kann. Heute wird der Mensch angepaßt. Der maßgeschneiderte, nirgendwo aneckende Mensch ist das Ziel. Prozac und Ecstasy sollen dazu verhelfen, dieses Ziel zu erreichen. Mißmut, Unglück, Verzweiflung, Resignation und Depression sollen aus der Welt geschafft werden. Biologisch und durch Konsum. Die Werbung verspricht uns das große »Glück«. Nur allzugern lassen wir uns verführen. Niemand will wahrhaben, daß das erkaufte »Glück« nichts ist als eine traurige Illusion. Konsum als Sucht – süchtig aufs »Glück«, das sich niemals einstellen wird.

Die beiden »Glückspillen« verkörpern den Geist der neunziger Jahre, sind Symbol einer Zeit, die die Bedeutung der Seele vergessen hat. Wer glaubt, daß das Glück käuflich ist, daß es chemisch herbeigezwungen werden kann, der glaubt nicht an die Seele, er glaubt letztlich auch nicht an den Menschen. Verloren geht die Einzigartigkeit des Individuums.

Worterklärungen

adrenerg: betrifft die Neurotransmitter Adrenalin und Noradrenalin.

Affinität: Bindungsstärke.

Agitation: Unruhe, Aufregung.

Agranulozytose: drastische Verminderung der Zahl der Granulozyten (einer Form der weißen Blutkörperchen). Agranulozytosen führen in 30 bis 40 Prozent der Fälle zu tödlichen Infektionen. Sie treten unter anderem bei KonsumentInnen von Neuroleptika oder Standardantidepressiva auf.

Akathisie: Bewegungsunruhe, verbunden mit innerer Unruhe. Kann als Folge einer »Behandlung« mit Neuroleptika, Standardantidepressiva und Serotoninwiederaufnahmehemmern auftreten.

Alkaloide: stickstoffhaltige Naturstoffe mit ausgeprägter pharmakologischer Wirkung.

Amphetamine: Psychostimulanzien. Auch Weckamine oder Speed genannt.

Anabolika: von den männlichen Geschlechtshormonen abgeleitete Substanzen, die u.a. den Muskelaufbau beschleunigen.

Antidepressivum (Mehrzahl: Antidepressiva): Psychopharmaka, die zur »Behandlung« der »Depression« eingesetzt werden. Dazu gehören die tri- und tetrazyklischen Standardantidepressiva, die Monoaminoxidasehemmer und die selektiven Serotoninwiederaufnahmehemmer.

Antihistaminikum: Antihistaminika sind Medikamente, die zur Behandlung von Allergien (u.a. Heufieber, Nesselfieber) verwendet werden.

Barbiturate: starke Schlafmittel; hohes Suchtpotential, bei Überdosierung sehr gefährlich; lange Zeit sehr oft eingesetzt, bis sie von den Benzodiazepin-Schlafmitteln abgelöst wurden.

Benzodiazepine: die heute weitaus am häufigsten eingesetzten Beruhigungsmittel (Tranquilizer) und Schlafmittel.

Chinazoline: Gruppe chemischer Verbindungen, von denen Leo Sternbach ausging, als er die Arbeit begann, die ihn zur Entdeckung des ersten Benzodiazepins Chlordiazepoxid (Librium) führte.

Compliance: Bereitschaft des Patienten zur Mitarbeit. Ist die Compliance gut, nimmt er brav die verordneten Medikamente ein, ist sie schlecht, setzt er sie bald aus eigenem Entschluß ab.

Delir: Bewußtseins- und Orientierungsstörung, optische Halluzinationen, verbunden mit körperlichen Symptomen wie Herzjagen, Schwitzen, Zittern. Wird durch Vergiftungen, Infektionen und Fieber ausgelöst und tritt beim Entzug von Barbituraten, Benzodiazepinen und Opiaten auf.

Derivat: Abkömmling einer chemischen Grundsubstanz.

endogen: im Innern des Körpers entstanden. Das Auftreten von »endogenen Psychosen« (»Geisteskrankheiten«) wird angeblich durch keine äußeren Ereignisse verursacht.

GABA: Gamma-Aminobuttersäure: Neurotransmitter.

Glukose: Traubenzucker.

Granulozyten: Form der weißen Blutkörperchen, spielen eine wichtige Rolle bei der Infektabwehr.

Hypnotikum: Schlafmittel.

inert: passiv, träg. Ein inertes Placebo hat keine körperliche Eigenwirkung. Gegensatz zum aktivem Placebo.

Inhibitor: Hemmer.

»Manie«: »Geisteskrankheit«, Phase der »manisch-depressiven Erkrankung«. Gehobene, heitere und auch rasch gereizte Stimmung, Antriebssteigerung.

MAO: Monoaminoxidase.

MAO-Hemmer: Monoaminoxidasehemmer.

MDMA: 3,4-Methylendioxymethamphetamin, wird auch Ecstasy oder Adam genannt.

Monoaminoxidase: Enzym, das eine wichtige Rolle beim Abbau der Neurotransmitter Adrenalin, Noradrenalin, Serotonin und Dopamin spielt.

Monoaminoxidasehemmer: Antidepressiva.

morphologisch: die körperliche Substanz (Struktur) betreffend.

Neuroleptikum (Mehrzahl: Neuroleptika): Psychopharmaka, die zur »Behandlung« der »Schizophrenie, der »Manie« wie auch jeder Form von Erregung eingesetzt werden.

Neurotransmitter: Neurotransmitter sind körpereigene Substanzen, die für die Überleitung eines Nervenreizes im synaptischen Spalt (der Umschaltstelle) zwischen zwei Nervenzellen verantwortlich sind.

Opioid: halb- oder vollsynthetische Wirkstoffe mit morphinartiger Wirkung.

pharmakogen: durch Medikamente ausgelöst.

Placebo: biologisch wirkungsloses Scheinmedikament.

postsynaptisch: Die postsynaptische Nervenzelle befindet sich hinter der Synapse.

Psychopharmakon (Mehrzahl: Psychopharmaka): »Heilmittel«, die auf die Psyche wirken, das heißt die Stimmung, die Gefühle, das Konzentrationsvermögen, die Wachheit, die intellektuellen Fähigkeiten usw. beeinflussen.

präsynaptisch: Die präsynaptische Nervenzelle befindet sich vor der Synapse.

Rezeptor: Rezeptoren befinden sich auf der Zellmembran. Neurotransmitter, Hormone usw. setzen sich auf spezifische Rezeptoren, was in der betreffenden Zelle bestimmte Reaktionen auslöst.

sedieren: dämpfen, beruhigen.

serotoninerg: betrifft den Neurotransmitter Serotonin.

Serotoninwiederaufnahmehemmer: eigentlich selektive Serotoninwiederaufnahmehemmer (SSRI). Gehören zusammen mit den reversiblen Hemmern der Monoaminoxidase A zu der sogenannten neuen Generation der Antidepressiva.

Setting: der äußere Rahmen, in dem eine Psychotherapie abgehalten wird.

Spätdyskinesie: Bewegungsstörungen, die als Folge einer »Behandlung« mit Neuroleptika und auch mit Antidepressiva auftreten. Spätdyskinesien können irreversibel (bleibend) sein, d. h. auch nach Absetzen der Psychopharmaka weiterbestehen.

Speed: Siehe Amphetamine.

SSRI: »selective serotonine reuptake inhibitor«; auf deutsch: selektiver Serotoninwiederaufnahmehemmer.

Standardantidepressiva: Die Standardantidepressiva bestehen chemisch aus einem Dreier-Ring-System mit einer Seitenkette, sie werden deshalb trizyklische Antidepressiva oder Trizyklika genannt. Zu den Standardantidepressiva gehören auch zwei tetrazyklische Substanzen (ihr chemisches Grundgerüst besteht aus vier Ringen).

Stimulans (Mehrzahl: Stimulanzien) oder Psychostimulans: Wirkstoff, der den Antrieb steigert, psychisch anregend wirkt. Amphetamine und Kokain sind Psychostimulanzien.

Synapse: Umschaltstelle für die Erregungsübertragung von einer Nervenzelle auf eine andere Nervenzelle oder auf das Erfolgsorgan (z. B. eine Muskelzelle).

synthetisieren: im Labor herstellen. Synthetische Wirkstoffe werden im Labor hergestellt.

Transmitter: Siehe Neurotransmitter.

Trizyklika: Siehe Standardantidepressiva.

trizyklische Antidepressiva: Siehe Standardantidepressiva.

Verum: Das Wort wird als Gegensatz zum Begriff Placebo verwendet. Verum = das wahre, wirkliche Medikament.

Vesikel: Bläschen.

Weckamine: Siehe Amphetamine.

Anmerkungen

1. Kapitel
1 Snyder, 163; Lynn, 51
2 in: Linde, 281 f.
3 Snyder, 164
4 Lynn, 56
5 Snyder, 165
6 Der englische Titel des Buches von Elisabeth Wurtzel lautet *Prozac Nation*.

3. Kapitel
1 Finzen, 1993, 244. Mehr zum Thema Neuroleptika in: Rufer, 1995, Kempker und Lehmann.
2 Die einzigen Unterschiede zwischen den beiden Substanzen bestehen darin, daß bei Imipramin im mittleren Ring ein Schwefelatom durch zwei Kohlenstoffatome ersetzt ist und daß das Chloratom im dritten Ring fehlt. Alles andere, inklusive der recht langen Seitenkette, ist identisch.
3 in: Kisker, 312
4 Balon, 211
5 Helmchen, 1987, 167
6 Jeste, 586, Helmchen, 1988, 290, Tornatore, 108
7 Keshavan, 44
8 Finzen, 1993, 89
9 Diese meine Meinung wird von den Psychiatrie-Professoren K. N. Roy Chengappa aus Pittsburgh (USA) und Patrick Flynn aus Halifax (Kanada) bestätigt. In: Keshavan, 158

4. Kapitel
1 Laux, 1992, 49
2 Breggin, 1994, 37
3 Fisher, 1989, 26
4 Fisher, 1993
5 Fisher, 1989, 23 ff.
6 Thomson
7 Fisher, 1993, 348
8 ebenda, 349
9 ebenda, 349

10 ebenda, 29
11 Rufer, 1996
12 Mehr über das Rosenhan-Experiment in: Rufer 1988, 34 ff., und weiteres
   zur psychiatrischen Diagnostik in: Rufer, 1991; und Rufer, 1996.

5. Kapitel
 1 Snyder, 43
 2 Szasz, 233
 3 Snyder, 43
 4 in: Ärzte Woche, Basel, Nr. 7, 1995, 1
 5 Rufer, 1988, 199 f.
 6 Hofmann, 23 f.
 7 Snyder, 136
 8 Snyder, 78; Lehmann, 76
 9 Snyder, 78
10 ebenda
11 mehr dazu in: Rufer, 1996
12 Kempker, Lehmann
13 Rufer, 1996

6. Kapitel
 1 Riederer, 8
 2 Snyder, 117
 3 Breggin, 1994, 155
 4 ebenda, 1994, 88
 5 ebenda, 156
 6 ebenda, 22, 229
 7 Rattray, 81
 8 Steele, 540
 9 ebenda, 543
10 Mit Emissionscomputertomographie wird versucht, gewisse Stoffwechsel-
   vorgänge am lebenden Menschen sichtbar zu machen; doch ergeben sich
   dabei nur Übersichtsbilder, deren Interpretation zudem problematisch ist.
   Beim Menschen werden gelegentlich Bestimmungen von Abbauproduk-
   ten des Serotonins im Liquor cerebrospinalis (Gehirn-Rückenmarks-Flüs-
   sigkeit) durchgeführt; hier zeigen sich jedoch bestenfalls Veränderungen,
   die die Situation im ganzen Zentralnervensystem spiegeln, Informationen
   über kurzfristige und lokalisierte Veränderungen in den Synapsen bestimmter Hirnregionen werden so nicht gewonnen.
11 Snyder, 15

12 Hippius, 89
13 Pöldinger, 17; Hervorhebung durch mr
14 Kuschinsky, 404
15 Hippius, 42

7. Kapitel
 1 *Psychologie heute*, 3/1995, 34
 2 *Psychologie heute*, 3/1995, 30
 3 Breggin, 1994, 3
 4 Hippius, 42
 5 Morant, 1995, 692
 6 Hippius, 42
 7 Morant, 1995, 688
 8 Hippius, 3
 9 Breggin, 1994, 36 ff.
10 *Psychologie heute*, 3/1995, 35
11 *Weltwoche*, 17.3.94, 7
12 *Der Spiegel*, 19.9.1994, 146
13 Fernsehen: *Bayern 3*, 20.2.1995
14 Wurtzel
15 *Psychologie heute*, 3, 1995, 35
16 ebenda
17 Fernsehen, *ORF 2, Österreich 2*, 22.3.1995
18 *Psychologie heute*, 3, 1995, 34 f.
19 siehe dazu: Rufer in: Kemker, 137 ff., und Rufer, 1995
20 Kramer, 1995, 71
21 Kramer, 1993, 51
22 Kramer, 1995, 72
23 Greenberg
24 Hippius, 52f.
25 Keshavan, 158

8. Kapitel
 1 in: Pöldinger, 182
 2 Zehentbauer, 150
 3 ebenda
 4 Breggin, 1983, 178
 5 in: Hippius, 44 f.
 6 Breggin, 1994, 56
 7 Zehentbauer, 150

8 Hazell. Zur Literatur: P. Hazell, D. O'Conell u. a.: »Efficacy of tricyclic drugs in treating child and adolescent depression: a meta analysis, in: - *British Medical Journal,* 310, 1995, S. 897-901

9 Breggin, 1994, 37

10 Laux, 1992, 197; Herv. original

11 Langer, 59; Herv. original

12 in: Pöldinger, 24; Hervorhebung im Original

13 Zehentbauer, 150

14 Hippius, 43

15 Montgomery, in: Laakmann, 1 ff.

16 Kramer, 1993, 65

17 in: Hippius, 44

18 ebenda, 46

19 Laux, 1993, 25

20 Breggin, 1994, 42 ff.

21 Breggin, 1994, 45 ff.

22 Steinbrueck

9. Kapitel

1 in: Kisker, 1987,122,127; Ernst, 36; Kisker, 1986, 157

2 Finzen, 1988, 44 f.

3 siehe dazu auch: Rufer, 1996

4 Kramer, 1993, 308

5 ebenda, 307

6 ebenda

7 Teicher

8 Breggin, 1994, 151

9 ebenda

10 ebenda

11 Benkert, 84 ff.

12 Breggin, 1994, 131 ff.

13 ebenda, 129 ff, Kramer, 1993, 308 f.

14 Kramer, 1993, 311

15 *Psychologie heute,* 3/1995, 35

16 Breggin, 1994, 138, 220

10. Kapitel

1 Balon, 211

2 Breggin, 1994, 76

3 Kramer, 1993, 311

4 Hervorhebung durch mr
5 Keshavan, 30
6 Keshavan, 31
7 *Deroxat flash,* herausgegeben von SmithKline Beecham, 1/1995, 2
8 Keshavan, 31
9 ebenda
10 ebenda, 95
11 siehe dazu: Rufer, 1996
12 Herpertz-Dahlmann
13 Breggin, 1994, 88
14 Breggin, 1994, 22, 229
15 Breggin, 1994, 126
16 Snyder, 117
17 Tügel, 24
18 Breggin, 1994, 156
19 ebenda, 155
20 *Therapiewoche*, 6/1991, 369

11. Kapitel
1 *Neue Zürcher Zeitung,* 6.7.1994, 59
2 *Psychologie heute*, 3/1995, 30
3 Hippius, 89
4 Fritze, 3
5 Jacoby, 155
6 siehe dazu meinen Artikel »Verrückte Gene« in: Kempker, 137 ff.; und Rufer, 1996
7 *Beyond Efficacy*, Extended Abstracts, Symposium in Budapest, 10.10.1993, S. 7
8 Hippius, 63 f.
9 Breggin, 1994, 155

12. Kapitel
1 *International Monitor,* 8/1993
2 Morant, 1995, 688
3 *Praxis-Depesche*, Luzern, 10, 1994, 10 f.
4 Laux, 1992, 207
5 Fujian Song
6 Finzen, 1993, 95
7 *International Medical News,* herausgegeben von Solvay Duphar und Upjohn, Oktober 1994

8 *Beyond Efficacy*, Extended Abstracts, Symposium in Budapest,
  10.10.1993, S. 4
9 *International Medical News*, herausgegeben von Solvay Duphar und
  Upjohn, Oktober 1994, S. 3
10 Keshavan, 44
11 Finzen, 1993, 94
12 *Praxis-Depesche*, Luzern, 1, 1995, 32
13 Langbein, 59 ff.
14 Rufer, 1996
15 Laux, 1993, 25 f.
16 Bieck
17 Laux, 1993, 26
18 Morant, 1994, 141
19 Benkert, 94
20 *Deroxat flash*, herausgegeben von SmithKline Beecham und CIBA, 1/1995
21 Laux, 1992
22 Laux, 1993, 25
23 *Ärzte Woche*, Basel Nr.11, 22.3.1995, 1 f.

13. Kapitel
 1 Finzen, 1993, 70
 2 ebenda, 67
 3 Laux, 1992, 146
 4 Finzen, 1993, 60
 5 *Tages Anzeiger,* Zürich, 16.12.1993, 25
 6 *Inter View,* eine Publikation von Upjohn Schweiz für Ärzte und Apotheker, Sondernummer Halcion, Dezember 1993
 7 Bleuler, 179
 8 siehe Rufer 1988, 1991 und 1996
 9 Finzen, 1993, 185
10 ebenda
11 Ich habe an anderer Stelle dieses Verhalten als Sucht bezeichnet –
   Hochdosierung als Sucht. In: Rufer, 1996

14. Kapitel
 1 Morant, 1995, 1635
 2 weitere Beispiele in: Rufer, 1996
 3 Laux, 1992, 288
 4 Bleuler, 220
 5 ebenda, 220 f.

6 Wittchen, 80

7 ebenda, 79

8 Fisher, 1989, 161; Bleuler, 222. Das interessante Phänomen, daß fast ausschließlich Jungen betroffen sind, bespreche ich eingehend in: Rufer, 1996.

9 Fisher, 1989, 166

10 ebenda, 169

11 ebenda, 170

12 ebenda, 155

13 ebenda

14 Laux, 1992, 288

15 Fisher, 1989, 174

16 ebenda, 180

17 ebenda

18 ebenda, 183

19 Laux, 1992, 228

20 Bleuler, 223

21 Benkert, 376

22 Bleuler, 223

23 ebenda, 221

24 Mannuzza

25 Kielholz, 144

26 Snyder, 197

15. Kapitel

1 Dittrich, Band 3, 151

2 Kritische Überlegung zur Ansicht, daß »Geisteskrankheiten« biologisch bedingt sind, finden sich in: Rufer, 1988; Rufer, 1991; und Rufer, 1996.

3 Saunders, 20

4 ebenda, 267

5 ebenda, 417

6 Watson, 261

7 ebenda, 261 ff.

8 Widmer, 239

9 Widmer, 9

10 Saunders, 320

11 *Psychologie heute*, 8/1994, 56

12 ebenda, 59

13 ebenda, 61

14 Widmer, 239

15 Siehe dazu meine Ausführungen in: Rufer, 1995
16 Saunders, 320
17 Dittrich, Band 4, 153
18 ebenda
19 Steele, 544
20 Saunders, 33
21 Steele, 545
22 Saunders, 27
23 Rattray, 80
24 ebenda, 83 f.
25 ebenda, 85
26 Steele, 542 f.
27 ebenda, 546
28 Rattray, 86
29 Saunders, 62
30 ebenda, 261
31 *ARD*, 16.3.1995
32 *Ärzte Woche*, Basel, Nr. 2/3, 1995, 7
33 Aussagen von Jugendlichen im Film *Rave New World. Mit Ecstasy durchs Wunderland der 90er* von Dani Gasser.
34 Saunders, 91
35 Der Drogenexperte Günter Amendt in: Saunders, 9
36 Saunders, 39 ff.
37 ebenda, 42
38 ebenda, 235
39 ebenda, 40
40 ebenda, 42
41 ebenda, 41 f.
42 *Sonntags-Zeitung*, 25.6.1995, 11
43 *Tempo*, 9/1994, 21
44 Der Drogenexperte Günter Amendt in: Saunders, 12
45 ebenda
46 ebenda
47 *ARD*, Kontraste, 16.3.1995
48 *DRS I*, Zebra, 19.3.1995
49 ebenda
50 Kappeler, 124
51 *Tages-Anzeiger*, 26.4.1995, 23
52 *Ärzte Woche*, Basel, Nr. 2/3, 1995, 7
53 *Die WochenZeitung*, Zürich, 41, 1994, 7

Nachwort
1 Kramer 1993, 64
2 in: Wess, 184 ff.; Strohm, 59
3 Rufer in: Kempker, 137 ff.; und Rufer 1996
4 Linke: Klappentext

Literatur

Richard Balon, Vikram K. Yeragani u.a.: »Sexual Dysfunction During Antidepressant Treatment«, in: *J Clin Psychiatry,* 54, 1993, S. 209–212

O. Benkert, H. Hippius: *Psychiatrische Pharmakotherapie,* Springer Verlag, Berlin, Heidelberg, New York, London, Paris, Tokyo, Hong Kong, Barcelona, Budapest, 1992

P.R. Bieck: »Hypertensive Krisen unter reversiblen Hemmstoffen der Monoaminoxydase? Ergebnisse von Tyramininteraktionsstudien«, in: *Psychiat. Prax.* 16, 1989 (Sonderheft), S. 25–31

Eugen Bleuler: *Lehrbuch der Psychiatrie,* 15. Auflage, neubearbeitet von Manfred Bleuler, Springer Verlag, Berlin, Heidelberg, New York, 1983

Peter R. Breggin: *Psychiatric Drugs: Hazards to the Brain,* Springer Publishing Company, New York, 1983

Peter R. Breggin, Ginger Ross Breggin: *Talking Back to Prozac,* St. Martin's Press, New York, 1994

Adolf Dittrich, u.a. (Hrsg.): *Welten des Bewußtseins,* Band 3, Verlag für Wissenschaft und Bildung, Berlin, 1994

Adolf Dittrich, u.a. (Hrsg.): *Welten des Bewußtseins,* Band 4, Verlag für Wissenschaft und Bildung, Berlin, 1994

Bruce Eisner: *Ecstasy. The MDMA Story,* Ronin Publishing, Inc. Berkeley, 1994

Mario Erdheim: *Die gesellschaftliche Produktion von Unbewusstheit,* Suhrkamp Verlag, Frankfurt a.M., 1982

Klaus Ernst: »Die Zunahme der Suizide in den Psychiatrischen Kliniken. Tatsachen, Ursachen Prävention«, in: *Sozial- und Präventivmedizin,* 24, S. 34–37 (1979)

Asmus Finzen: *Der Patientensuizid,* Psychiatrie Verlag, Bonn, 1988

Asmus Finzen: *Medikamentenbehandlung bei psychischen Störungen,* Psychiatrie Verlag, Bonn, 1993

Seymour Fisher, Roger P. Greenberg: *The Limits of Biological Treatments for Psychological Distress,* Lawrence Erlbaum Associates, Publishers, Hillsdale, New Jersey, Hove and London, 1989

Seymour Fisher, Roger P. Greenberg: »How Sound Is the Double-Blind Design for Evaluating Psychotropic Drugs?«, in: *J. of Nervous and Mental Disease,* 181, 1993, S.345–350

J. Fritze, J. Deckert, M. Lanczik u.a.: »Zum Stand der Aminhypothesen depressiver Erkrankungen«, in: *Der Nervenarzt,* 63, 1992, S. 3–13

Roger P. Greenberg, Seymour Fisher, u.a.: »A Meta-Analysis of Fluoxetin Outcome in the Treatment of Depression«, in: *The Journal of Mental Disease*, 182, 1994, S. 547–551

H. Helmchen, H. Hippius (Hrsg.): *Psychiatrie für die Praxis 5,* Medizin Verlag München, 1987

H. Helmchen, H. Hippius (Hrsg.): *Psychiatrie für die Praxis 7,* Medizin Verlag München, 1988

B. Herpertz-Dahlmann: »Serotonerge Antidepressiva – Indikationen bei der Behandlung von Kindern und Jugendlichen am Beispiel von Fluoxetin und Clomipramin«, in: *Z. Kinder-Jugendpsychiat.* 21, 1993, S. 47–55

H. Hippius. W. Pöldinger (Hrsg.): *Phantasie und Wirklichkeit – Fluvoxamin,* Springer Verlag, Berlin, Heidelberg, New York, London, Paris, Tokyo, Hong Kong, Barcelona, Budapest, 1991

Albert Hofmann: *LSD – mein Sorgenkind,* Deutscher Taschenbuch Verlag, München, 1993

Russel Jacoby: *Soziale Amnesie,* Suhrkamp-Verlag, Frankfurt a.M., 1978

Dilip V. Jeste, Steven G. Potkin, u.a.: »Tardive Dyskinesia – Reversible and Persistent«, in: *Arch Gen Psychiatry*, 36, 1979, S. 585–590

Susanne Kappeler: »Mediengewalt – Gewalt ohne Täter und Opfer?«, in: *Widerspruch*, Zürich, 28, S. 123–136

Kerstin Kempker, Peter Lehmann: *Statt Psychiatrie,* Peter Lehmann Antipsychiatrieverlag, Berlin, 1993

Otto F. Kernberg: *Borderline-Störungen und pathologischer Narzißmus,* Suhrkamp Verlag, Frankfurt a.M., 1978

Matcheri S. Keshavan, John S. Kennedy: *Drug-Induced Dysfunction in Psychiatry,* Hemisphere Publishing Corporation, New York, Washington, Philadelphia, London, 1992

Paul Kielholz (Hrsg.): *Psychiatrische Pharmakotherapie in Klinik und Praxis,* Verlag Hans Huber, Bern, Stuttgart, Wien, 1971

K.P. Kisker, H. Lauter u.a. (Hrsg.): *Psychiatrie der Gegenwart 2, Krisenintervention, Suizid, Konsiliarpsychiatrie,* Springer Verlag, Berlin, Heidelberg, New York, London, Paris, Tokyo, 1986

K.P. Kisker, H. Lauter u.a. (Hrsg.): *Psychiatrie der Gegenwart 5, Affektive Psychosen,* Springer Verlag, Berlin, Heidelberg, New York, London, Paris, Tokyo, 1987

Jan Koolmann, Klaus-Heinrich Röhm: *Taschenatlas der Biochemie,* Georg Thieme Verlag, Stuttgart, New York, 1994

Peter D. Kramer: *Listening to Prozac,* Viking Penguin, New York, 1993

Peter D. Kramer: *Glück auf Rezept. Der unheimliche Erfolg der Glückspille Fluctin,* Kösel Verlag, München, 1995

Gustav Kuschinsky, Heinz Lüllmann, Klaus Mohr: *Kurzes Lehrbuch der Pharmakologie und Toxikologie,* Georg Thieme Verlag, Stuttgart, New York, 1993

Gregor Laakmann: *Selektive Reuptake-Hemmung und ihre Bedeutung für die Depression,* Springer Verlag, Berlin, Heidelberg, New York, London, Paris, Tokyo, Hong Kong, Barcelona, Budapest, 1991

Kurt Langbein, Hans-Peter Martin, Hans Weiß, Roland Werner: *Gesunde Geschäfte. Die Praktiken der Pharma-Industrie,* Kiepenheuer & Witsch, Köln, 1981

Gerd Langer, Hans Heimann (Hrsg.): *Psychopharmaka,* Springer Verlag, Wien, New York, 1983

Gerd Laux: *Pharmakopsychiatrie,* Gustav Fischer Verlag, Stuttgart, Jena, New York, 1992

Gerd Laux: »35 Jahre Antidepressiva. Versuch einer Bilanz«, in: *Der informierte Arzt,* 1, 1993, S. 23–30

Peter Lehmann: *Der chemische Knebel,* Peter Lehmann Antipsychiatrie Verlag, Berlin, 1990

Ottfried K. Linde (Hrsg.): *Pharmakopsychiatrie im Wandel der Zeit,* Tilia Verlag, Klingenmünster, 1988

Detlev B. Linke: *Hirnverpflanzung,* Rowohlt Verlag, Reinbeck, 1993

Matthew Lynn: *Pillenschlacht um Milliarden,* Campus Verlag, Frankfurt a.M., New York, 1993

Salvatore Mannuzza, Rachel G. Klein u.a.: »Adult Outcome of Hyperactive Boys«, in: *Arch Gen Psychiatry,* 50, 1993, S. 565–575

Jürg Morant, Hans Ruppanner (Hrsg.): *Arzneimittel Kompendium der Schweiz* 1994, Documed AG, Basel

Jürg Morant, Hans Ruppanner (Hrsg.): *Arzneimittel Kompendium der Schweiz* 1995, Documed AG, Basel

Walter Pöldinger, Christian Reimer (Hrsg.): *Depressionen,* Springer Verlag, Berlin, Heidelberg, New York, London, Paris, Tokyo, Hong Kong, Barcelona, Budapest, 1993

Marcus Rattray: Ecstasy: »Towards an understanding of the biochemical basis of the action of MDMA«, in: *Essays in Biochemistry,* 26, 1991, S. 77–87

P. Riederer, C. Konradi, u.a.: »Neurochemische Perspektiven zur Funktion der Monoaminoxidase«, in: *Psychiat. Prax.* 16 (Sonderheft), 1989, S. 7–10

Marc Rufer: *Irrsinn Psychiatrie,* Zytglogge Verlag, Bern, 1988

Marc Rufer: *Wer ist irr?* Zytglogge Verlag, Bern, 1991

Marc Rufer: *Psychiatrie – Täter, Opfer, Methoden,* Zytglogge Verlag, Bern, 1996

Nicholas Saunders: *Ecstasy,* Verlag Ricco Bilger, Zürich, 1994

Solomon H. Snyder: *Chemie der Psyche. Drogenwirkungen im Gehirn,* Spektrum der Wissenschaft Verlagsgesellschaft, Heidelberg, 1986

Fujian Song, Nick Freemantle u.a.: »Selective serotonin reuptake inhibitors: meta-analysis of efficacy and acceptability«, in: *British Medical Journal*, 306, 1993, S. 683-687

Thomas D. Steele, Una D. McCann, George A. Ricaurte: »3,4,-Methylene-dioxymethamphetamine (MDMA, »Ecstasy«): pharmacology and toxicology in animals and humans«, in: *Adiction*, 89, 1994, S. 539–551,

Susan M. Steinbrueck, Scott E. Maxwell, George S. Howard: »A Meta-Analysis of Psychotherapy and Drug Therapy in the Treatment of Unipolar Depression With Adults«, in: *Journal of Consulting and Clinical Psychology*, 51, 1983, S. 856–863

Holger Strohm: *Genmanipulation und Drogenmißbrauch*, Verlag Association, Hamburg 1977

Thomas S. Szasz: *Das Ritual der Drogen,* Fischer Taschenbuch Verlag, Frankfurt a.M., 1980

Richard Thomson: »Side Effects and Placebo Amplification«, in: *Brit. J. Psychiat.*, 140, 1982, S. 64–68

Martin H. Teicher, Carol Glod, Jonathan O. Cole: »Emergence of Intense Suicidal Preoccupation During Fluoxetin Treatment«, in: *Am J Psychiatry*, 147, 1990, S. 207–210

Hanne Tügel: »Geschmierte Pillen«, in: *Kursbuch*, 6/1995, S. 17–27, Rowohlt Verlag, Berlin

Frank L. Tornatore, John J. Sramek, u.a.: *Unerwünschte Wirkungen von Psychopharmaka*, Georg Thieme Verlag, Stuttgart, New York, 1991

Lynne Watson, Jerome Beck: »New Age Seekers: MDMA Use as an Adjunct to Spiritual Pursuit«, in: *Journal of Psychoactive Drugs*, 23, 1991, S. 261–270

Ludger Wess (Hrsg.): *Die Träume der Genetik*, Greno, Nördlingen, 1989

Samuel Widmer: *Ins Herz der Dinge lauschen. Vom Erwachen der Liebe,* Nachtschatten Verlag, Solothurn, 1989

H.U. Wittchen (Bearb.): *Diagnostisches und statisches Manual psychischer Störungen,* Beltz Verlag, 3. korrigierte Auflage, 1991

Elisabeth Wurtzel: *Verdammte schöne Welt*, Byblos Verlag, Berlin, 1994

Josef Zehentbauer: *Chemie für die Seele,* Zweitausendeins, Frankfurt a.M., 1991

Weitere Bücher von Marc Rufer sind im Zytglogge Verlag Bern erschienen.

Irrsinn Psychiatrie (1988, 3. Auflage Anfang 1996), 232 S.

Psychisches Leiden ist keine Krankheit. Die Medizinalisierung abweichenden Verhaltens ist ein Irrweg. Sie erlaubt die Ausübung von Zwang und Gewalt und »rechtfertigt« den immensen Einsatz der gefährlichen Psychopharmaka. Umfassende Psychiatriekritik, prägnant formuliert. Ein längerer Abschnitt des Buches ist dem Drogenproblem gewidmet.

Wer ist irr? (1991), 224 S.

Die Themen Rassismus und Psychiatrie, Sadomasochismus und Psychiatrie, die Produktion der »Geisteskrankheiten« durch die Psychiatrie und die Psychiatrie im Nationalsozialismus werden in fünf Essays beleuchtet. In zwei fiktiven Geschichten beschreibt der Autor in der Ich-Form den Leidensweg eines »Schizophrenen« und eines »Manikers«.

Psychiatrie – Täter, Opfer, Methoden (erscheint Anfang 1996), ca. 500 S.

Der dürftige Wissensstand der biologischen Psychiatrie wird aufgedeckt. Einen Schwerpunkt des Buches bildet die ausführliche Besprechung sämtlicher Psychopharmaka. Umfassend informiert wird auch über den Elektroschock und die geplante Früherkennung der »Geisteskrankheiten« mit gentechnologischer Methodik.
Wieso sind die Psychiater so, wie sie sind? Wieso ist es ihnen nicht möglich, auf die Anwendung von Zwang und Gewalt zu verzichten? Die sorgfältige Analyse des Narzißmus der PsychiaterInnen gibt die Antwort. Und weiter wird differenziert dargestellt, wie das Phänomen »Geisteskrankheit« psychologisch verstanden werden kann.

Heiße Eisen

(3812)

(3960)

(77138)

(80051)

(4079)

(4807)

FACTS

JANE CORBIN
RISKANTE ANNÄHERUNG
Die Geheimverhandlungen zwischen den Israelis und der PLO in Norwegen
FACTS
(80049)

Christoph Meertens
Klaus Jünschke
Risikofaktor Innere Sicherheit
Argumente gegen den Law-and-Order-Staat
FACTS
(80041)

URSULA FEIST
DIE MACHT DER NICHTWÄHLER
Wie die Wähler den Volksparteien davonlaufen
○ CDU
○ CSU
○ F.D.P.
○ SPD
FACTS
(80044)

WOLFGANG GESSENHARTER
Kippt die Republik?
Die Neue Rechte und ihre Unterstützung durch Politik und Medien
FACTS
(80026)

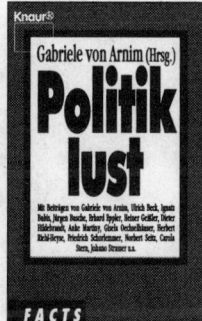

Gabriele von Arnim (Hrsg.)
Politik lust
Mit Beiträgen von Gabriele von Arnim, Ulrich Beck, Ignatz Bubis, Jürgen Busche, Erhard Eppler, Heiner Geißler, Dieter Hildebrandt, Anke Martiny, Gisela Oechelhäuser, Herbert Riehl-Heyse, Friedrich Schorlemmer, Norbert Seitz, Carola Stern, Johano Strasser u.a.
FACTS
(80045)

Hans-Joachim Kursawa-Stucke
Nicola Liebert · Annette Jensen
Der Grüne Punkt und der Recycling-Schwindel
Abfallwirtschaft in der Krise
FACTS
(80039)